U0924202

1921-2021
厦门大学
XIAMEN UNIVERSITY

百年校庆系列出版物

校友文化系列

我的厦大老师

百年华诞纪念专辑

李建发　主编

厦门大学出版社 XIAMEN UNIVERSITY PRESS
国家一级出版社
全国百佳图书出版单位

图书在版编目(CIP)数据

我的厦大老师:百年华诞纪念专辑/李建发主编.—厦门:厦门大学出版社,2021.3
ISBN 978-7-5615-8098-1

Ⅰ.①我… Ⅱ.①李… Ⅲ.①厦门大学—校友—纪念文集 Ⅳ.①K820.7-53

中国版本图书馆 CIP 数据核字(2021)第 043578 号

出 版 人 郑文礼
责任编辑 刘 璐
美术编辑 蔡炜荣
技术编辑 朱 楷

出版发行 厦门大学出版社
社 址 厦门市软件园二期望海路 39 号
邮政编码 361008
总 机 0592-2181111 0592-2181406(传真)
营销中心 0592-2184458 0592-2181365
网 址 http://www.xmupress.com
邮 箱 xmup@xmupress.com
印 刷 厦门集大印刷厂

开本 720 mm×1 000 mm 1/16
印张 23.5
插页 4
字数 346 千字
印数 1～12 000 册
版次 2021 年 3 月第 1 版
印次 2021 年 3 月第 1 次印刷
定价 118.00 元

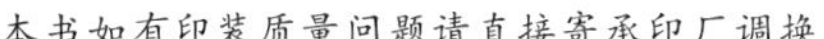

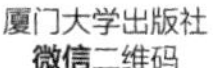

厦门大学出版社
微博二维码

总　序

厦门大学 党委书记　张　彦
校　　长　张　荣

2021年4月6日，厦门大学百年华诞。百载风雨，十秩辉煌，这是厦门大学发展的里程碑，继往开来的新起点。全校师生员工和海内外校友满怀深情地期盼这一荣耀时刻的到来。

为迎接百年校庆，学校在三年前就启动了“百年校庆系列出版工程”的筹备工作，专门成立“厦门大学百年校庆系列出版物编委会”，加强领导，统一部署。各院系、部门通力合作，众多专家学者和相关单位的工作人员全身心地参与到这项工作之中。同志们满怀高度的责任感和紧迫感，以“提升质量，确保进度，打造精品”为目标，争分夺秒，全力以赴，使这项出版工程得以快速顺利地进行。在这个重要的历史时刻，总结厦大百年奋斗历史，阐扬百年厦大“四种精神”，抒写厦大为伟大祖国所做出的突出贡献，激发厦大人的自豪感和使命感，无疑是献给百岁厦大最好的生日礼物。

“百年校庆系列出版工程”包括组织编撰百年校史、百年组织机构史、百年院系史、百年精神文化、百年学术论著选刊、校史资料与学生名录……有多个系列近150种图书将与广大读者见面。从图书规模、涉及领域、参编人员等角度看，此项出版工程极为浩大。这些出版物的问世，将为学校留下大量珍贵的历史资料，为学校深入开展校史教育提供丰富生动的素材，也将为弘扬厦门大学“自强不息，止于至善”校训精神注入时代的新鲜血液，帮助人们透过“中国最美大学校园”

的山海空间和历史回响，更加清晰地理解厦门大学在中国发展进程中发挥的独特作用、扮演的重要角色，领略“南方之强”的文化与精神魅力。

百年校庆系列出版物将多方呈现百年厦大的精彩历史画卷。这些凝聚全校师生员工心血的出版物，让我们感受到厦大人弦歌不辍的精神风貌。图文并茂的《厦门大学百年校史》，穿越历史长廊，带领我们聆听厦大不平凡百年岁月的历史足音。《为吾国放一异彩——厦门大学与伟大祖国》浓墨重彩地记述厦门大学与全国34个省级行政区以及福建省九市一区一县血浓于水的校地情缘，从中可以读出厦门大学在中华民族伟大复兴征程中留下的深深烙印。参与面最广的“厦门大学百年院系史系列”、《厦门大学百年组织机构史》，共有30多个学院和直属单位参与编写，通过对厦门大学各学院和组织机构发展脉络、演变轨迹的细致梳理，深入介绍厦门大学的党建工作、学科建设、人才培养、组织管理、社会服务等方面的发展历程，展示办学成就，彰显办学特色。《厦门大学校史资料选编（1992—2017）》和《南强之星——厦门大学学生名录（2010—2019）》，连同已经出版的同类史料，将较完整、翔实地展现学校发展轨迹，记录下每位厦大学子的荣耀。“厦门大学百年精神文化系列”涵盖人物传记和校园风采两大主题，其中《陈嘉庚传》在搜集大量史料的基础上，以时代精神和崭新视角，生动展现了校主陈嘉庚先生的丰功伟绩。此次推出《林文庆传》《萨本栋传》《汪德耀传》《王亚南传》四部厦门大学老校长传记，是对他们为厦大发展所做出的突出贡献的深切缅怀。厦大校友、红军会计制度创始人、中国共产党金融事业奠基人之一高捷成的传记《我的祖父高捷成》，则是首次全面地介绍这位为中国人民解放事业做出杰出贡献的烈士的事迹。新版《陈景润传》，把这位“最美奋斗者”、“感动中国人物”、令厦大人骄傲的杰出校友、世界著名数学家不平凡的人生再次展现在我们眼前。抒写校园风采的《厦门大学百年建筑》、《厦门大学餐饮百年》、《建南大舞台》、《芙蓉园里尽芳菲》、《我的厦大老师》（百年华诞纪念专辑）、《创新创业厦大人2》、

《志愿之光》、《让建南钟声传响大山深处》、《我的厦大范儿》以及潘维廉的《我在厦大三十年》等，都从不同的角度，引领我们去品读厦门大学的真正内涵，感受厦门大学浓郁的人文精神和科学精神。

此次出版的“厦门大学百年学术论著选刊”，由专家学者精选，重刊一批厦大已故著名学者在校工作期间完成的、具有重要价值的学术论著（包括讲义、未刊印的论著稿本等），目的在于反映和宣传厦门大学百年来的学术成就和贡献，挖掘百年来厦门大学丰厚的历史积淀和传统资源，展示厦门大学的学术底蕴，重建“厦大学派”，为学校“双一流”建设提供学术传统的支撑。学校将把这项工作列入长期规划，在百年校庆时出版第一辑共40种，今后还将陆续出版。

“自强！自强！学海何洋洋！”100年前，陈嘉庚先生于民族危难之际，抱着“教育为立国之本 ，兴学乃国民天职”的信念，创办了厦门大学这所中国历史上第一所由华侨独资建设的大学。100年来，厦大人秉承“研究高深学术，养成专门人才，阐扬世界文化”的办学宗旨，在实现中华民族伟大复兴的征程上书写自己的精彩篇章。我们相信，当百年校庆的欢庆浪潮归于平静时，这些出版物将会是一串串熠熠生辉的耀眼珍珠，成为记录厦门大学百年奋斗之旅的永恒坐标，成为流淌在人们心中的美好记忆，并将不断激励我们不忘初心继承传统，牢记使命乘风破浪，向着中国特色世界一流大学目标奋勇前行！

张彦　張荣

2020年12月

出版说明

教师是人类灵魂的工程师，是人类文明的传承者。在厦门大学百年办学历史长河中，一批又一批的教师在此传播知识、传播思想、传播真理，他们学为人师、行为世范，培养了一代又一代具有“南方之强”气度的厦大学子，留下了一段又一段诲人不倦的育人佳话。

无数的厦大学子遍布世界的各个角落，我们在走访看望各地校友并与之联络交流时，常常听闻他们怀念母校老师，感谢母校老师的栽培之恩和关爱之情，于是将这些美好回忆永远留存的想法就应运而生。2015 年，值第 31 个教师节之际，我们发出征稿通知，在很短的时间内收到了来自全球 60 多位校友描写的埋藏在他们心中关于厦大老师的感人故事，集结成了《我的厦大老师》一书。这本书不仅是我国高校中第一本由校友撰写的回忆母校恩师的文集，也成为近年来学校馈赠师生校友、兄弟院校、往来宾客的首选佳作。书中透过来自全球各地众多校友的生动笔触呈现出的师者风范和师生情谊，温暖人心、感人肺腑，瞬间引起了强烈的反响。

文集的出版虽告一段落，但动人的故事永远没有尽头。来自全球各地、奋斗在各行各业的厦大人，他们的记忆中珍藏着的对

科学真理不懈追求、对教书育人尽心竭力、对学生成长关怀备至的最为真实、可亲、可敬的厦大老师还有很多很多。为了回应校友们的强烈期待，也为赓续尊师重教的光荣传统，更好地回顾百年办学历史，传承百年厦大精神，我们决定组织编纂《我的厦大老师》（百年华诞纪念专辑）。

感谢校友张存浩院士为本书题写书名。这位让我们厦大人引以为傲的校友，以他珍贵的墨宝渲染了广大校友对母校老师的深深敬意。

感谢旅港校友会名誉会长、1974级经济系校友王少华女士。是她怀着对母校的拳拳之心，资助了《我的厦大老师》的出版；也正是在她的关心支持和慷慨资助下，才有了《我的厦大老师》（百年华诞纪念专辑）的面世。

感谢校友总会秘书处以及党委宣传部/教师工作部的陈瑶华、陈玲、杨颖、张闻博、许丽莹、王志鹏、郭瀛霞、卢明辉、林小龙、郑莉、陈浪、欧阳桂莲、赖炜芳、杜筠、曹熠婕、陈联文、黄伟彬、巩林、林济源、谢图南、张夏等老师，感谢承担了大量征集、审稿工作的各学院校友分管领导及工作人员。

这本书是我校弘扬优良师德师风的延续，是厦大学子向母校百年华诞的献礼之一。

谨以此书献给每一位“我的厦大老师”！

本书编委会

2020年12月

目　　录

指引我人生道路的教育系主任李培囿教授

◎ 潘懋元

在回顾厦门大学建校百年校史时，厦大人总会怀念厦大从私立改为国立的首任校长萨本栋教授。在1937年“七七事变”前一日，当时政府任命他为国立厦门大学校长。接到任命的第二天，抗日战争从东北蔓延至全国，而沿海的厦门正处于前线，随时都有沦陷的可能。即便如此，萨校长仍义无反顾地赶到厦门，将厦门大学迁移到原红色革命根据地长汀，成为一所屹立于敌前的国立大学。他呕心沥血，既建校舍又亲执教鞭，劳累过度，1944年因病离开厦大，前后共七年。然而，厦大人很少知道与萨校长同时进入厦大，被聘请为改制后的厦大教育系主任李培囿教授。李培囿主任是美国南加利福尼亚大学的博士。从1937年抗日战争全面爆发，经1945年战后回迁，到1949年新中国成立后的院系调整，再到1954年教育系并入当时的福建师范学院，李培囿教授在厦大教育系前后当了十七年的系主任，之后从厦大转回他的故乡福州。

我于1941年考进内迁长汀的厦门大学教育系，李培囿教授既是系主任，又是主要的专业课老师。当时厦门大学地处交通不便的敌前山区，很难聘到专家教授。共同的必修课与选修课，学生可以到中文系、外文系、历史系或经济

系选修，而教育学科的专业课程，基本上只有李培囿主任自己承担。在我的记忆中，阮康成、陈景磐等教授都曾任职教育系（阮康成未出国前开设过“教育概论”课，陈景磐刚回国时开设“美国教育政策与视导”课），但都很快离开了。所幸系主任的工作不多，只是偶尔到校部参加会议，再加上他只身一人在长汀（师母远在当时的沦陷区北平），可以说是全身心投入备课、上课。他不但为我们开设“中国教育史”“外国教育史”“比较教育”“教育行政学”等课程，还开设“教育心理学”课，指导我们的教学实习。他开设“教育心理学”课所用的教材是中国著名心理学家肖孝嵘所编的课本，介绍有关心理学的各种学说、学派，开阔了我们对教育心理学的视野和对教育心理学研究的兴趣，也建立了我后来提倡高等教育学学科必须以青年心理学研究为基础的信心。

李培囿教授一心扑在教学工作上，研究成果很少。除了学位论文外，1938 年他及时翻译出版了杜威晚年的重要著作《经验与教育》一书的中文版。

李培囿教授不仅是我在大学学习时的系主任、老师，而且是我人生道路上的恩师。

早在大学学习期间，李培囿教授就指定我负责厦门大学学生社会教育服务处的工作，平时开设书报阅览室供市民阅览，暑假期间为附近居民的孩子办补习班；他支持我担任厦门大学教育学会（学生组织）主席；在我四年级写作毕业论文期间，他又推荐我兼任长汀县立中学的教务主任。这样的半工半读，既增长了我的实践经验，又提高了我的生活水平。

抗战胜利的 1945 年，我从厦门大学本科毕业，到江西南昌一所颇具规模的完全中学教书；次年受聘兼任这所完中的教务主任。此时，厦门大学在汪德耀校长的领导下返迁厦门。那时的校址不像现在这般宽敞，距离厦门市区还有一段高低不平的顶沃仔山路，教职工子女上小学很困难，亟须复办私立时代的附属“模范小学”，汪德耀校长请教育系主任推荐一名毕业生到附属小学当校长。李培囿主任提名要我回厦大任职，但认为我当时已是一所完全中学教务主任，对当小学校长必有所顾忌，应当聘请为厦门大学助教兼附属小学校长，让我有继续深造晋升的机会。正是他的这一建议，使我毅然辞去一所完中的教务主任职务，回到厦门大学，改变了我人生的发展道路。我于1946年9月回到厦门大学，经过一个月的紧张筹备，厦门大学附属小学于11月正式开学。

汪德耀校长也秉承他所敬仰的蔡元培思想，广开人才大门，聘请了著名的进步人士林砺儒到教育系任教，新中国成立后，林砺儒教授曾任教育部副部长、北京师范大学校长；还有著名的格式塔心理学家郭一岑教授；等等，使我在助教职位上增长学问，在一所研究型大学从事教学和研究工作，从而改变了我的人生道路。

我以感恩的虔诚，深切地感恩改变、指引我人生道路的恩师李培囿教授。

作者简介

潘懋元，男，1945年毕业于厦门大学教育系。我国高等教育学科的奠基人、开拓者，现为厦门大学高等教育科学研究所名誉所长、教育研究院名誉院长、文科资深教授、博士生导师。

我敬重的黄素云老师

◎ 田永镐

1956 年我到厦大时，迎接我们的班主任是一位年轻、漂亮的老师黄素云，我差点把她当成同班同学呢！她让我终生难忘的不是美丽的外貌，而是她那颗善良的爱心。

厦门的冬天海风很大，同学们见我的被子单薄，建议我申请补助添置一条棉被。考虑多日后，我才鼓起勇气告诉黄老师我的情况，她马上为我批了十六元的补助款，让我添置被子。这对我来说可不是一个小数目。那时我们每月的伙食费只有十二元，早上每人自取一杯豆浆，每月也只需五角。黄老师经常到宿舍嘘寒问暖，经她批准，每月给我发放助学金十五元五角，其中三元是我每月的零花钱。我内心深处十分感激，感激她代表党与政府对我们经济困难学生的关爱。

1991 年后，我在深圳工作，黄老师经常与典力等同学来深圳，我们有了更多的机会接触、欢聚，工作上大家互相鼓励和关心，我把这份难能可贵的师生情谊铭记在心中。

大约是 2006 年，黄老师在香港举行金婚纪念活动，当时我在上海一家外企工作，不能亲自前往祝贺，就发了一封电邮，拜托我的香港好友陈典力同学代我读贺信，在那封贺信中我就提到了这件事，表达了我内心对她的敬重。2008 年，他们夫妇来上海，我从杭州赶去看望他们，临走时她还特意送我一台打印机，当时打印机是十分珍贵的电子产品，我的朋友说这可是一份大礼啊！

黄老师对同事、对学生十分关心，她现在虽然八十多岁了，走路不太方便，但校友若有人生病、住院，黄老师总是亲自去医院探望慰问，特别是外文系老师赵子逊的遗孀，那是位独居老人，黄老师逢年过节都会前往探访。黄诚明老师病重卧床，她和陈典力同学每周都去看望他，帮助他解决一些生活上的难题，最近还参加了他的丧礼，送他最后一程，当我看到追悼会的照片时，久久不能忘怀。我的同学蔡丽影几年前不幸中风变成植物人，黄老师与外文系的旅港校友常到医院探望。黄老师能做到亦师亦友，我真的从内心敬佩她。

黄老师虽然退休了，但退而不休，仍然在奉献她一颗善良的爱心，她在香港出资献策，把旅港外文学院老院友组织起来，成立了一支外文歌咏队。这支银发夕阳红歌咏队个个活力十足，定期聚会练歌，增进了师生感情，还排演了不少精彩的文艺节目。有一次，我有幸受黄老师邀请，赴港为歌咏队作手风琴伴奏，深深领会到黄老师的凝聚力。在她的带领下，歌咏队参加了母校、母院和香港校友会的各种庆典活动，获得大家的好评和称赞。

田永镐(右)与黄素云老师(左)在囊萤楼合影

黄老师为了感恩母校的培育之恩,在厦大外文学院成立九十华诞之际,和外文学院旅港校友筹集三十多万元善款,成立“慈航基金”,用于支助贫困学子,让他们渡过生活上的难关。黄老师高度奉献浓浓的爱心,但做人却十分低调,从不沽名钓誉,总把功劳归功于他人。黄老师身教重于言教,她的子女也在各自的领域为社会做出贡献,孙辈亦十分出色,令人欣慰。

最后我衷心祝愿黄素云老师晚年越活越精彩,健康长寿!

作者简介

田永镐,男,1956 级厦门大学外文系。先后在教育单位、工程咨询公司任职,2008 年退休。

我的老师方德植教授

◎ 梁益兴

1958 年，伴随着“八二三”炮战的隆隆炮声，我辗转三天两夜，经浙江、江西、福建三省到达厦门火车站。随即，有迎新专车把我们送到芙蓉四宿舍楼。办好报到手续，我正式成为数学系的一名新生。

入学第一学期，首先修的是三门课程。第一门是“农村劳动”课，到郊区灌口镇参加田间劳动；第二门是“工厂实践”课，到永安县西洋镇投入大炼钢铁；第三门是大炼钢铁回校后的“教学改革”课。

教学改革告一段落，进入专业学习，第一门便是“基本数学”课。当听说为我们讲授“基本数学”的主讲老师是系主任方德植教授，全班同学甚为欢呼。要知道，当年学校的教授还不多，数学系只有这么一位教授。我们这群新大学生对教授那是相当崇拜的！

上课那天，我们都早早地来到教室，找好座位，翘首以待。方老师带着一脸严肃走上讲台，没有自我介绍，第一句话便是：“现在上课！”他带有浓重浙江温州口音的普通话，使我们必须全神贯注，不能有半点分心。好在他的语速不快，加上整齐规范的板书，我们还是能跟上他的思路。时间走得很快，当方老师把粉笔放入粉笔盒时，下课的钟声也就响了。随后几周，我们惊奇地发现，每次方老师把手中的粉

笔放入粉笔盒的声音都几乎与下课的钟声同时响起。这一细节,映照出先生对每次备课的认真程度、对课程内容的把握深度和对教学进度的掌控能力,被同学们私下传为美谈。

到大学五年级分专门化时,我分到了微分几何方向。方老师为我们讲授“黎曼几何”。先生语重心长地嘱咐我们:“做学问,不能浮在表面,要沉下去。要多读经典,多读文献,要多思考。”

1963年,我毕业后留校任教,承担助教工作:批改作业、课后辅导和上习题课。先生要求我每次上习题课,一定要写好教案,先在教研室里试讲,听取其他老师的意见进行修改后,才能正式上讲台。我就这样一节课一节课地逐步学会了上好课。先生还多次叮嘱我:“要专心做好教学,还要努力开展科研。要坐得住、坐得稳,要读经典、读文献。”“要有坐冷板凳的思想准备,更要有把冷板凳坐热的勇气和毅力。”

正是在先生的督促和鼓励下,经过一年多的努力,毕业第二年,我写了一篇小文章。这时,先生告诫我,不要急于发表,要多检查几次,再斟酌、再思考,并让我在讨论班上报告,在黑板上演算推导,边报告、边提问、边回答、边讨论,精益求精,直到没有问题。这篇文章后来发表在1965年的《厦门大学学报》(自然科学版)上。可以说,先生严谨的治学态度深深地教育、影响了我,令我终身受益。

如果说一丝不苟、勤奋严谨的治学态度是贯穿先生一生的一条红线的话,那么勇于突破、求真创新的科学精神则是贯穿先生一生的又一条红线。

先生于1929年至1933年在浙江大学师从微分几何大师苏步青教授,1933年毕业后留校任教。1934年,在苏步青教授的指导下,毕业还不到一年的先生就用英文完成了引起国内外同行注目的论文 *A characteristic property of curves of constant torsion*,经苏先生推荐,论文还发表在日本的《东北数学杂志》上。先生的这项成果不久后便被几位数学家分别写进了教科书。可见,这项成果的意义不仅在于成果本身,而且还在于它的影响力。对此,苏步青教授兴奋地说:“谁说我们中国培养不出人才?看!我们不是培养出来了!”

1936年,先生以优异的科研成绩提前晋升为讲师,其科研工作主要集中在射影微分几何方向。1943年,受时任校长萨本栋敦聘,先生到厦门大

学数理系任教。当时数理系的教学计划中除“初等微积分”和“微分方程”外，再没有别的数学专业课程。即便是“初等微积分”，也是由校长萨本栋主讲，数理系尚无数学方面的教授。先生到校后，同时开出三门基础课：“高等微积分”“高等几何”“高等代数”。从那时起，本科二、三、四年级的数学课老师，几乎全由他一人担任。

1948 年，原设在青岛的海军学校迁到厦门，因没有数学教师，遂聘先生兼任。新中国成立前夕，海校动员先生跟海校一起撤退至台湾，被婉言拒绝了。先生执意留在厦门，迎接新中国的诞生。

新中国成立后至 1952 年，先生代理数理系主任。1952 年，数理系成立了数学系，先生为首任系主任。同年，先生倡议、组织成立厦门数学会，并出任首届理事长。厦门数学会是福建省第一个数学会，因当时省数学会还没有成立，故厦门数学会直属中国数学会。1954 年，先生亲自创办和主编了《厦门数学通讯》(1994 年改版为《数学研究》)，该期刊已成为我国三大数学通讯之一。

1956 年，中央发出“向科学进军”的号召。先生带领骨干教师制订了数学系科研工作十二年远景规划，提出“大范围几何与分析”的研究方向，旨在建立一个具有特色的学派，达到国际先进水平。“大范围几何与分析”是一个极具前瞻性的规划，在十多年以后国际上才出现“大范围几何与分析”，并成为世界数学的主流。根据数学系当时的基础和发展势头，规划若能实施，完全有可能形成一个厦大数学学派。只可惜由于种种主客观原因，这一规划未能实施，使中国少了一个具有特色的数学学派，实在令人扼腕叹息。面对挫折，先生没有气馁，他敏锐地捕捉到了芬斯勒几何将是微分几何研究的一个新的生长点。先生着手翻译当时这一方向的唯一专著 *The Differential Geometry of Finsler Spaces*。1962 年，先生恢复招收研究生，就把芬斯勒空间微分几何作为方向。据我所知，先生是国内最早在这一方向招收研究生的。

1963 年毕业时，我曾报考先生的研究生。入学考试第一门是外语，拿到试卷，我觉得有点难。看了一遍自我估计可能连及格都拿不到，遂选择放弃，中途退场。于是我与研究生擦肩而过，失之交臂，实为一大憾事。不过，我后来一直在先生身边，能聆听其教诲、接受其监督，也是一大幸事。

先生勤奋严谨的治学态度和求真创新的科学精神始终是我人生路上永远的模范。

作者简介

梁益兴，男，1958级厦门大学数学系。曾任厦门大学数学系系主任。

周绍民先生的为师之道

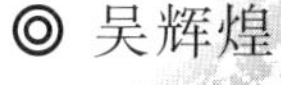

◎ 吴辉煌

周绍民先生是化学化工学院深受师生尊敬的老前辈之一。他是我国电化学学科的重要开拓者和贡献者，1984 年 1 月，经国务院学位委员会批准，他被增列为全国第二批博士生指导教师。周先生担任过我校科研处处长、化学系系主任、研究所所长等职务，曾是国内多个学术团体的主要领导，但他坦言自己最称心的头衔和身份是教师。他长期坚守在教学第一线，为本科生讲授过"无机化学""普通化学""分析化学""物理化学"等基础课程和多门专业课，他把教书育人作为天职。我跟随他学习、工作数十年，他的为人处世常令我深受感动与教育。

1964 年，我通过全国统一招生考试，被录取为周先生的研究生。那时国内各高校的研究生规模都很小，相关的规章制度不像今天这样成熟和完善，如何培养研究生几乎全靠导师把握。新学年伊始，周先生约我和另一位同学商讨研究生阶段的学习安排，他给我们讲解国家为什么要安排计划招收培养研究生、研究生与本科生有什么差别，同时勉励我们思想上要追求进步、业务上要精益求精。周先生非常重视基础理论，他要求我们除参加必修的公共课学习外，还要修读"数理方程"和"电化学理论"两门课程。20 世纪 60 年代正是电化学理论和实验方法迅猛发展的年代，设

置“数理方程”这门课体现出周先生在教育目标上的高标准。由于不具备单独开课的条件，周先生决定让我们到数学系本科三年级插班。为此，他亲自与在数学系任课的林坚冰老师联系，我们终于获准参加听课。由于数学系的课程有其学科特点和要求，我们两人都感到插班学习很吃力。周先生得知情况后，再三勉励我们要下定决心攻坚克难，同时教导我们要学以致用，应以掌握数学方法为主。在周先生的指导下，我们调整了思路，转移了学习重点并加强自学。为了督促我们坚持学习，周先生要求我们必须参加课程考试并争取获得较好的成绩。与此同时，他与林坚冰老师进行沟通，说明他安排该课程的用意，并请求林老师单独为我们两人出考题、评成绩。期末，林老师专门为我们出了两道有关扩散方程的开卷题目，要求在两星期内完成并上交，随后给我们评定成绩。

我们的“电化学理论”课是在周先生的亲自指导下以自学方式进行的。他为我们开列了一个文献清单，其中有十多篇权威性的综述性文献，以英文的居多，部分是俄文的。周先生告诉我们，清单上的文献是必读的，如有余力，要补充阅读文献中的某些重要引文，自学之后要写读书报告。学期末，我按要求写了两万字左右的读书报告呈交给周先生。大约两星期后，周先生把读书报告返还给我，我看到在二十多页的纸面上有他的各种批注，甚至许多标点符号也被指正了。我深深领教到周先生治学严谨，就连文中的遣词用字都是非常考究的。事后他约我面谈，在肯定成绩的同时，指出我的读书报告缺乏个人见解。他说，阅读文献不仅是要了解前人做了些什么、说了些什么，更重要的是要分析、判断这些做法和说法是否合理可取，有无可改进之处，只有这样，科研工作才能有所突破、有所前进。

1965年上半年，我们启动毕业论文工作，由于周先生从事有机电化学研究多年，我们的论文选题瞄准了国际上正在兴起的燃料电池。就在我们着手准备实验的时候，周先生接受了一项有关海军舰艇保护的攻关项目。由于任务紧迫，他决定让我们终止原先的选题，立即投入新项目中。周先生担心我们一下子转不过弯来，随即给我们做思想工作，教育我们必须急国家之所急，做国家之所需，不要计较个人得失。他还要求我们的研究工作必须从接触实际开始，在周先生的安排下，我们先到某军工研究所实习调研了一个半月，随后我被派到某海军基地开展现场实验。在我离校外出工作的八个月中，周先生不仅关心我的实验工作进展，而且非常关心我的生活，多次问我是否按时收到生活费、随船出海作业是否适应，再三叮嘱我要注意饮食起居、保重身体。在这段不寻常的经历中，我增长了见识，得到了锻炼，更感受到似海的师恩。

我国建立学位制度后，研究生教育快速发展，如何保证培养质量成为周先生十分关注的问题。1984年，我被指派承担“现代电化学选论”这门硕士生学位课程，对如何开展教学产生了诸多疑虑。为此我向周先生请益，他教导我说：教学必须高标准、严要求，首先是课程内容的设计必须高标准，没有高标准何以谈论严要求？作为学位课程更应具有足够的广度和深度，要能为学生构筑庞大的学术架构打下坚实基础。他还明确指出：严要求是为了保证教育目标的实现，“严”要体现在从细节入手，抓好各个教学环节的落实。严格可以有不同的表现，但“严”源于爱，“严”的前提是关爱学生、尊重学生，他不赞成用呆板的评分标准限制学生。这些教导给我的教学工作指引了方向，我再次领悟到周先生当年为我们安排学习计划的良苦用心。

尽管年事已高，但周先生对招生培养过程中的若干重要环节总是亲力亲为，亲自把关：他坚持亲自参加研究生（尤其是博士生）招考的面试，每场面试往往需要花费很长时间，除考核专业基础外，还要详细询问考生的学习经历、兴趣爱好，甚至家庭情况；他坚持亲自审核研究生的个人培养计划，学生将培养计划交到他手中绝对不是走个程序、签个名字而已，周先生不赞成学生盲目追求学分，他会根据各人的情况提出具体的修课建议，勉励学生树立优良的学风；他坚持亲自参加学位论文选题的确定，他尊重学生的个人兴趣和意向选择。

1986年，周先生课题组的多个研究项目均与金属电沉积有关，同事们普遍希望新入学的博士生崔成强能被安排到这些项目中来。然而，周先生早先了解到崔同学在硕士生期间开展过食盐电解用的不溶性阳极研究并取得了很好的成绩，如能助其一臂之力，可望有所突破。经过师生沟通，崔同学同意继续不溶性阳极的研究。由于实验条件得到了保证，崔同学心情舒畅，工作十分努力，几个月后果然取得了喜人的成果。在一次行业性的全国学术会议上，崔同学用翔实的实验数据报告了他的最新研究进展，当场受到众多专家的赞赏，于是他脱颖而出，被破例聘请为行业协会的顾问，重庆某

化学公司还主动提供两个电解槽让他开展中试。博士生戴鸿平在开展氧化还原酶电子传递研究时发觉现有仪器无法满足测量要求，于是打算自行研制仪器。对此周先生予以支持，并嘱咐戴同学要虚心向本学院擅长仪器研发的行家里手学习。由于研制过程屡遭挫折，不时损坏一些元器件，给器材入库和财务报销增添了不少麻烦，以致有的同事批评戴同学办事无计划、粗心大意等，这时周先生表态说：成功是要付出代价的，培养人也需要付出代价，实验上的失败不能轻言是浪费，从而减轻了戴同学的压力。在周先生的支持和鼓励下、在教研室其他老师的帮助下，戴同学终于获得初步成功，虽然研制的仪器不能如愿实现商业化，但是这一成绩为他日后的发展增添了竞争实力。

周先生非常关心学生的全面成长，视学生的思想工作为己任。周先生于 1958 年加入中国共产党，他希望自己的学生要忠于祖国、忠于党。他经常教导同学们要关心国家大事，面对社会现象和种种言行，要冷静思考，辨明是非，不能盲从，更不能做出非理性的偏激举动。周先生平时注意培养学生的协作精神，树立淡泊名利的思想，他本人朴实无华，平易近人，身教重于言教，因而能感动学生。在周先生领导的课题组中，团结合作精神蔚然成风，在科研成果申报或论文投稿前常常因为谦让作者排序而产生“争执”，谁也不邀功请赏，即便是几元稿费也相互推让，同学们目睹耳闻这一幕幕情景，并从中受到教育。周先生为人师表，他忠诚老实、正派公道，严以律己、顾全大局，这一切都给学生们留下了深刻印象。我想，“鹤发银丝映日月，丹心热血沃新花”这样的诗句用于赞美周先生的职业生涯是非常恰如其分的。

作者简介

吴辉煌，男，厦门大学化学系 1959 级本科生，1964 级硕士研究生。曾为厦门大学化学化工学院教授、博士生导师，厦门大学研究生院副院长。

大海之子
——记丘书院教授

◎ 杨圣云　陈明茹　肖佳媚

丘书院教授出生于1924年，江西于都县人。1944年，他怀着对厦门大学的向往，考取了享有“南方之强”美誉的厦门大学。当时厦大内迁长汀办学，他从江西老家徒步走到厦大。在厦大海洋系创办人汪德耀教授、唐世凤教授和导师郑重教授的亲切教诲和培育下，丘先生历经四年寒窗苦读，于1948年从厦大生物系毕业。之后，先生先后在厦大生物系和海洋系任教，系厦门大学海洋系教授、博士生导师。

丘先生是我们心目中亲切的老师、尊敬的长辈，他“纳百川、容学问、立德行、善人品”的闪光品质通过言传身教潜移默化地感染着我们后辈学子，是我们的楷模！

纳百川，爱书、惜书但不唯书

丘先生一生从事海洋鱼类学、海洋浮游生物学和海洋生态系统研究，但凡与之有关的书，他几乎都收至书阁。新中国成立前，国内有关鱼类学的书籍非常少，很多书籍只能依靠摘抄和翻译，丘先生至今仍保留着这些书籍的手抄版本，甚至包括插图。他在20世纪50年代编写的《鱼类学》讲义是国内海洋鱼类学的第一本教材。而他早年编译的

《鱼类学与海洋生物学》手稿,则是厦门大学海洋学系1978年招收第一批研究生时用的课本。丘先生还全程参与了1984年版的《福建鱼类志》(上、下卷),该书由厦门大学、上海水产学院和厦门水产学院等单位联合编著,是当时国内第一本地方性海洋鱼类志。2006年,值厦门大学海洋学系成立六十周年之际,丘先生将其一生的学术论文集结成《丘书院文集》出版,内容涵盖浮游生物学、上层鱼类学、海洋生态学、软骨鱼类学、渔业史等领域。

晚年的丘先生记性大不如从前,但在书籍摆放方面,他从不糊涂,在眼睛重影最严重看不清东西的时候,他都能凭着自己对书本的熟悉和分类找到想要的书籍。家人深知"这些书都是他的宝贝,那些标本,哪怕只是片段,他都要留着。几次搬家,他都要一一点清楚,摆整齐"。丘先生坦言:"只有教过书的人,才会知道这些资料的宝贵。那是我们从各种杂志里苦心收集来的,深知它们来之不易。这些教材都是一个字一个字翻译出来的。"如此惜书、爱书如宝之人,在对待这些智慧的结晶时却从不吝啬。有老师和学生来家中请教问题、借阅书籍,丘先生都是倾囊相授并十分乐于分享,同样的书籍若是有复本,他也一定会送到实验室供师生参考。

丘先生爱书、爱读书,但绝不唯书是从。早年,我国关于南海沙丁鱼类的记载只有四种,丘先生根据南海在印度西太平洋区动物区系的位置,认为我国的沙丁鱼类种类记录可能不甚全面,这会极大地影响国家对上层鱼类的开发。为了弄清楚该鱼类的类型及分布情况,已近花甲之年的丘先生亲自带领学生到沿海地区实地考察,从辽东湾往南,沿路采集沙丁鱼类样品,一直到北部湾和海南岛,相当于把中国的海岸线都走遍了。采样的过程长达两年多,他带领学生连续三次深入海南岛各大小海域采样。白天考察团队的采集工作如火如荼,晚上大家则在简易招待所里看臭虫"排队游行",甚至把公社的门板卸下来当床。尽管如此,大家都高扬科学研究的乐观主义精神,克服重重困难,终于发现分布在我国海域的沙丁鱼不止四种,而是十种。他对这些鱼类的深入研究拓展了我国的鱼类学内容,为开发利用上层渔业资源做出了很大贡献。

丘先生在指导学生读书方面也很有心得。他认为,海纳百川,有容乃大,要多读书,才能有海洋一样宽广的知识和视野,才能真正深入海洋学的研究。丘先生不仅要求学生要重视国内外学科前沿动态,还要求学生要重视经典著作的研习。至今，鱼类学实验室的书柜里依然摆放着 20 世纪 20 年代由国外学者 J·R.诺门编著的《鱼类史》，这是丘先生推荐给研究生的经典必读书目。“旧书不厌百回读”，时至今日，这本书依然是厦门大学海洋鱼类学研究生的必读教材。除此以外，丘先生认为“知古方能通今”，一名学者，一定要深入了解学科的历史并亲身实践。他本人就非常关注我国海洋渔业发展的历史，曾运用其深厚的历史学底蕴研究我国海产生物的古书，如《闽中海错疏》《闽书》《海错百一录》等，并发表了《现代福建鲨鳐类研究志略》《福建海鱼古今俗名考》等文章，供我国海洋鱼类学和渔业研究者参考借鉴。而由他编著的《西北非近海渔业资源》一书对推动我国远洋渔业发展也起了积极的促进作用。

容学问，书写海洋新发现

丘先生年轻时候的求学经历，塑造了他扎实勤勉的学习态度，同时也成为他与海洋结缘的最初见证。1953 年的厦门大学还没有一位从事鱼类学研究的老师，为了更好地充实自己，他主动申请去中国科学院水生生物研究所进修。其间，他还走访了青岛中科院海洋研究所和北京中科院动物研究所，结识了伍献文、曾呈奎等著名学者。此后，他长期从事鱼类生物学和海洋浮游生物学的教学与科研工作。20 世纪 50 年代中期，他创新性地采用实验生态学的方法研究栉水母摄食生态学，发现了球栉水母的“口道囊”结构，达到了当时世界领先水平。我国鱼类学研究的泰斗、中国科学院院士、时任中科院水生生物研究所所长伍献文教授还发来贺电，并积极询问最新研究进展。这些看似简单的精神鼓励，成了丘先生学术研究过程中的重要精神支柱。

20 世纪 60 年代，丘先生从当时的文献资料中发现了苏联在灯光捕鱼方面有技术性的突破，据此，丘先生率领厦大老师深入东山岛，与当地渔民一起，在国内率先开展灯光捕鱼技术研究并取得成功，其研究成果荣获 1978 年全国科学大会奖。1978 年，凭借过硬的专业知识和综合素养，丘先生成为当时中国为数不多的首批对外交流的海洋生物学专家之一。对外交流的过程便是接触学科前沿的过程，正因如此，丘先生特别鼓励学生先“走

出去”,再“引进来”。

丘先生也是我国上升流生态系研究的开拓者之一,该理念的提出源于他对多学科交叉的远见卓识和国际视野。20 世纪 80 年代初,在西班牙召开的“上升流生态系研究”国际学术会议上,他是我国唯一的参会代表。他还是“闽南-台湾浅滩渔场上升流生态系研究”项目的主持人之一,该项目获国家科技进步三等奖、福建省科技进步一等奖;他主持开展的“台湾海峡及邻近海域主要经济鱼类生物学研究”曾获得 1991 年福建省科技进步二等奖。

在对国际海洋鱼类学的发展趋势进行研究的过程中,丘先生认为,我国应该加强鲨鱼等板鳃鱼类的生物学研究,他也是国内最先把目光投向板鳃鱼类生物学研究的学者,在国际刊物上发表了国内第一篇有关板鳃鱼类生殖生物学的文章,引起国际同行的重视。在此基础上,他又根据海洋生物学及药用和营养物质研究的发展趋势,在国内率先指导研究生开展板鳃鱼类和上层鱼类的营养物质含量研究,发现上层鱼类和软骨鱼类富含不饱和脂肪酸,为开发利用板鳃鱼类中对心脑血管有保健作用的生物活性物质提供了理论依据。至今,厦门大学对海洋板鳃鱼类生物学的系统研究仍处于国内前沿。

立德行、善人品,教书育人、为人师表

丘先生在生活中特别平易近人,淡泊名利。他以自己的实际行动教育学生踏踏实实做人、认认真真做事。

丘先生对海洋科学的研究十分执着,一直坚持走在调查研究一线。20 世纪 80 年代至 90 年代初,为了研究中上层鱼类和板鳃鱼类,丘先生常带领学生在我国沿海地区广泛采集鱼类样品。福尔马林、纱布、手电筒、军用水壶、蒜头、盐、咸鸭蛋,装满了一个大铁皮箱子,这些便是当时丘先生在全国采样的全部装备。年近古稀的他跟二十多岁的学生们一起挤长途车、住简易招待所、肩挑背扛集采样品,却还时时不忘关照学生们注意身体,咸鸭蛋就是他每次出门时从自己家里给每位学生外出采样准备的标配。

丘先生非常强调要多看文献。那时收集文献远不如今天便利,丘先生

就把他收集到的文献复印出来装订整齐，分专题、编号码发给学生，再定好时间检查学生的阅读情况，与大家深入探讨科研的方法、结果以及存在的问题。他从来不把自己的意图强加给学生，或给学生限定死板的思路和研究方向，而是充分发挥学生的主观能动性。

丘先生从不愿意为私事麻烦自己的学生，但学生们却由衷地敬重他，优良的爱生尊师风气在鱼类学实验室里代代传承。他对科研事业的躬体力行和孜孜不倦，对教书育人工作的不遗余力，对学生和后辈们的无私关爱，永远铭记在我们心中；他所珍藏的鱼类书籍和标本以及那泛黄的讲义，还有他那未泯的童心，也都将在我们的记忆深处留存。

他将年华付与海洋，人生底色绘以深蓝。

先生之风，山高水长！

作者简介

杨圣云，男，分别于1973—1976年、1978—1981年就读于厦门大学海洋学系，获理学硕士学位。原厦门大学海洋与环境学院党委书记，现为厦门大学海洋与地球学院教授、博士生导师。

陈明茹，女，分别于1986—1990年、1992—1997年就读于厦门大学海洋学系，获理学博士学位。现为厦门大学海洋与地球学院教授，厦门大学马来西亚分校中国-东盟海洋学院副院长。

肖佳媚，女，2000—2007年就读于厦门大学海洋学系，获理学硕士学位。现为厦门大学海洋与地球学院高级工程师。

学术成果累累、人情味浓浓的学者

——记厦大海洋系李少菁教授

◎ 王桂忠

李老师的生日是4月7日，与厦大校庆在同一个时间段。厦大百年校庆之时，也是李老师九十岁生日之际。他的学生们准备利用回母校庆祝百年校庆的机会，也给他老人家举行一次九十华诞的庆祝活动。因为我是李老师指导的第一位研究生，又留校工作，大家公推我来筹备这个庆祝活动。不知这个消息是怎么走漏的，传到了他那里，他立马打电话给我，极力阻止我组织这个活动，理由是“我有何能何德可承受如此之重的生日庆祝”。他态度非常坚决，看来此事只好不了了之。

“我有何能何德……”是李老师谦虚，他一贯行事低调，不喜张扬。事实上他是我国海洋界德高望重的学者，学术成就突出。即使在退休之后，他还心系教学科研工作。海洋系新生入学之后的“学科入门”课程一直由他承担，退休后的头十年，他还协助学院关心下一代工作委员会给学生讲系史、讲传统，激励年青一代奋发学习。到了八十多岁的高龄，他还坚持到实验室指导学生和年轻老师开展科研工作，有时还亲自动手做实验。他给研究生批改的学位论文，几乎每页都布满了密密麻麻的批注。

由于现代科研手段的发展，年轻学生逐渐疏远了传统的生物分类工作，这直接导致生物分类学人才濒于断层。

然而，很多海洋学的研究离不开生物分类学的知识，没有分类学人才，就会阻碍海洋科学研究的深入发展。李老师对此表示担忧，并积极奔走呼吁。在国家各种高层次会议上，他呼吁要对生物分类学研究的立项给予政策上的倾斜，以利于培养生物分类学的人才、壮大生物分类学的科研力量。他自己也以身作则，积极投身到生物分类学人才的培养中。即使到了现在这样的高龄，他仍坚持经常到自然资源部第三海洋研究所的生物多样性研究中心，参加每周举行的学术研讨会，并在会上指导科研人员开展海洋生物分类、海洋生物多样性的研究工作。对于我国海洋科技人才的培养，他真正做到了兢兢业业、殚精竭虑。

生活中的李老师温文儒雅、和善可亲，待人处事富有人情味，而且尊重长辈，提携后进。他对自己的老师郑重教授非常尊重，是郑教授学术上的好助手。1983 年，郑老师组织编写《海洋浮游生物学》一书，李老师是主笔之一，从文献收集到文字撰写，李老师做出了主要的贡献。那段时间，李老师担任海洋系副主任一职，白天忙公务和教学科研，晚上就成了他写作的主要时间。听师母讲，那段时间，李老师常常通宵达旦地伏案写作。《海洋浮游生物学》一书以多种文字多次出版之后，郑老师还有一个心愿，就是希望在他有生之年能出版一套“海洋浮游动物生物学”丛书。他生前和李老师等课题组的同事编写出版了两册，还有《海洋磷虾类生物学》一册刚着手编写。郑老师于 1993 年去世之后，李老师始终没有忘记郑老师的这个愿望。在退休之后，他克服年事已高的种种困难，亲自组织编写工作。2011 年，该书编写完成正式出版，算是圆了郑老师的心愿。最令我感动的是，该书是在郑重老师去世多年后继续编写的，但在出版时，李老师执意坚持要把郑老师署名为第一作者。他告诉我们，“海洋浮游动物生物学”丛书的编写是郑老师做的规划，他的贡献大，自然应该署名为第一作者。此外，李老师还是郑老师生活中的好帮手，无微不至地照顾郑老师的生活起居。在郑老师晚年的时候，无论家里有什么事情，郑师母都是第一时间与李老师商量。在郑老师病重弥留之际的最后一个月，李老师一直在郑老师的病床前忙碌。为了让郑老师得到更好的治疗，他想办法从福州省立医院请神经科专家来厦门给郑老师会诊、制订治疗方案。如今，郑老师已去世二十多年了，可李老师的办公室里还保留着郑老师读过的书、手稿和物品，不仅摆得整整齐齐，还定期

清扫灰尘。虽然没有听李老师说过这是为了什么，但我心里清楚，这是他怀念郑老师的一种方式。李老师对郑老师的敬重，师生情胜于父子情。对自己家里的长辈，李老师也是孝敬有加。他父亲平时生活在安溪，晚年时也常到厦门的李老师家小住。我经常看到李老师为老人家温酒、洗脚。李老师的岳母一直与老师一家生活在一起，李老师对她非常孝敬。她老人家晚年患脑血栓，行动不方便，但得到了李老师的悉心照顾。从喂饭、洗脚，到把她从卧室抱到客厅看电视等，李老师都亲力亲为。每当我看到这些场景的时候，心灵总会被震撼，眼睛不自觉地就会泛潮。试问天下做子女的，有多少人能做到这样？可能我自己都难以做到。

李老师对晚辈也是百般呵护、尽力提携。很多从海洋系出国学习的学生，都是经他推荐回国任职的。我本人自大学时代写毕业论文时至今，一直跟在李老师身边，在他的指导下开展教学和科研工作，因此在学术上有了不少长进。李老师对我的成长帮助很大，对我的关心亦是无微不至。这里说两件小事：1984 年，我去美国进修，出国前他一直叮嘱我，出国后要好好学习，但也要注意身体，没有好的身体，就是有再好的本领也难以报效国家。当时因为学习紧张，我看起来非常瘦弱，所以他才有这样的担心。1986 年，我祖母去世，接到家里报丧的电报之后，我去向李老师请假回老家。那是一个上午，他正在忙系里的公务。因为太忙，他只是点头同意，没有多说什么。到了中午快一点的时候，他忙完公务还没顾得上回家吃午饭，就跑到我的宿舍安慰我，并嘱咐我在回家的路上要格外小心。他担心我会因过分伤心而忽视了旅途安全。我当时住在集体宿舍里，舍友见到后直感慨，说我遇上了一位好导师，真是三生有幸。虽然是两件小事，却至今仍历历在目。师恩永怀，我忘不了他为我做的点点滴滴。对其他的学生和晚辈，他也是同样地关怀和爱护。例如，1997 年，博士后成永旭爱人分娩，喜得千金。李老师按照闽南的风俗，和师母一起带着鸡蛋等特意到成永旭夫妇的宿舍看望、贺喜。

我经常出差到外地开展科研工作、参加学术会议，碰到很多校友，他们总会向我了解李老师的近况，谈及李老师的教诲，要我转达他们对李老师的问候。从他们诚挚的话语中，我感受到了他们对李老师的敬重。一个人能让如此之多的人怀念、留在如此之多的人记忆中，这便是对他的肯定，又怎么能说“何能何德”呢？

王桂忠在李少菁老师(右)的指导下开展教学和科研工作

作者简介

王桂忠,男,1975级厦门大学海洋学系。现为厦门大学海洋与地球学院教授、博士生导师。

听两代唐院士讲故事

◎ 黄勤

“文革”后恢复高考那一年，我在工厂当学徒。达到录取线、通过体检后的一个厂休日，母亲听说同事的女儿跟我一样报的是厦大微生物，刚刚收到录取通知书。我周身血液涌向大脑，本能地冲出家门，徒步四十五分钟奔进工厂收发室。

看见通知书那一刻的心情无须形容，可打开看时却懵了。值班的大个头工人兄弟问我：“怎么站着发呆呀？”

我指着通知书上的一行字问他：“你听说过寄生虫学专业吗？”

他与坐在桌沿的另一位兄弟面面相觑。经过一番低头思考，不记得是哪一位认真喊道：“不就是专门研究地主资本家吗？”

我还真拿那话当了回事，出收发室没多远就两腿发软，身子靠在行道树上。

入学后，我听说生物学系的寄生虫学专业是“文革”结束后唐仲璋教授带来厦大的。在该领域，唐先生不仅是学界翘楚，而且和蔼慈祥、众口皆碑。随后我又陆续听说了一些关于唐先生如何取得科研成就的故事，于是对名人的敬仰逐渐冲淡了对专业的不喜欢。

大四跟随唐先生做毕业论文期间，我常与他的几位研

究生结伴去他家，师生坐在宽大的露台上言谈甚欢。那年唐先生七十五岁。

有一天，我一个人跑去见唐先生。先生用福州话问道："你今天来找老师想讨论什么问题？"

我说："唐先生，咱们今天不讲学术可以吗？"

先生一脸困惑，问道："不讲学术，那讲什么呢？"

"我想听你讲故事。"

唐先生"嘿嘿"地笑了，说："老师会讲很多故事。你想听什么故事？"

"想听你讲年轻时的故事。"

……

如今回想，我那时真聪明，懂得找老师讨故事。如果说科学研究发现的东西是天神借助个人传递给人世的信息，那么让一个人变得智慧、慈祥的阅历则是人间赠予灵魂的财富。

经师易遇，人师难遇。20世纪80年代末，我从福州到厦大参加托福考试。结束以后，决定去探望唐老先生和唐崇惕老师。下午不到四点从丰庭三出发时，同行的一位小我几岁的同事请我带她到校内某处见熟人。我说我要先去见老师，她可以在老师家楼下等我。又说，唐老太太去世后，唐老先生不太愿意见客人，加上他自身健康状况不太好，我顶多十来分钟就得离开。

到达白城唐先生家楼下时，我转念对同事说："不如你跟我一起上去。唐老先生的和蔼跟他的学问一样出名，这是难得的学习机会。"

两位老师见到我都很高兴。坐下寒暄几句后，唐老先生用福州话缓缓地对我说："你今天来，老师很欢喜。有一件事情，老师一直放在心里。今天你来，老师一定要跟你讲。"

他提起若干年前毕业分配时我班里出的大乌龙。那时有股很强的舆论，认为我凭借硬关系抢了某单位为教师子女设的名额。

老人家坐在扶手椅里，诚恳地凝视着我，声音略带颤抖地解释道："后来老师知道了，那件事跟你没一点关系。老师那时候错怪了你。"

先生话音未落，我已泪如倾盆——为先生的品格。大学毕业后，我偶尔回厦大，见到先生时他总是高高兴兴的，彼此从未提及那件事。况且，事后应该不到一年吧，工作单位的顶头上司就通知我："现在知道那件事是谁干

的了。跟你没关系。害你受委屈了。”

我不以为痛，先生竟视其为重负。一位年过八旬的学界泰斗，当着陌生人的面，对未及而立之年的晚辈表示歉意，我真心承受不起。

那个下午，我接着听唐老先生讲故事，直到吃完晚饭，七点多才告辞。其间，崇惕老师不止一次为她的父亲测血压。

那是我最后一次见到唐仲璋老师，他给了我一份毕生受用的礼物。不伤害，不亏欠——唐老先生身体力行的这一原则，如今也成为我的习惯。哪怕事情很小，哪怕对方的社会地位不高，只要自觉不妥，心里总会惦记着找机会跟人家说声“对不起”。

内心秉承“不伤害，不亏欠”原则的人对待科研工作也很难含糊其事，更别说数据造假。否则，过不了自己心中那道坎。唐仲璋院士的女儿唐崇惕院士便是这样。

我进厦大时，崇惕老师还年轻，不到五十岁。印象里，她工作极认真，桌面极整洁，话极少，对唐老先生关照得极细心。

我与崇惕先生相互打开话匣子始于 1995 年。那年四月，香港大学太古海洋研究所所长 Prof. Brian Morton 召集第八届 International Marine Biological Workshop，崇惕先生再次被邀请。她写信谢辞，但最终拗不过对方的诚挚。

当时，我正随 Morton 和港大动物学系主任 Prof. D. K. O. Chan 攻读博士学位，住在 Main Campus 很有历史感的 May Hall。Morton 要我回石澳，住海洋所宿舍，任务是陪伴崇惕先生。

崇惕先生见到我后很意外，也很欢喜。此前，她并不知道我是 Morton 的学生。

研究所白色的实验楼像一艘游艇停泊在鹤嘴湾上，“艇”的尾部朝向布满野生绿植的山坡，坡顶是红瓦白墙的宿舍区。区内的公用客厅俯瞰湾面的透明玻璃幕墙外侧，那里常年摆放着两张白色圆桌和若干把白色的扶手椅。坐在那儿，于时隐时现的涛声里平静地交谈，甚是美好。

崇惕先生跟我说，自唐老先生 1993 年夏季走后，她一直悲恸难以自拔。这回，Morton 希望她能借此行换一番心情。

Brian Morton 是国际著名的贝类形态分类暨生态学家。他真心敬重唐家两代寄生虫学院士。他与两位唐先生的学术交汇点在于:有些贝类能够成为传播人畜寄生虫的中间宿主。

在1983年举办的第二届workshop期间,Morton邀请崇惕先生调查香港藁杆双脐螺的曼氏血吸虫自然感染率。藁杆双脐螺是曼氏血吸虫病重要的传播媒介,1974年被发现进入香港新界。

崇惕先生提议平行调查与双脐螺混生的尖口圆扁螺。由于已知后者与血吸虫没啥关联,Morton不以为然。崇惕先生则认为:可以通过比较同一栖息地两个相近物种的感染状况,更科学地解释数据带出的现象。Morton最终被说服,并安排按照崇惕先生的要求采集样品。

崇惕先生在后来发表的论文中写道:“后者(圆扁螺)感染有多种吸虫幼虫,而前者(双脐螺)无一阳性。这可能是因为藁杆双脐螺尚未与当地的吸虫种类建立关系。”这里提到的对观察结果的判断为后续工作提供了深远的思路。假如没有圆扁螺作为参照,双脐螺的“无一阳性”很可能仅仅代表时空坐标上的一个数字。

在这项研究中,崇惕先生共剖检双脐螺和圆扁螺各5633粒,在圆扁螺中分辨出二十一种吸虫幼虫,自然种群感染率介于0.23%~9.09%。这些数字背后隐藏的工作量之大与工作性质之单调皆非吾等的耐性所能应对。

崇惕先生比Morton年长十七岁。她私下经常赞赏Morton热爱学术、尊重科学、尊重科学精神、尊重科学家。1995年,workshop收官之际,崇惕先生对Morton说:“非常感谢你邀请我,也非常感谢你安排黄勤来陪我。我现在心情好多了。”

世事迂回。2016年1月,我的母亲猝然仙去,我身心俱焚。崇惕先生发来微信安慰我。2017年10月,我带上刚出版的为纪念母亲写的科普小书《不只是手工皂》去拜见崇惕先生。她对我说:“我平时都在看你发到朋友圈里的内容,写得很好。你要将它们收集起来,整理成书。你一定要这样做。”

然后,她带我走进书房,开启电脑,向我展示她正在撰写的几种书稿。这一年,她八十八岁。我无法想象她如何能够同时实施这么多项浩繁的文字工程。

回客厅坐下后,我问崇惕先生何以每年夏季都要去一趟内蒙古。她说,

那里的工作还没做完。为防治草原上的人畜寄生虫病，崇惕先生在厦门与内蒙古之间已经往返了四十余年。海拉尔、呼伦贝尔，多么好听的名字，多少美丽的故事。甚至那些被崇惕先生“揪”出的寄生虫中间宿主或终宿主——沙狐、布氏田鼠以及一种肉食性大蚂蚁，经过我的大脑都变幻成传奇故事里的角色。

2018年入夏，得知崇惕先生再次北上，我主动请缨，说好入秋去海拉尔陪她回厦门。查完航班，我将计划告诉家人。然而，临近行期，我却胆怯了。那些日子，我尚未摆脱母亲离去的悲伤，稍不留心便会走神，还总犯困。去了海拉尔，会是谁照顾谁呢？

我能做的就是听从崇惕先生的劝告，把在朋友圈发科普当成日常工作，当作生活的重要内容。我边写边读，边读边想，在读与想中慢慢明白：对天边至亲最好的爱应当是提升自身灵魂所处的阶位，使其散发轻松愉悦、淡泊宁静与洁净芬芳的波，传向宇宙深处与亲人同乐。

许多年前，崇惕先生曾对我说：“你来看我和唐先生完全出于真心，这一点我和我爸爸都看得很清楚。你从来没有向我们要求过任何帮助。”

细数往事，其实我没少向两代唐先生默默索取——索取故事，索取从故事里透出的那一束能够引领灵魂向上跃迁的亮光。

作者简介

黄勤，女，1977级厦门大学生物学系寄生虫学专业；后进入香港大学研究海洋生物群体遗传学，获博士学位。现任厦门绿波生物科技有限公司执行董事、经理。

平凡出良师，真诚见益友

——记学生的“爱心妈妈”黄沂木教授

◎ 林擎国

百年沧桑，厦门大学迎来世纪华诞。学校的辉煌，首先归功于校主陈嘉庚先生慷慨解囊、捐资兴学的无私奉献，也离不开几代厦大教师或是对传承暨创新的科学技术的努力探索，或是平凡而真诚的教书育人的辛勤付出。黄沂木教授就是其中不可忽略的一员。

我是1977年恢复高考后第一届经济系计划统计学专业学生，在大学三年级时上黄沂木老师的“工业统计学”课程。黄老师讲课的音量不高，还带有惠安口音，但逻辑清晰，表达清楚，语调温和，不乏幽默感，调动了课堂氛围，把比较枯燥的教材变成当堂可以消化吸收的学术知识，引发了听课者深入钻研的兴趣，给大多数同学留下了难以磨灭的印象。课后，黄老师经常利用当天晚上的时间到学生宿舍了解教学意见，不厌其烦地为学习有困难的学生辅导。我身为班长，陪在黄老师左右，借此加深对课程知识的理解和记忆，更重要的是，黄老师为我毕业后留校当好大学老师做出了不可多得的师者风范！

1982年4月，厦大经济学院成立后，黄沂木老师于1984年10月兼任第二届院务委员会副院长，踏踏实实地做好院长的副手，帮助全国第一家成立的经济学院一步一步跨上快速发展的轨道。1987年3月，黄老师转岗到计划

统计系担任系主任，我有幸作为副主任与黄老师共事三年。三年工作期间，黄老师几乎天天坐班，思考学科建设以及师资培养与配置，处理系里发生的大小事情，踏踏实实，勤勤恳恳，点滴不漏。这种忠于职守、认真履职的工作态度让人钦佩，也鞭策我好好效仿。

在三十多年的教学与科研生涯中，黄老师兼做了十三年的行政领导工作，心里铭记着王亚南校长当年颁发给他的厦门大学获奖证书中的题词"战斗精神，模范事迹，念兹在兹，再接再厉"的教导，始终如一地低调做人，认真做事，有口皆碑，获得许许多多师生由衷的好评。1996 年，在系主任届满的全系教工大会上，黄老师出人意料地提出担任当年入学的 1996 级本科生班主任的请求，引发一片热烈的掌声。班主任工作是一份苦差事，一般人能推就推，因为平凡的工作要出业绩很不容易。可即将退休的黄老师还主动请缨，真真切切是对高等教育事业一份自觉的担当，是热爱大学生的一份真诚。

从 1960 年大学毕业留校即担任统计专业 1960 级班主任，到退休后又连续当了两届班主任，黄沂木教授自始至终认真负责，深入学生，与学生打成一片，做好学生的思想工作，解决学生学习与生活中的实际困难，积极参与学生组织的课外活动，被称为春风化雨润心田的"爱心妈妈"，足以见证他的精神世界平凡而高尚，执着而真诚。与此同时，从 1998 年 9 月到 2009 年 2 月，黄老师又被学校聘任为本科教学督导组成员，退而不休，继续发挥余热。他认真督查，秉公办事，风来雨去，不计报酬，一做就是十年，为提高本科教学质量默默无闻地做出力所能及的奉献。

为什么黄老师退休后自愿同时担任班主任和学校本科教学督导组的两份工作？黄老师自我剖析有三条理由。其一，本科学习是学生大学生涯中最重要的成长阶段，这个阶段的学习基础，以及价值观、人生观和世界观的形成对学生的一生能否健康、健全成长至关重要，他想尽可能地指导更多的大学生完美地走过这个必经的人生阶段。其二，认定自己的个性是心态不老，不爱张扬，不想抛头露面，喜欢做点小事，班主任和教学督导的工作很适合自己。其三，听到学生反映一个学期都难得见到班主任一面、与中学的班主任迥然不同的议论，他很想以自己脚踏实地、认真做事的示范去改变部分学生对大学班主任不良的印象和评价。他为自己做班主任确定自我规范的原则就是做学生的朋友，对学生一视同仁，处理学生的事情秉承公正，因而受到学生的拥护，让学生愿意向其倾诉内心的苦闷甚至个人隐私。

新生入学前，黄老师召开厦门本地学生会议，为迎新工作做好各种准备，最大可能地让来自全国各地的新生尽快融入大学生活；新生入学后不久参加军训期间，他每个晚上都到学生宿舍，了解情况，掌握动态，鼓励大家要刻苦磨炼；他建立学生卡片，反映每个学生的基本情况，记录每年至少一次与学生面对面谈话的内容和需要解决的问题；他腾出时间参加班级学生的集体活动，一道登五老峰，逛名胜古迹，一起拍摄集体照，年轻的黄老师与学生亲密无间，有的学生家长甚至辨别不出其中的班主任老师；他常整理出自己较新的衣服，送给家庭比较贫困的学生；个别学生急需用钱，他也会毫不犹疑地借钱给学生，帮助其解决燃眉之急；他把家作为学生聚会的地方，和夫人甘愿充当“高级服务员”，留来访学生在家用餐，让学生体会闽南人和闽东人组合的家庭氛围以及让人“回味无穷”的地方饭菜。1998 年端午节，他分六批邀请二十八位学生先后到家喝早茶和品尝闽南特色粽子，迄今仍是学生之间不能忘怀的美谈。当《厦门日报》刊载黄沂木教授教书育人的优秀事迹后，福建省莆田市兴化大学主动与厦大党委宣传部联系，请黄老师前去给全体教师做师德报告，他欣然答应。

2008 年 12 月开始，经济学院统计系退休党员成立党支部，已逾古稀之年的黄老师勇挑党支部书记的担子至 2019 年 3 月。为了组织一次学习或活动，单是确定所有支部成员都能到场的时间，他就不厌其烦地来来往往打了几十次电话。年迈的老同志卧床不起，他不是经常打电话嘘寒问暖，就是带领几位党员登门看望。黄老师又这样一丝不苟地工作了十年，直到八十三岁高龄才告退，得到同仁们的一致赞赏。晚唐李商隐作诗赞叹“春蚕到死丝方尽，蜡炬成灰泪始干”，黄老师充分体现出共产党员和人民教师应具有的高风亮节。

1997 年 4 月，黄沂木教授（前排右一）与 1996 级本科生摄于五老峰

作者简介

林擎国，男，1977 级厦门大学经济系计划统计专业。曾任厦门大学经济学院计统系副主任、经济学院院长助理。

谢我的引路恩师黄奕普教授

◎ 罗尚德

我是新中国改革开放后第一批考上厦门大学，并于1978年2月28日从外省坐火车来厦报到入学的。当时，厦门仍是一个很不发达的边防小城，火车站是候车室和售票厅合在一起的一层楼小平房，而由爱国华侨暨厦大校主陈嘉庚先生集资兴建的鹰厦铁路则是外省人进入厦门的主要陆上交通要道。从鹰潭坐火车到厦门后，厦大的一辆解放牌大卡车把我们新生从火车站拉到思明路校门口，然后由海洋系主管后勤的田太山老师把我送到芙蓉六学生宿舍，这情景几十年后的今天仍然历历在目。虽然当时尚不知道未来的路怎么走，但我内心始终有一个坚定的信念：这里将是我人生的一个重要里程碑。

我们那一代人是很幸运的。我们有新中国成立后最优秀的老师，他们知识渊博、朴实无私、平易近人。我们1977级海洋化学专业共有三十位同学，除了"有机化学"和"结构化学"在化学系上大课以外，"无机分析物化"等重要课程都是我们系自己的老师教。其中，令我终生难忘的有教"无机化学"的林树西老师，教"分析化学"的杨逸萍老师，教"物理化学"的胡咏絮老师和蔡阿根老师等。这里，我要特别感谢的是我的恩师黄奕普老师，他是我的学术引路人。

我认识黄老师是在大学的最后一年。大四的第一学

期,吴瑞端老师给我们上文献课,教我们如何选定研究课题、查找参考文献和论文等。那时我们没有网络和电脑,只能在映雪一三楼的图书资料室里,抱着一大本《化学文摘》或《海洋文摘》查找。当时,每个人都要选定一个研究课题。我跑去请教卢茂狮老师,卢老师说,"海洋物理化学"的李法西老师是我国最权威的专家,但是黄奕普老师的"同位素海洋化学"是目前国际上海洋化学研究最活跃的领域,可以学到很多新的东西。不过,你得有心理准备,黄老师是很严格的。经过一番思想斗争,我选择跟着黄老师做研究。就这样,黄老师成为我一生中最重要的引路人。从大四开始,一直到完成我的硕士论文和博士论文后离开厦大去往美国,我的生活、学习和工作始终都受到黄老师的亲切关怀。可以说,我的每一步成长都渗透着黄老师的心血。

黄老师教我如何做人

我原以为黄老师是个很难接近、不讲情面的人,所以刚开始我总是有点提心吊胆,不敢乱讲话。后来,我慢慢发现其实黄老师并不可怕。他会常常跟我们拉家常,谈他过去的事,谈他如何从复旦到北大,再到湖南工作的事。一谈到湖南,我就觉得很亲切,因为那是我的家乡。再后来,我会隔三岔五地找个理由跑到黄老师家,每次师母都会做一大堆好吃的款待我,这对我这个穷学生来说,是很有吸引力的。黄老师不仅平易近人,更重要的是他有着刚正不阿的性格,他以身作则,教我们要为人正直、诚实、诚恳,做研究不能弄虚作假,做人不能阿谀奉承;要做君子,不做小人,不能为了升官发财而出卖自己的人格和灵魂。这些可贵的品格至今仍影响着他的每一个学生。

黄老师教我如何独立思考

在进入黄老师的实验室之前,我根本不懂研究是怎么回事,甚至连什么是放射性、什么是同位素都不懂。黄老师的教法就是开给我们一个长长的参考书单,让我们到图书馆去找自己认为有用的,或者想看的知识。这就像在大海中游泳,你觉得怎么舒服就怎么游。然后,老师会给我们介绍一些当时在海洋同位素化学研究领域活跃的国际知名学者,比如美国 Scripps 海洋研究所的 Ed Goldberg 和 Harmon Craig 教授等。我们需要每天去查这些学者发表的论文，从中体会他们做研究的思维逻辑。这大概是我从黄老师那里学到的最重要的东西。

黄老师教我如何白手起家

在进入黄老师的实验室之后，我才发现，这里根本没有海洋同位素化学实验室。“文革”后，黄老师响应党的号召，带领学生去搞电渗析技术研究。改革开放后他才又回到本行。因此，实验室是一张白纸，没有现成的方法，也没有现成的仪器，一切都得从零开始。记得我们班四位同学陈伟琪、关怀民、周适予和我都在同位素组，我们每天只能跑到玄武场外面属于海洋三所六室的一座小平房二楼的实验室里做实验。我和周适予为一组做分离铀钍的实验，这个实验最困难的地方在于除去沉积物中的铁。当时，国外都采用异丙醚萃取的方法，可是国内买不到异丙醚，我们只好摸索其他办法，很辛苦，但不是很成功。直到进入研究所以后，我们才摸出一个非常有效的分离方法。这个方法一直到我在国外做研究时还在使用。

对于如何建立一个新的实验室，当时大家都没有经验。黄老师就鼓励大家放手干，边干边学。首先是仪器的安装，没有真空泵，黄老师就让我去上海找厂家了解，几经周折才从上海一家专卖店买到。黄老师还专门派我和施文远老师去北京 602 厂（二机部核仪器厂）办的阿尔法能谱仪学习班学习仪器的原理和技术。

黄老师教我如何持之以恒

做研究经常是枯燥乏味的，特别是当实验遇到瓶颈、实验结果不理想或无法解释时，人是非常容易泄气的。在很多情况下，人会越做越没有信心，甚至会怀疑自己的能力。这时，黄老师总会出现在学生身边，跟大家探讨如何改进，讨论实验结果的意义或问题，常常会让我们的心情变好，头脑也会变得更开窍。黄老师周末也不休息，经常到实验室里跟大家一起处理数据，帮同学们修改论文。黄老师一直告诫我，写论文一定要做到“信、达、雅”，要

精益求精。不仅数据要可靠，不能造假；而且遣词用字还要准确，不能让人误解，要有逻辑性，不能将文章写得文句不通。总之，黄老师让人觉得做学问就是一种修养。就像练功一样，当你练到一定境界时，你就会觉得是一种享受，你就会爱它，不可能再放弃它。黄老师就是一直用这种精神去感染他的学生的。

我从黄老师身上学到的东西很多。以上是我脑海中印象最深的，也是对我后半生在国外生活、工作与学习影响最深的。我很荣幸能成为黄老师的学生，也很感谢并永远铭记黄老师的谆谆教诲。顺祝黄老师和师母身体健康，幸福快乐！

作者简介

罗尚德，男，1977级厦门大学海洋学系海洋化学专业，获博士学位。台湾成功大学地球科学系终身教授，曾为美国南加州大学地球科学系资深研究员，现退休定居美国。

教书育人　桃李芬芳

——记我的恩师洪成得教授

◎ 张萍

我们是1977年年底、"文革"中断高考十年后，首届恢复高考制度所录取的第一批大学生。厦大哲学系洪成得教授则是我们的首位班主任，也是我们的"大恩人"。之所以这么说，是因为我们每位同学的到来，都已然经过他招生时的筛选和拿捏。作为厦大派出的招生老师，他对这份工作的敬业和精细真是让人叹为观止：录取前他仔细地阅读过每位同学的资料，还一份不落地认真看过每位同学的高考试卷，以至于他比我们自己都更清楚各自的底细。例如，哪位同学的作文写得好，末尾还留有压卷诗；哪位同学的数学考了高分；哪位同学当过耕山队长；哪位同学的体检表被人调包差点造成冤案；哪位同学被"文革"造反派诬告差点失去入学机会；等等，他都悉数掌握，了然于胸。虽然我们与他素昧平生，但入学后初次见面，他竟能说出每位同学的名字和家乡。他多次很感慨地说起当年招生时的喜悦、不舍和纠结："多少年啦，我们都没有遇到这么多优秀的生源，当时的投档比例是1∶1.5到1∶2，所以当时我是反复斟酌，拿起这个又放下那个，拿起那个又挑出另一个，一个都不舍得放弃，可惜招生名额实在有限，到最后时刻还是得排除干扰，忍痛割爱，权衡再三，确保挑出来的学生个个过硬！"可见，我们这些最终能够顺利入学的学生，实在要感激当年洪

老师的"慧眼识珠"和"不杀"之恩，而洪老师的敬业奉献精神和父爱般的呵护更是让我们肃然起敬并受益终身。在与洪老师几十年的师生情谊中，他留给我们最为深刻的印象就是：把人民教师教书育人的职责作为终生追求而无怨无悔。用他自己的话说这是天职！

关于教书

记得大一时是1978年，洪老师教的课是"历史唯物主义"，当时百废待兴，这门课连教材都没有，洪老师就自己动手编写提纲辅导我们。每回上课，他不看讲稿，引用马列原著却倒背如流、如数家珍，课堂上旁征博引，生动活泼。他总是慷慨激昂地带着我们海阔天空地一遍遍遨游知识的海洋，当一节课快要上完时，他又适时地把大家的思绪从远处拽回，然后一遍遍地强调主要观点和内在逻辑，并叫我们要把这些像"钉钉子"一样钉进脑海中。记得在校期间，洪老师就因教学成绩突出获得过学校授予的"优秀教学奖"和"马克思哲学原理"课程改进提高二等奖。因此，几十年过去了，洪老师的观点连同他的语言和形象仍深深地钉在我们的脑海中。我想，若不是基于对马克思主义理论学习的深厚功底和系统研究，哪能这般运用自如，驾轻就熟！难怪自1990年起，他又兼任了厦门大学党委宣传部副部长和党校副校长。他当年编写的教学提纲还被教育部作为全国统编教材《马克思主义哲学原理》的主要参考资料呢！

毕业分配后，我们绝大多数同学都从事马克思主义理论的宣传教学或研究和组织工作，为了工作，我们常常要继续请教洪老师。于是乎，洪老师作为福建省委宣传部特聘理论专家，虽已有繁重的教学科研工作，但他还是在百忙之中插空给我们这些"熟人"开点小灶。在各级党校和高校当老师的同学，有模仿洪老师的教学方法的，有找洪老师商议出考卷的；在党政机关任职的同学，不止一次恳求他帮忙上大课，分析研判各种思想理论动态；作为省、市、校三个层面的理论报告员和重大文献宣讲员，洪老师的足迹踏遍厦漳泉和三明、龙岩等地，学员中既有党政军高级领导干部，又有基层街道乡镇干部甚至普通的市民、农民，因为大家知道他讲课最受欢迎、效果最好。从马克思主义的基本理论到党的历次代表大会主

要精神、从重大历史文献的解读到具体政策的宣讲，洪老师都能够融会贯通，用通俗的语言，甚至用方言做深入浅出的解读。其实能够做到这点，除了他口才好、知识面宽外，更多的是源于他几十年来对原著学习的不懈坚持、对理论问题的独立思考，以及对社会实践和百姓切身利益的密切关注。一次偶然的机会，我看到一套被老师翻烂了的《邓小平文选》，问起来才知道这种“翻烂”了的原著远不止这一套。更让我肃然起敬、自叹不如的是，直到退休后很长一段时间里，洪老师仍然保持着每年超过一百场次的讲课纪录。几年下来，粉丝不少，名声大噪，甚至有人说自己就是听着洪老师的报告长大的！为此，老师被评为福建省社会科学普及先进个人和优秀报告员，的确实至名归！

在洪老师的教学生涯中，还有这样一群学生不得不说，那就是从1984年起，他作为厦大哲学系的自学考试负责人，为包括海陆空、野战和地方部队在内的几千名部队学员授课，让其中至少三千人通过自学考试获得了大专文凭。这在当时裁军百万的历史背景下意义非凡，无论对部队整体素质的提高，还是对这批干部个人素质的提高、日后在部队的任职升迁或后来转业到地方的安排任用，都起到了关键作用，其意义和影响既重大又深远。也因此，洪老师被评为“双拥工作先进个人”。然而，我更加喜欢部队官兵赋予他的“客座教授”“编外政委”的雅号。这也算是他教学生涯中浓墨重彩的一个篇章吧！

关于育人

在我的印象中，洪老师在厦大搬了几次家，从我们入学时芙蓉二学生宿舍背后的小平房到厦大白城的单元楼房，再到现在厦大西村的高层海景房，无论他家里条件如何，都永远是同学们在厦门、在厦大的家。记得我们入学时，物质条件比较差，洪老师的家成天对外开放，作为学生的我们竟然可以随意出入，泡茶甚至小酌。在他家里可以谈学术，也可以聊人生，可以请教学业，也可以谈成长的种种烦恼，加上师母的温柔热情和孩子们的懂事可爱，让学生们感到很满足，更是让一些很小就离家的同学（记得当时有几位

应届高中生，最小的才十六岁）可以化解乡愁，能时时闻到家的味道！

其实，回过头来，我们才深深感慨几十年如一日地这样对待学生，他们一家要付出多少！难怪有人不解——劝洪老师别浪费时间和精力啦；有人极力劝阻——把课上好、把学术研究搞上去才是硬道理；甚至有人善意出面警告——不许打扰到老师休息，要挂“谢客牌”。但是在他这里却总是哈哈一笑，坦然作答：“教师既要教书传授知识，又要做学生的思想政治工作；既要教他们知识，又要和他们交朋友，做他们人生道路的引路人，这就是天职！教书和育人缺少了哪个方面都有失偏颇。更何况我和年轻人大量接触，虽然花费了不少时间和精力，但也接收了许多年轻人的新观点、新知识和大量的外部信息，这些对我的教学和科研也不无帮助啊！”既然这样，同学们也就心安理得、顺理成章地继续登门入室了。所幸这些年来，洪老师基本做到了教学与科研两不误。

洪老师和他的夫人都是归侨，他教的又是马克思主义理论，所以他对党、对社会主义的热爱和忠诚是深入骨髓的。在理论上他从来都是笃信笃行，独立思考，不举顺风旗，不做墙头草。他说只有自己真学、真信、真懂才能说服人。但是，如果你因此认为洪老师就是个呆板、无趣的马列主义老头儿，那就大错特错了。我可是非常清晰地记得，在当年男女同学都不敢牵手的保守年代，洪老师是第一个公开叫同学们谈恋爱找对象的，他说你们很多人上学以前就已经工作多年，年纪也不小了，到了社会上工作压力大，重新认识一个人需要时间，也不知根底，不如就在学校里解决，将来毕业分配时也能兼顾事业和家庭。班里有个大哥三十多岁了，是从龙岩煤矿考过来的，十分珍惜学习机会，但是在大三那年被老师“催婚”了。洪老师说：“你们两人年纪都大了，你等得了，人家女方可能等不了。赶紧办了吧！”于是乎，班里同学每人出一块钱，给他们置办了新婚贺礼。

到了我们即将退休的年龄，洪老师给出的谆谆教导是：“你们要拿得起，放得下，要学会安排好退休生活，要给自己留足养老钱，老本、老窝、老伴是晚年幸福生活的基本保障，要乐观豁达地过好每一天。”不仅如此，他和师母还身体力行，退休后，他们结伴走遍了各地的名胜古迹，师母还在她八十高寿时举办了一个让我们瞠目结舌、望尘莫及的个人画展，并由他们的孩子出资出版画集。老两口相濡以沫、相敬如宾，孩子们也都事业有成、家庭和睦，这样的幸福晚年，让我们好生羡慕又感到莫大的欣慰。

作者简介

张萍，女，1977 级厦门大学哲学系，1997—1999 年就读于厦门大学 MPA。曾任厦门市政协常委，厦门市委宣传部常务副部长，厦门市文联党组书记等职。

我心目中的林纪熹老师

◎ 郑启五

听说厦大外文学院林纪熹老教授（1923—2016 年）不幸去世，往事如烟旋即弥散脑海，镜头一组接着一组，如电影蒙太奇，而反复出现的是他那张笑眯眯的面孔，很友善，很亲切，很随和。我突然觉得有点后悔，怎么在他生前没有把对他面孔的好感如实相告。进入 21 世纪，我与林老师成了无话不谈的忘年交，有时两人路遇，就一起并肩而行，一路说笑，嘻嘻哈哈，我叫他林大师，他反叫我郑大师，真的很逗，就这么没大没小，林老师能到九十三高寿，与他晚年返老还童的神仙心境很有关系。

林老师夫妇与我的父母亲同在厦大工作，虽然在不同的系，但也有一些交集。1977 年，我们两家一起搬进了新建成的敬贤六，成了同楼的邻居。我只知道他是福州人，因为他与我母亲说福州话。不久后我考进了外文系，我们从邻居变成了师生。他上课时不紧不慢，谈吐优雅，总是胸有成竹，他的课是同学们心目中的好课。

我大学毕业后分配在厦大台湾研究所，担任《中国人口台湾分册》主编助理，林老师说他对人口研究很有兴趣，希望能加入编写组，结果主编同意了，就这样我们又从师生变成了同事。他当时年已六旬，但依旧表现出旺盛的拓展和探研欲望。由于历史原因，《中国人口台湾分册》这部书前后折腾了八年才正式出版，是祖国大陆第一部研究台湾人口的学术专著，编委会名单注明他写第三章，我写第十一章。编委会还曾留下一张难得的合影。林纪熹老师著译很多，我单表这一本，因为这是我俩的缘分。其实最能展示林纪熹学术风范的是他的《英语形似句辨异》和《法庭对质的艺术》两部著译。

《中国人口台湾分册》编委会合影(后排右一：郑启五，后排右三：林纪熹老师)

我得知林老师是民族英雄林则徐的后裔，1985年，邮电部发行林则徐的纪念邮票时，我就托他让他在福州的亲戚给我寄一枚首日封，他很爽快地答应了我，不过看得出他在这方面很低调，不大愿意张扬。

20世纪90年代，电脑开始进入百姓家，我为之大感兴趣，买了一台实达电脑，还凭电脑发票参加了一天的培训。我感叹我乃班上最老的学生，为此自我调侃，写了《我与电脑的蜜月》，发表在《光明日报》上。林老师读后连夜打来电话，久久交谈，原来他比我更迷电脑，不仅在我之前就买了电脑，而且还买了打印机，这样我们又从同事变成了“同学”，经常一起探讨学习电脑的体会。由于他太超前了，买的是一台针打的打印机，速度极慢，令他备受折磨，这也成了我们交流的话题之一。

大概是在21世纪初，听说林老师得了癌症，我为他老人家捏了一把汗，不过手术很成功，而且他恢复得出奇的好，满面春风。癌症患者在手术之后，一般都会流露出比较轻松的心态，但真轻松或假轻松外人很难看得出来，此后我们在校庆活动见面时就自然回避了这个话题，尽谈些快乐的事情。

良好的心态是战胜癌症的关键，我相信很多人是被癌症吓死的。我在2005年夏天例行体检时发现肝有囊肿，那几天我走路都仿佛在飘行，事后被证实是虚惊一场，我才知道自己心态很敏感，也很脆弱。事实证明，林老师的心态是稳健而轻松的，他以真豁达战胜了癌细胞，成为生命的强者！

2004年，我进入厦大新组建的公共事务学院，院部大楼就在林老师白城宿舍的边上，我们再度成为“邻居”，每每路遇，总是相互调侃，一路说笑。他越发风趣幽默，谈起1977级的同学，总是了如指掌，如数家珍。

前两年，步入老境的林老师给我的电话又多了起来，主要话题是当前的保姆以及衍生的社会问题。特别是逢年过节，保姆一走了之，让林老师这样的校园老人度日如年。我俩当年曾一起研讨过台湾老年人口问题，如今却到了自己面对问题的时候了。他请我在电视节目和报纸上呼吁大家关注这个问题，尽管人微言轻，但我一一尽己所能，分别在厦门电视台的谈话节目以及《海峡导报》的“言论”版呼吁了一下。

回顾我和林纪熹老师三十余年的交往，君子之交淡如水，真水无香，淡而绵长。林老师，我可不愿意说什么“一路走好”的老话、套话，我相信您的魂灵一定时时漫步校园，那么我们还是老规矩，let's begones be begone，一路调侃，一路说笑，我郑启五，不忌讳！

作者简介

郑启五，男，1977级厦门大学外文系。厦门大学人口研究所研究生导师，兼任厦门市作家协会副秘书长、福建省作家协会会员。

清明时节怀念恩师陈国强教授

◎ 范可

说来惭愧，从我离开母校赴美求学，到学成后供职于南京大学的总共约三十年的时间里，因为距离和忙碌的原因，一直与母校的师长们疏于联系。虽然求学期间间或回来，会到我的几位老师家中坐坐，但也都为时甚短。随着时间的流逝，老师们日渐苍老。面对此情此景，若没有一点感触是不可能的。不久前，蒋炳钊先生过世，给我的第一个冲击就是自责。我为没能去看望他而感到十分不安。当然，与此同时，我也想起我硕士阶段的导师——陈国强教授。陈先生待我如同亲人，但后来我却因求学在外，也联系甚少。一开始，我们还有些书信往来，后来因彼此都忙，也就渐渐疏于联系，只有在逢年过节时，我会给他写封短信或寄张贺卡。

我于 2004 年 5 月入职南京大学，但落脚月余旋即赶回美国处理一些事情。没承想陈先生就在我离开的一个多月间去世了。当时家母打电话告诉我时，我略为吃惊。我知道陈先生已经因病卧床有年，时日无多，但还是期待秋天去看望他老人家。如今我只能委托家母为我准备个花圈献给他。追悼会时，家母去了，回来之后打来电话，告知陈先生家人将我送的花圈摆在醒目的位置。为此，我深感欣慰，我知道陈先生和他的家人依然将我视同亲人。在某种程度

上，也的确如此。

陈先生与我算是有些世交的缘分。过去家母娘家与陈先生家在鼓浪屿为邻多年，两家老辈人关系甚笃。记得陈先生说："我家和你妈家不仅是邻居，我还和你的二姨是小学同班同学。"我在母校读书时，陈先生的母亲还健在，她老人家对我的外祖父母就更熟悉了。其时，因为都在厦大工作，家母还与陈先生一直有联系。可能因为这个缘故，我在成为陈先生的弟子之后，总觉得陈先生对我特别亲热，有时也会开些说不上高雅的玩笑，令人忍俊不禁。陈先生是性情中人，兴之所至，也会讲讲自己孩提时代的"劣行"，十分有趣，令人感到毫无拘束。所以，在他面前我什么都敢讲。还因此推测，陈先生在青少年时期一定十分顽皮。我为此问过家母，家母答曰，记不清了，感觉是有点皮，但他很聪明，总是听到他母亲夸奖他"又考了个第一"。

陈先生的聪明是毋庸置疑的。难能可贵的是，他并不因自己博闻强记而有所懈怠。在日常工作中，他虽然一直担任行政职务并承担了国内几个重要学会的主持工作，但每日依然笔耕不辍。我是在 1982 年本科毕业后成为他的研究生的。我本科时读的是考古专业，在四年级时，第一次有机会被陈先生教泽。记得当时他给我们开了"东南民族史"和"台湾高山族"两门选修课，在课上，陈先生总是循循善诱。这两门课最终使我决定考研究生转读人类学。虽然考古学与人类学有关系，但以文化人类学作为方向还是很不一样。那个时候，我们几乎没有机会看到国外相关的研究，所以也不懂得这类内容在国外社会科学界已经发展出众多术语，积累了大量文献。但在先生课上的积累却帮助我在国外阅读有关研究的学术专著时，能很快地抓住要点。这些著作均具有高度思辨性，对初入美国大学研究院的我而言，语言难度比较大。如果没有陈先生的课给我的一些启发，我根本不可能迅速领悟。

在我那一级，系里攻读硕士的研究生包括我总共三人。毕业后，继续从事学术工作的除了我之外，还有现今在日本京都文教大学教书的潘宏立博士。他的导师是蒋炳钊教授。但是，我们俩外出调查时总是在一起。因此经常私下议论我们的老师。陈老师在我们的眼里精力充沛，严于律己，在待人接物上十分灵活自然，而且总是与人一见如故，真是一位天生的人类学家。蒋老师则稳重多思。两人举止皆大方得体，很受当地人尊重。田野工作是人类学研究不可或缺的重要途径，其核心在于参与观察。我们特别佩服陈先生的参与能力。我曾问他究竟是怎么做到与陌生人一见如故的？他说，这没有什么窍门，一方面与个性有关，另一方面则源自社会阅历。虽然说得有道理，但是许多人也有丰富的社会阅历，却无法做到在陌生的人群里如鱼得水。我想，一个最重要的原因是他丝毫没有架子。到农村时与村民在一起，他一点也不像一个学者，讲起话来竟然会用许多今天已经很少听闻的闽南俚语。农村人讲的话往往因保留了更多过去的用法而显得与城里人有别，主要原因是那时候乡村的流动性根本无法与城市相提并论，所以农村人讲的话比城里人讲的总在时间维度上慢一些。这也是所谓"礼失求诸野"的道理。尽管陈先生有老母亲在身旁时不时讲些古旧的字词话语，但他能说如此地道的闽南土语，是我这个闽南人始料未及的。我觉得这是陈先生接地气的真实写照。

成为他的研究生后，最经常听到他的一句话是"年轻人要有紧迫感，要养成写作的习惯"。很有意思的是，他在写作中并不过于纠缠细枝末节。他认为，作为学者就得多写，别管写的东西有没有人读。社会人文科学不同于自然科学，没有统一标准。这人说你写得不好，那人说你写得好，莫衷一是，你怎么办？所以就是得多写，别去管别人怎么说。当然，也不能乱写，还是得有几分证据说几分话。后来，我在读马克斯·韦伯的夫人玛丽安妮·韦伯所写的韦伯的传记时，惊讶地发现，韦伯居然也有些类似之处。韦伯在盛年时期已经完全不在乎他所写的东西是否有人去读，他彻底沉溺于写作中不能自拔。当然，将韦伯与陈先生放在一起比较似乎不那么妥当，但是他们确实有共同之处，那就是异常勤奋。韦伯的勤奋举世闻名，这种勤奋甚至导致他终生阶段性的精神崩溃。陈先生的勤奋则是我们这些学生亲眼所见。

陈先生曾数次带领我们外出调研，那时的条件不能与现在相比，老师们在外的生活待遇与学生是相同的。记得在惠安崇武从事调查时，我们都住在一个招待所里。时值夏天，十分闷热，当时也没有空调。所幸崇武城坐落在海边，经常有海风吹拂，倒也有凉快的时候。但外出调查就得经受毒辣的阳光暴晒了，滋味很不好受。我每天收工回来，总觉得很疲乏。陈先生的房间就在我的对门，令我印象深刻的是无论每天工作到多晚，第二天陈先生一定是雷打不动地在清晨六点之前打开房门，端坐在桌前奋笔疾书。打开房

门是为了使空气对流,让自己觉得凉爽一点。陈先生写文章往往一气呵成,因此谓之“疾书”绝不为过。他清晨工作的习惯也影响了我,从那个时候起,我也经常在清晨工作。到了美国留学之后,我发现几乎所有的教授都是如此。这就更让我觉得这么做是有道理的,也就养成了清晨工作的习惯。

在田野调查中,陈先生在许多方面都对我们言传身教。从待人接物到写作构思,无不指点。陈先生有今日事今日清的习惯。在田野调查中,每天回来用完晚餐就开始整理,次日清晨即着手写作。这当然不是田野工作的常规做法。田野工作从资料收集、整理,到成文得有一定的过程。陈先生这种边调查边写作、类似记者的作业方式,是特定条件使然。我们当年从事的调查,通常有明确目的,以访谈为主。而且通常组成调查组,组员各有分工,因而确实可以像陈先生这样做。国外不少人类学家不同意这样的做法,主张人类学田野工作应当单打独斗,人多的话会对当地人的生活有所干扰。但这样的批评脱离具体的社会文化语境。首先,这是调查,与田野工作并不完全等同,调查主题和内容明确,完全不涉及隐私,而且时间也短;其次,调查结果是呈现调查报告,出版不是第一位的;最后,我们当时的调查都与国家民族事务委员会和福建省民族事务委员会的需要有关系,有一定的时间期限。在这种情况下,我们也就在写作构思和一些技巧上得到了陈先生的指导,机会殊属难得。调查结束之后,陈先生也会敦促我们写合适的文章发表。我在 1984 年第一次正式发表的文章,就是在陈先生的督促之下完成的。那是一篇学术性调查报道。

出门在外,陈先生十分关心我们的饮食起居。我们有时在老乡家里,有时则在公社或者村镇招待所用餐。每每在招待所性质的食堂里用餐后,他总会不时用闽南话问我们,能否吃饱,是否需要他去要求食堂加菜等,关爱之情溢于言表。1984 年夏天,我和潘宏立博士在宁德金涵调查期间遭遇车祸,被送往当地医院。我因为手肘被划开一道口子,需要缝合。缝合过程中陈先生赶到了。医院很小,所以他进了大门之后讲话的声音我听得很清楚,我记得那声音几乎是颤抖的。他急匆匆地问道:“他们在哪儿? 在哪儿?”一位护士将陈先生带到我身边,只见他脸色煞白,表情依然是惊恐未退。陈先生急急地了解了情况,然后如释重负地说道:“真是万幸! 如果你们当中有谁发生三长两短,我怎么对得起你们,对得起你们的父母?”接着又说:“我们得规定以后学生调查时，老师一定得跟随在身边。”我说：“我们都不是孩子了，这样的规定没有必要。这次车祸，是三轮摩托司机的过失。”我记不起陈先生又说了些什么，但最后有句话斩钉截铁：“以后调查绝不能乘坐那种车子!”

岁月倥偬，不觉之间，陈先生竟然已经离开我们十六年了。在这十六年间，我经常会不时地想到他，一位可敬可爱的长者，有时又像一个顽童。他带给我们见识，带给我们乐趣，带我们进入学术的堂奥。有时，我在想，如果没有遇上陈先生，我现在会在做些什么，会从事学术吗？或许未必。就算是，那也肯定不是人类学。所以，我经常会怀着感恩之心想到我的恩师，毕竟我现在从事的工作也让我非常享受，尽管我不知道人类学是否是最令我陶醉的事，但至少到目前为止是的。

作者简介

范可，男，1978级厦门大学历史系考古专业和人类学系，获法学学士和法学硕士学位。现为南京大学社会学院教授、人类学研究所所长。

凌风劲立　岁寒暗香

——回忆我的老师黄启圣教授

◎ 康俊勇

行走于寂静的厦大校园，心头时常浮现起学习和工作的许多往事，其中尤其让我怀念的是三十多年前追随恩师黄启圣教授学习的研究生生涯。

记得与黄启圣老师的初次见面是在第四个学期。在老物理馆411室，黄老师向我介绍组里年轻的余辛老师和比我高一年级的洪蘋师姐后，给我布置了论文的主要工作：基于电子线路基础和工作经验，搭建和完善深能级瞬态谱和瞬态谱仪，将半导体中缺陷深能级上的载流子发射率测量范围从当时的两个数量级拓展到五至六个数量级，赶上国际领先的瑞典隆德大学固态物理系 H. G. Grimmeiss 实验室水平。黄老师从办公桌左边的一叠材料中拿出两本油印的硕士论文和《半导体中的深能级》讲义，让我一周内读完。两本硕士论文为黄老师在厦大指导的第一、第二位研究生——俞书彬、吴耀塘的毕业论文。听完黄老师布置的任务和余辛老师及洪蘋师姐的介绍，怀揣着赶超半导体实验研究国际领先水平的憧憬，我开始了半导体深能级瞬态测量仪器研发的征程。那时的条件十分简陋，所有的实验都要自己动手。从实验室每个闸刀开关的相位和黑色圆形胶木插座的电源种类到电子管稳压电源的“脾气”，从自来水冷却到液氮变温等，每个细微处都留下了黄老师的印痕。

至今,我仍然记得黄老师和余辛老师自制的样品室。为了原位测量低温条件下半导体的深能级,黄老师亲自设计并亲手制作了一个外径三厘米的密封腔体,可插入玻璃杜瓦瓶用液氮冷却变温;除常规O形橡胶密封圈外,螺口外还得封焊,以避免低温下空气进入后凝固成水致使样品和加热线圈以及电路短路。黄老师还特别调配了一种低熔点合金焊料,配方和配制时间均记录于实验室的公用记录本上。样品室设计精巧,但在狭小的空间里换装样品始终是一件细活儿,既要保证良好的热接触,又要与样品杆绝缘。拆装时常碰到紧挨着的热电偶,改变探测温度的准确性。为了减小探测点与样品的温差,从铜和康铜丝接触点的烧结,到水、冰、水汽三相共存标准参考温度点的获得,每一个环节都得严格把控。单单三相点的获得就很不容易,因实验室没有冰箱制冰,每次都得到厦门冷冻厂"乞讨"干净碎冰,装入我向祖母要来的珍贵小保温瓶内,以延长维持时间。每次接入样品室合上机械泵电闸抽真空时,似杂技表演,得把另一只手张开放在排气口,以感知出气与否,免得真空油倒灌不可收拾。

记得那时,我和洪蘋都如饥似渴般超负荷地使用这台深能级瞬态测量仪器。而我多在洪蘋晚上十二点回宿舍后,独自一人使用仪器。因而我对仪器情有独钟,进行了各种折腾:拆下电子管收音机中的叠层平板电容器等,最大限度地增大深能级瞬态谱仪的电桥补偿范围;通过外接脉冲信号发生器,延长瞬态周期。经过反复尝试,测量范围的拓展收效甚微,只能回到黄老师原来的设想,利用实验室取样积分器搭建新深能级瞬态谱仪。不知经过多少夜以继日的奋斗,离目标仅剩百毫秒到秒范围待解决,可借用他人的存储示波器直接测量,也可通过降低测试温度至液氮以下间接拓宽范围。在多方协商无果的情况下,黄老师从储藏间翻出一台已尘封二十来年的微型闭循环制冷机,告诉我这是导弹上的制冷机,让我试试。在余辛老师的帮助下,我把制冷机的部件逐一卸下清理,重新安装和充气。当制冷温度降至液氮时,内心的希望油然而生。可是降至50 K后,运行声音出现异常,温度快速回升。原来传动压缩腔的橡胶密封圈老化开裂了,市场上又找不到这种特殊形状的替换品。无奈之下,黄老师建议我自己设计和安装一台能测量毫秒瞬态谱的设备。鉴于研究对象AlGaAs中的DX中心浓度高,国际上普遍采用电容瞬态测试方法并不准确,新建设备确定为定电容电压瞬态

谱仪。此时，我的硕士研究生阶段仅剩最后一个学期，同一年级做理论研究的同学多已着手起草毕业论文。我心里十分纳闷，黄老师不仅精于实验技术，半导体理论也十分了得：在上海科学技术出版社翻译出版过 J. S. Blackmore 的《半导体统计学》、在国际著名学术刊物上也发表过相关理论和实验密切结合的研究成果，可他为何非得让我主要开展实验研究？单测量条件的建立，我就折腾了一年。

对黄老师坚守实验第一的理念，直到 1987 年 8 月我才有所感悟。在北京国际发光会议上，黄老师领着我到中国科学院应用物理所参观低温中心。在物理所的廊道里，一位与黄老师年龄相近的老师吃惊地问："你是给我们讲过超声应用的黄启圣吗？"并乐呵呵地说："记得你还说超声可以把皮鞋擦得很亮。"通过俩人的对话，我才知道，黄老师 1955 年从厦门大学物理系毕业后被分配到中国科学院应用物理所，恰逢我国超声学研究奠基人应崇福博士从美国归来，黄老师参与了超声实验室建设和相关研究，并因表现突出，被所里安排向同事介绍超声应用。1958 年的台海空战中，黄老师被"钦点"参加"55 号任务"，并成为应用物理所指派的两位本科毕业生之一，承担起最重要的研究工作。经过不到半年的努力学习和工作，在美国高度保密、苏联尚未掌握、我国红外技术基础几近空白的条件下，制备出 1～3 m 波段高性能的 PbS 红外探测器，建立了黑体辐射源、噪声频谱以及光谱响应等红外探测器主要参数检测方法和设备，为我国红外光电探测材料、器件以及技术起步争取了宝贵的时间，获得了"55 号任务"委员会的表扬。由于表现出色，黄老师被选为物理所十位师从名家的年轻学者。后来，黄老师拜汤定元先生为师，进一步致力于 3～5 m 波段"大气窗口"红外探测技术研究。在汤先生的指导下，黄老师较系统地完成了 InSb 研究，相关成果于 1964 年和 1965 年发表在《物理学报》上。这次和黄老师的物理所之行，让我对黄老师有了更深刻的了解，原来黄老师为我国红外技术基础的奠定做出过突出的贡献；他那十八般实验技艺，正是在共和国科研条件建设的过程中磨炼出来的。黄老师及汤先生等前辈致力于半导体前沿技术研究的精神，也极大地鼓舞了我献身这一伟大事业。他们的亲身经历让我深刻领悟到半导体材料和技术紧系国家安危，不但要说得出，还得做得出，否则就会挨打，只有像黄老师一样坚守实验为先，方能在竞争中立于不败之地。从北京乘火车返厦耗时五十多个小时，白天，黄老师给我讲述他年轻时在物理所的经历，既有北京传统小吃炒肝的回味，也有五道口电影院的演出；夜晚，我们把黄老师咖啡色的行李包靠在我俩硬座的过道边，让黄老师可侧卧休息，我则把座位下的地板当卧铺，不知不觉就已抵达厦门。

与黄老师出差让我最感动的是 1989 年的上海之行。为了节省经费和时间，我和黄老师乘船从厦门出发。不料出港后不久就遇上 11 级台风，船大幅摇晃。晕船的我勉强从上铺下到甲板上，但无法在晃动、倾斜的甲板上行走，也无法清扫呕吐物。黄老师不但在颠簸中帮我打扫、抹净，还亲自给我倒开水。抵达上海后，黄老师带我到中国科学院上海技术物理所拜访恩师汤定元院士。汤先生虽已许久未见到黄老师，但两人依然如故，无所不谈。他们谈了原来的同事俞振中，谈了当时的 HgCdTe 外延，直至下班了还依依不舍。从他们的交谈中我才知道，黄老师与汤先生分开是在 1964 年，汤先生被派到上海技术物理所，黄老师则到中国科学院昆明物理所重点发展我国的红外技术。

黄老师在厦大很少提及在昆明物理所的往事。黄老师的岳父是黄埔军校第六期毕业生郭志雄，于闽侯大湖战役抗日救国时捐躯，1984 年 8 月，被国家认定为烈士。“文革”期间，黄老师因此在昆明物理所历尽磨难。尽管如此，在导弹靶场试验器件时，为了国防的强大和国家的安全，黄老师从未保留。没有光刻机，他就用手磨圆细小玻璃棒，蘸点指甲油替代，凭借扎实的半导体实验功底，硬生生做出了精准的 InSb 红外光电探测器。当昆明物理所处于 8～12 m 波段红外光电探测材料选择的岔路口时，黄老师根据自己的学识，坚持转型 HgCdTe，而非 PbSnTe，使得红外技术发展有较高起点。虽然黄老师 1974 年已回厦大任教，但在昆明物理所 20 世纪 80 年代及以后获得的国防科工委等奖项中仍名列主要完成人之中，其贡献不言自明。

黄老师从未在学生面前高谈阔论过，但他的高尚品格和爱国情怀却深深影响了我和后来者。如今，我们也养成了以国家需求为导向、尖端设备建设为先导、半导体物理为基础、器件应用为目标的研究生培养思路和理念，所培养的学生已在半导体材料和器件领域，尤其是在光电半导体方面崭露头角。“百年之计莫如树人”，今天，在厦大迎来百年诞辰之际，我们重温恩

师为国家岁月静好而负重前行的故事,以此铭记其无私奉献之品德,将激励新一代肩负起半导体事业重任,攻坚克难,引领未来。

作者简介

康俊勇,男,1978—1982 年就读于厦门大学物理学系,获理学学士学位。现为厦门大学物理学系特聘教授。

师生缘：我与我的《资本论》老师蒋绍进先生

◎ 赖小琼

师生缘源

我是1978年考进厦大经济系政治经济学专业的，这一年是恢复高考的第二年，也是全国统考的第一年。知道自己的成绩在县里文科考生中名列前茅后，我非常高兴，但接下来填报志愿时却很茫然。高考刚刚恢复，没人能够指导考生如何填报志愿。当时，父亲的一句话促使我成为厦大经济系政治经济学专业的学生。他说，你就报厦门大学经济系政治经济学专业吧，翻译《资本论》的王亚南教授就曾经在这个系，很厉害的。这是我第一次听到《资本论》这三个字。就这样，我第一志愿填了厦门大学经济系政治经济学专业。我收到录取通知书后，父亲的同事、曾在厦大经济系政治经济学专业学习过的陈盛章先生知道我成了他的学妹，非常高兴，通过我父亲送了一套郭大力、王亚南翻译的《资本论》给我。蓝色布面的封皮，烫金的字，三卷大部头的书捧在手上还真有点沉。启程之前，陈学长又到我家和我聊厦大，聊厦大经济系，聊厦大政治经济学专业。他告诉我，在厦大，他最爱上的课是“资本论”，最崇拜的老师是蒋

绍进老师。20 世纪 80 年代，信息来源和获取信息的手段都极度匮乏，我们对即将步入的学校除了校名和憧憬，一无所知，于是蒋绍进老师就成了我入学前唯一知道且仅仅只知道名字的经济系老师。在陈学长的影响下，对“资本论”课程的期待、对蒋老师的崇拜在入学前就在我心里形成了。

师生缘起

大二第一学期，“资本论”课程在我的期待中开始了。在群贤二 102 教室，除了我们 1978 级政治经济学专业的学生外，哲学系 1977 级政治理论专业（省委宣传部政治理论班）的同学也和我们一起上这门课。操着浓浓的福州口音的蒋老师第一节课就让同学们折服：声音洪亮、抑扬顿挫、不紧不慢；不用翻原著、不用看讲义；条理清晰、逻辑缜密，听起来既容易理解，又记忆深刻。接下来一两周的时间，在蒋老师的教学之外，他的老革命身份更是引起了同学们的关注，大家纷纷打听，也不知道从哪里搜集到那么多关于蒋老师的传奇故事：蒋老师出身于旧中国海军军官家庭，他的父母和姐姐都去了台湾；蒋老师 1947 年考入厦大后，在大一的下学期就加入了地下党，大二时参加闽粤赣边区革命斗争，还在闽粤赣边区打过游击；蒋老师把《资本论》一页一页拆下来背，能把《资本论》倒背如流；蒋老师备课时会把要讲的内容制作成小卡片，拿着小卡片对着镜子演练；蒋老师是系里《资本论》讲得最好的老师……用时下流行的语言来说，那时蒋老师在同学们眼里就是“男神”！

我们班一共学了三卷《资本论》，大二两个学期上第一卷，大三第二学期上第二卷，大四第一学期上第三卷，第一卷的序言和第一篇以及第二卷都是由蒋绍进老师教授的。马克思花了四十年时间写成的巨著，对于我们这些初学者来说是晦涩难懂的。蒋老师凭着他对《资本论》的深入研究、深刻理解，用最通俗易懂的语言把《资本论》这部在我们当时看来无异于天书的巨著，从最本质的核心概念、范畴开始，以缜密的逻辑顺序抽丝剥茧，条理清晰地展现在我们面前。当我没弄明白原著里的某个原理、某段文字、某句话向蒋老师请教时，他常常会教导我要联系上下文来理解，然后随口就能告诉我上一部分、下一部分，上一段、下一段，上一句、下一句的内容，并详细地讲解。

四十年后，和同学聊起当年上蒋老师的"资本论"课，大家还念念不忘蒋老师对马克思主义经济学经典著作深厚的理论功底，对马克思主义的坚定信仰和信念；念念不忘蒋老师对《资本论》的精通达到如数家珍和炉火纯青的程度；念念不忘上蒋老师的课时那种逻辑和理论享受；感恩我们从蒋老师《资本论》的讲授中学到的辩证逻辑和思维方式影响、成就了我们一生。当年蒋老师和经济系的老师们对教学几近苛求、一丝不苟的严谨，对教学的认真负责，对教学从形式到内容的完美追求，对教师基本职业操守的坚持，兢兢业业地向学生传道、授业、解惑的精神也给了我至深至远的影响，在我留校近四十年的教书生涯中，一直以他们为楷模，努力使自己成为一位学生喜爱的老师。

师生缘深

与其他同学相比，我是班上受到蒋老师教诲最多的一位。因为蒋老师是我的毕业论文导师，能在蒋老师的指导下完成本科学习的最后一份答卷，我感到无比幸运。在论文写作过程中，因为有了更多的机会向蒋老师请教和学习，我能更多地感受到蒋老师严谨、严肃、严格之外的和蔼、和善、和气。当时教师没有工作室，备课、指导学生都在老师们各自的家里。记得那时蒋老师还住在鼓浪屿，他在勤业楼有一个床位，有课的前一晚他会住到学校里，在宿舍备课、指导学生。每当这个时候，蒋老师的宿舍里就会聚集着好些硕士研究生，和蒋老师一起讨论经济理论和经济现实问题，我去了就坐在边上"蹭课"，受益匪浅。有时我也会到他在鼓浪屿安海路的家里求教，那是师母娘家的一幢别墅，有院子和回廊。蒋老师每次都会在回廊上给我泡上一杯茶，还配上小点心，然后开始谈我的论文，末了常常会把我送到龙头路市场的路口。记得当年我的毕业论文题目是"资本主义相对过剩人口形式探讨"，在论文写作过程中，从确定选题到拟定提纲，从初稿到定稿，蒋老师都给予了非常细心的指导。我的毕业论文最终答辩取得了优秀的成绩，这是蒋老师尽心尽力指导的结果。记得当时蒋老师在我一稿又一稿的每页四百格的大张稿纸上圈圈点点地做了很多提示和修改，遗憾的是我毕业留校后住的笃行楼集体宿舍特别潮湿，所以倾注了老师心血的论文手稿被白蚁

蛀后丢弃了。毕业留校后我发表了一系列关于就业、失业的学术论文，都是运用马克思主义的基本原理和方法做的研究，这得益于当年毕业论文写作过程中，在蒋老师的悉心指导下，学习和研究马克思的相对人口过剩理论打下的基础。毕业前夕，蒋老师鼓励我报考《资本论》的硕士研究生，并指导我填报了报名表，非常遗憾的是我最终因为某些原因没有把报名表交上去，为此蒋老师几次都和我说放弃继续深造太可惜了。几十年过去了，我常想如果当年考取了《资本论》的研究生，我的学术生涯甚至于我的人生之旅会不会有不一样的风景？

1985 年，蒋老师和师母从鼓浪屿的别墅搬到了白城教工公寓，那以后我常去拜访蒋老师和师母，再后来工作忙，去得就少了。我每次去都有收获，蒋老师不仅和我讨论学术问题，还把他的治学理念和治学方法传授给我，教诲我做学问要不唯上、不唯书、不跟风；他有时也会和师母一起与我拉家常、谈人生，蒋老师为人处世的原则、看待问题的角度、对待生活的态度潜移默化地影响着我。因为常去，我也目染了蒋老师和师母相濡以沫的恩爱。蒋老师对师母虽然没有那么多的浪漫，但却是一种很自然、很平淡、让人感动的爱。师母身体不好，常常是蒋老师下厨、洗晒衣服。2005 年，师母中风以后，蒋老师开始了对师母长达十几年的无微不至的照料。再后来，师母住进了厦大医院，一住就是五六年，虽然年近九十岁的蒋老师身体也不是很好，但他坚持每天到菜市场买菜，做好饭菜后，挤上公交车送到医院，一日三餐，风雨无阻，直到师母病逝。是爱的力量支撑着耄耋之年的老人做到了年轻人也不一定能坚持的事，平凡却感天动地！从蒋老师对师母平凡又不易的陪伴与守护间，我看到了爱情最好的样子！

《礼记》有云："经师易得，人师难求。"在我的芳华时期得遇蒋绍进老师，幸也！

作者简介

赖小琼，女，1978 级厦门大学经济系政治经济学专业。经济学博士、教授、博士生导师，曾任厦门大学经济系副主任，王亚南经济研究院院长助理、副院长。

工作就是生活，生活就是工作

——缅怀恩师陈诗启先生

◎ 连心豪

我们这帮恢复高考后入学的学生，是在临近毕业时才认识陈诗启先生的。因为历史系主任陈碧笙教授调任新组建的台湾研究所所长，遂由陈诗启先生代理历史系主任。直到我留校任教后才得知，此前一个被晾在系资料室里的老者，竟是位大名鼎鼎的教授。

自从投入陈先生门下，先生耳提面命，我对先生的学问与人品逐渐有了比较深入的了解。他于抗战之初考入内迁长汀的厦大，还是一名铁血歌咏团的热血青年。毕业后，曾任长汀县立中学校长和县参议员。由于他接近和帮助共产党员罗明等进步青年学子，不愿与当地的土豪劣绅同流合污而离职。萨本栋校长看中他的能力，将他召回厦大从事行政工作。先生历任厦大总务处庶务主任和复员厦门的新生院训导主任、教务处教导主任等职，兼任历史系讲师。

曾借门生之便，请先生为我所带的1982级毕业纪念册题词。先生写道："我的格言：工作就是生活，生活就是工作。"其实他还曾对我说过与此相关的另一句话："工作可以让我忘记生活中的所有烦恼。"因此，生活经历上的坎坷周章，都未能阻挡先生对学术孜孜不倦的追求。他曾以历史学学者的身份直笔记录下解放鼓浪屿的大军夜不扰民、露宿街头的日记。20世纪50年代，先生从事明清史教学与

研究，著有《明代官手工业的研究》。50 年代末，先生开始转向中国近代经济史研究，他敏锐地发现中国近代海关史这个崭新的研究领域。在十年动乱的逆境中，他被打成“牛鬼蛇神”，剥夺了从事教学与科研工作的权利。他发现“监督改造”有所放松后，即萌生重整旗鼓的念头。先生告诉家人，与其怨天尤人、虚度光阴，不如自己找点事情做。先生当时尚被闲置在系资料室，他便利用这一身份到校图书馆搜罗海关史相关的图书资料，偷偷带回家，自己抄，也让师娘和儿子、女儿、女婿帮着抄。先生坦然地劝慰相濡以沫的师娘，从事研究是为了发展学术，而不仅仅是为了发表、出版。如果日后不能发表，就送给图书馆，让后人利用。在前途未卜的日子里，先生一家就这样不知疲倦地忙碌着，日积月累，抄写的资料竟达数百万字。

从此，海关史研究成了先生毕生的事业。经过三十多年的默默耕耘拓荒，先生率先取得一批海关史研究的重要成果，填补了这一学术研究的空白。他于耄耋之年出版了九十万字的力作《中国近代海关史》，更是中国近代史领域一部里程碑式的专著。该书 1995 年被国家教委评为首届全国高校人文社会科学优秀成果二等奖；1999 年再获全国哲学社会科学规划领导小组颁发的国家社会科学基金项目优秀成果二等奖；2002 年又荣获第四届吴玉章奖优秀奖和第二届郭沫若中国历史学奖二等奖；该书还被教育部指定为研究生教学用书。荣誉纷呈，实至名归，谁曾晓得先生付出的辛劳？

先生是位深孚众望的学者。他为人正直谦和，待人宽厚真诚，对晚辈更是尽力热心扶持。对来自各地的讨教者，无论是国外的知名教授学者，还是海关修志人员和在学的硕、博士研究生，他都热情接待，不厌其烦地讲解，还亲自给未曾谋面的学生回信，乘着轮椅去邮局寄书、寄资料。他常常说，做人与做学问是并行不悖且相得益彰的，品德比才气更重要，要老老实实做人，认认真真做学问。“从事历史研究，其前提就是正确运用史料，即忠实地全面地运用史料，不能仅仅选择适于自己观点的史料，而忽视其他不利于自己观点的史料。我们写历史，是根据史料写历史，而不是根据自己的观点写历史……一个严谨的学者，必须抱着知之为知之、不知为不知的态度；一个规范的学术研究，必须有正确运用、解读史料的态度。只有这样，我们的海关史研究或其他历史研究才能不断取得进步，其研究成果才有可能更加客观，更加接近历史事实。”他曾经告诫我，文章写出来不要急于发表，至少要在抽屉里放两三个月，因为思维定式的缘故，一时间不容易发现自己的错误。

先生秉持历史学家的良知治史，其论著持论公允，毫无迂腐气，老而弥笃。他曾与我论及"近代中国的一系列内政外交，无不与海关(外籍税务司)干预密切联系"，而中国近代海关史中传教士比外籍税务司制度的侵略性更加明显。2007 年，先生为《汪敬虞教授九十华诞纪念文集》而作《晚清海关总税务司与"中国海军英国化"——兼论海关史研究中的史料运用》，对中国近代海关外籍税务司制度研究进行了总结。有些学者因外籍税务司领导下的海关创办了一些洋务，包括海军建设，就大力推崇海关洋员的功绩，认为这是中国现代化的开端，但先生不同意这种涉及海关外籍税务司制度本质问题的错误观点。他认为："晚清时期，总税务司利用海关兼办邮政、教育、港务、航政、气象等大量洋务和海事业务……一方面加强了对中国的侵略；另一方面，这些工作所产生的客观效果具有一定的现代性则不容忽视。"海关外籍税务司制度的产生，"一方面是作为资本主义因素出现在中国，这就不可避免地带进了资本主义的新事物；另一方面，也是主导方面，它作为维护、发展列强经济的工具，因而也就不可避免地阻碍了中国社会的发展"，归根结底，海关作为近代西方列强"对华关系的基石"，"在更广泛的范围维护和发展了列强特别是英国在华的经济利益"。

陈诗启教授(前排左二)从教六十五周年暨九秩华诞聚会合影

先生暮年，仍壮心不已，不知老之已至。故旧好友多劝他息笔封山、颐养天年。我则每每带上研究生去看望先生，他总是循循善诱地以亲身经历告诫这些再传弟子，不要轻易改变学术研究方向，一旦选定目标，就要锲而不舍，才能有所建树。我出国访问时，请我的研究生代为关照先生，让同学们多亲近先生，近距离地感受先生的品德与人格魅力。唯愿薪火相传，师承生生不息，让止于至善的学风一代一代传承下去。

连心豪，男，1978 级厦门大学历史系历史学专业。现为厦门大学历史系教授。

缅怀“学问终身做，探索皆开怀”的严子浚老师

◎ 林国星

2005 年，国内物理教学类权威期刊《大学物理》上发表了一篇题为“范德瓦耳斯气体与热力学第三定律不相容”的论文，当我看到这篇论文的唯一作者是厦门大学严子浚时，深触心底，久不能平。让我感慨的是，国内外敢对经典物理定律“吹毛求疵”的学者真的是屈指可数。而严子浚老师因患癌症早在 2004 年就与世长辞了呀，这难道不是“人已远去，精神永存”吗？

1980 年 9 月，是我考入厦门大学物理学系物理学专业学习的第三个年头。作为 20 世纪 70 年代恢复高考的第二届学生，我和众多同学一样，倍感考上著名大学的不易，十分珍惜宝贵的学习时光，如饥似渴地享用知识营养大餐，欣赏大学老师的授课魅力。严老师便是其中一位。他当时教授我们整个年级的“热力学统计物理”课，这是一门公认难啃的专业主干课，曾被戏称为“四大金刚”之一。严老师却以他清晰的模型概念脉络及严密的数理逻辑，深入浅出，旁征博引，并有机结合科研成果授课，把课讲得很活，深受同学们赞赏。热力学中的四个基本微分方程和麦克斯韦关系式及其扩展内容抽象，变换繁杂，而这些方程在物理甚至化学的许多领域都有应用。当严老师讲完这部分内容时，在黑板上写上“Good Physicists Have Studied Under Very

Fine Teacher”，然后画一个正方形，又在正方形的右上角和左下角各挖掉一个小正方形，挖成的新图形变成了八个角，而上述八个英文单词的首字母正好依次填在这八个角上。非常奇妙！这些字母正好是八个重要热力学量（吉布斯函数、压强、焓、熵、内能、体积、自由能、温度）的缩写。非但如此，严老师再授给我们几条简单规则，我们便可利用该图形方便快捷地演绎出热力学中所有的麦克斯韦关系式和基本方程，真是太神奇了，同学们无不惊叹！

因为这门课和任课教师，我渐渐和热力学结下了不解之缘。大四“科研训练”申请导师时，我毫不犹豫地选了严老师，做了一些有关热力学第二定律表述方面的探索。我本打算大四考研，然而让我措手不及的是，当年物理系不招生。

1982 年 8 月，我本科毕业后留校任教，先后从事系教秘、1985 级年段辅导员及物理系团总支书记、教学科研等工作，参加工作头几年工作繁忙，考研的事就搁到一边了。1986 年春，机会来了，当时田昭武校长等领导很重视本校青年教师的培养深造，在全校范围内第一次（应该也是最后一次）招收“硕士研究生课程进修班”，我按规定程序报考，并通过了英语和两门专业课的考试，最终被录取。在备考期间，严老师所在的理论物理教研室主任陈胜华老师问我意愿导师是谁，我毫不犹豫地说是严子浚老师，可陈老师告诉我，严老师说未必是他，听后使我甚是疑惑，看来纯属“单相思”。后来我琢磨再三，估计严老师是在考验我的业务能力，主要是因为我多年来一直从事行政工作。一是当时的专业课之一“热力学统计物理”考题难度和运算量都相当大；二是严老师多次安排我在课题组报告英文期刊上发表的最新论文；三是严老师曾给我课题叫我尝试做。这不是给我设的三道关吗？还好我都顺利通过了。直至 1992 年，我修满了教学计划规定学分的课程，通过了学科综合水平考试，还在严老师的指导下，完成了学位论文，并在职申请硕士学位，通过了论文答辩，获得了硕士学位。从此，我就正式进入严老师领衔的课题组，开始了我的研究探索生涯。

严老师对论文质量的把关和对学生的把关一样严格，创新意义不大的工作坚决不让做，学术论文容不下一粒杂质，有问题的原稿未修改好绝不同意发表，这一做法后来潜移默化地影响着课题组的每一位教师。严老师研究探索独到缜密,论文批阅一丝不苟。20世纪90年代中期,我开始撰写英语学术论文,那时候电脑还不普及,我都是在大开稿纸上先用铅笔撰写初稿,再送给严老师修改,改动之处他会逐条给我讲解,面谈讨论中他也会采纳我的建议。我很钦佩严老师,不仅钦佩他的学术水平,还钦佩他的英语阅读和撰写水平。殊不知他大学念的是俄语,英语靠的是中学时的老本,又靠自学提升了不少。严老师说,他很喜欢阅读英语文献,从中可以学到很多好文句和好用词,看得多了自然就娴熟了。有时候,他还会为撰写论文中的个别动词或副词用法较真。有几次,前一天改好并讨论过的修改稿,第二天一早他又给我来电说,某些词语用得不够好,应改为其他词语。可见,改完修改稿后,他脑子里仍在回顾其中的一些内容。正因为他如此追求完美,我们的英语论文投稿录用率才高,且返修内容不多。

严老师对学术严格,对学生则宽容,且关爱有加。除了指导研究生外,他还指导过来自全国各地的几十名高校青年教师,这些教师中有些是来自官方渠道的访问学者,但更多的是慕名而来的"热粉"。在严老师的精心指导下,他们在学术水平上都有不同程度的长进、提高,并取得了研究成果。20世纪90年代初,在科研经费还很缺的情况下,严老师还支持、鼓励我这个非正式研究生出去参加全国性的重要学术会议。早期中文论文投稿要抄写在方格稿纸上,文中的曲线或图的制作是件麻烦事,必须用黑色作图笔和绘图板将曲线或图描绘在晒图纸上,而符号、单位等文字则从别处剪来再贴在图的相关位置上。有时我图贴得不够好,严老师就会不厌其烦地重贴,他说这类活对他来说已轻车熟路了。

除了"文革"期间有三年下放到福建华安外,严老师一直执教于厦大。四十多年的辛勤耕耘,他成果累累,每年都是学校论文高产大户。他在学校最喜欢去两个地方:一是校图书馆和系资料室的期刊室,经常一待就是整个单位时间。记得有一次下班时间到了,他还痴迷于学术期刊不能自拔,全然没听到管理人员的喊声,直到被关在期刊室内,还好最后被"解救"了。二是厦大信箱(含系信箱),那是他收发信件的要地。论文、修改稿及校对清样等的投递,论文录用及审稿通知等的收取都在那个驿站里交流。他曾对我说,他一生没有其他爱好,就是太喜欢做学术研究工作。真是唯嗜研究探索如命啊!

1993年国家级优秀教学成果奖获得者(左二:严子浚老师)

严老师的研究方向几乎涵盖热力学统计物理及能源利用的方方面面,其三百多篇论文发表在五十多种国际及全国重要学术期刊上。

经长期教学实践、教学研究和科学研究,严老师提炼出“一个坚持、二个结合、三个重视”,即高校教师在教学实践中必须坚持教学研究;教学研究要与教学实践相结合,教学研究要与科学研究相结合,没有这两个结合,教学研究将成为无本之木或无的放矢,而要做到这两个结合,就必须重视国内外有关的研究动态和学科发展,重视教师自身水平的提高,重视将教学成果充实于教学实践。以严老师为主要贡献的系列教学研究成果已在全国高校推广示范,并荣获1993年国家级优秀教学成果二等奖。受严老师影响,课题组的教师人人重视科研,且人人重视教学实践和教学研究,都取得了一系列教学研究成果。

能出那么多成果,不仅与严老师的个人素质和能力有关,更取决于他对科学的酷爱及对热力学统计物理前沿领域的持续关注和潜心钻研。他在大学阶段就是拔尖的学生,数理基础相当扎实,工作后又不断充实新知识和提高英语水平,紧跟国内外研究前沿热点,并与教学实践紧密结合。1997年,退休后本可颐养天年的严老师却更加专注地投入研究。21世纪头两年,他仍独立完成并发表十篇论文。

“严谨治学，成果丰硕，堪称教坛才子；浚怀授道，桃李芬芳，无愧一代名师。”严老师一生热力四射，保持终身做学问的温度，以非凡的毅力和超强的勇气，为人才培养和科学事业最大化地释放自己的可用能。他生命不息，探索不止，凭其热爱科学的坚定理念和孜孜不倦的拓荒精神实现了“求真探实、摒弃谬误、培育人才、造福后人”的“教育梦”。

作者简介

林国星，男，1978 级厦门大学物理学系物理学专业，凝聚态物理博士。现为厦门大学物理科学与技术学院教授、博士生导师。

“法无定法”循循善诱，“茶禅一味”润物无声

——回忆郑学檬老师指导我撰写学年论文

◎ 周东平

2020年校庆，学校将“南强杰出贡献奖”颁给年逾八秩的郑学檬老师，实至名归，师门荣耀。

话说2019年8月，我申请获批福建省社科普及项目“中国茶文化史”，知悉郑学檬老师对茶文化研究颇有心得，遂汇报此事。郑老师在鼓励之余，随即转来他多年来收集的相关资料供我参考，后来又嘱我方便时去他家取相关参考书。2020年2月，书稿草成，我又请郑老师拨冗指正和赐序。约十天后，郑老师发回详细修改意见并写好了序言。看着这些修改意见和序文，不由得回忆起约四十年前郑老师手把手地指导我撰写学年论文、带我步入学术研究之路的情景。

我于1978年应届考入厦门大学历史系，那时正值拨乱反正，学习风气好，同学干劲高。1981年春季，进入大三下学期，按照教学计划，系里安排我们这一级同学进行学年论文写作训练，作为将来撰写毕业论文的演练。那时的历史系科研力量强、名师多，又赶上历史学科拨乱反正，热点问题多，因此大家都绷着一股劲，想好好接受这个训练的挑战。

在选择指导老师的时候，我因喜欢隋唐历史，又听过郑学檬老师的“中国古代经济史”课程，知道他师从著名历史

学家韩国磐教授研治隋唐五代史、中国经济史，思想活跃，上课新颖生动，有自己的风格，是中青年教师中深受同学们喜爱的老师之一。因此，我就选择郑老师为指导教师。

虽然我爱好隋唐史，进入大学后也比较认真地读了一些书籍，但阅读比较散漫无系统，比起年纪大的同学来还是基础薄弱，也缺少学术论文写作的基础训练，更不像个别“学霸”同学那样大二上学期就在《学术月刊》上发表了讨论亚细亚生产方式的学术论文。我怀着惴惴不安的心情，第一次到白城一号楼的郑老师家拜见老师，被询问有什么规划或打算时，心里没底气，便如实回答参加过一些课程讨论，写过评价秦始皇与亚细亚生产方式等方面的作业，目前只是爱好，没有确定的选题。

在了解我的学习状况和基本爱好后，也许基于我比较认真地写过评价秦始皇的小训练，更重要的也许是郑老师与韩国磐先生合写过《评武则天》一文，他自己对石敬瑭也有独到看法，因此郑老师希望我对唐朝由盛转衰的关键人物唐玄宗李隆基多加了解，并尝试进行评价。中国历史上不乏前期励精图治而晚节不保的帝王，即使英明如唐太宗也未能免俗，韩国磐先生就专门写过《论唐太宗》。设身处地，知人论世，持客观公正的态度评价历史人物，在“文化大革命”刚结束的时代，不失为一个良好的学术训练课题。

那时，我虽领略过郑老师上课史论结合、逻辑缜密，但尚不清楚他是如何接受学术训练、一步步走过来的，不过他显然把自己接受师徒带等学术训练经验也放在我身上，按部就班，严格要求，希望我能论从史出，言之有据。按照他后来的回忆：“做韩国磐教授助手时，他要求研究生读原著……从头一个字读到最后一个字。我当时就是这样读《唐书》《资治通鉴》等书的。”同时，他当时受历史系主任傅衣凌教授的指派，兼任研究生班主任，照管傅衣凌、韩国磐二位先生的约十位研究生，他说：“傅先生特别交代，要看住他们有没有去图书馆读书。这件事令我永世难忘。……这就是学术传统，即所谓文脉也。”由于他学术传承好，责任心强，加上当时带的学生少，可以像手工作坊那样督促学生，因此要求我先把两《唐书》、《资治通鉴》等书的相关内容认真读下来，并做好学术卡片，届时汇报读书情况并带卡片给他看，先打好基础史料关。

说来简单，但执行起来需要苦功夫，这是大学时代一次两三个月的“苦

旅”。好在我尚能遵照师命,从此课余埋头图书馆啃史料,或者从群贤楼的学生图书馆借阅书籍回来阅读。大约经过近三个月的苦读和摘抄卡片,我觉得把所涉基础资料都过了一遍,然后才有点信心去郑老师家里汇报。郑老师听完并翻看卡片后,指出我目前所读的史料偏重于政治、军事方面,经济方面比较薄弱。就经济基础和上层建筑的关系而言,前者是内因,后者是外因,玄宗时代的变化也不例外,不应忽视。而经济史资料,两《唐书》之外最系统、最集中地体现于唐代杜佑的《通典》和宋代王钦若的《册府元龟》中,郑老师要我去查找这两本书,补充阅读。那时,学校图书馆条件没现在好,大部头的贵重书籍不是特别多,老师、学生持不同种类的借书证,我作为学生不能从图书馆借出这些书,而学生阅览室里也没有上架。得知这一情况后,郑老师为我着想,特地与我约定某日一早在集美二见面,由他带着我到二楼的教师阅览室(一楼是学生阅览室),把自己的借书证压在出纳台,亲自借出《通典》和《册府元龟》,让我就在二楼阅览《通典·食货典》和《册府元龟·邦计部》的相关内容。阅毕归还图书后,我再取回借书证奉还。

过了阅读基础史料这一关后,郑老师才让我查看今人的相关研究成果,根据时序从《全国报刊目录索引》中逐年逐月手工查找,按图索骥地尽可能阅读有关唐玄宗研究的论文,同时继续做摘要,思考史料(论据)与观点的关系。然后,我才进入学年论文大纲的拟写阶段。在我写出的论文大纲呈给郑老师过目点拨后,才开始写作初稿。初稿约一万字,经他寓目,又让我到白城家中,指出我对唐玄宗从明君到昏君的转折认识还不够深刻,要注意开元二十四年(736年)中书令张九龄被罢相、兵部尚书李林甫兼任中书令这一节点所具有的重要意义,并要求我去古籍库查找宋人孙甫的《唐史论断》(线装书),看看他对玄宗朝的一些重要人事、政事如何评价,再补看清人王夫之《读通鉴论》中如何知人论世评价玄宗朝,以此作为深化思考的借鉴。

经过这些来来往往的细致指导、反复训练、逐步提升,更不用说小到文字乃至标点符号的改订,我终于完成学年论文《试论唐玄宗》的训练,感觉自己初步了解了撰写学术论文的基本方法和规程。

在我学术成长的道路上,一开始就能够得到郑老师这样关怀备至、巨细无遗的指导,令我受益无穷,实是人生幸事!

我今天之所以能准确地回忆起平凡而充实的大学学习中的这个片段,

周东平与同学尤韶华（左二）陪同郑学檬（左三）、高令印（左一）教授考察福建周宁鲤鱼溪旁的郑氏祠堂（2017 年 8 月）

实在是因为这件事给我太多的感动和深刻的烙印。郑老师的教诲深深影响了我的教书育人理念。

第一，学校优良的人文学术传统，值得珍惜和光大。首先，要科学合理地制订学生培养计划，让学生及早接触学术研究训练，尤其是学年论文、毕业论文，这是学生搜集资料并运用所学理论知识，尝试分析问题、解决问题的重要环节，是培养其规则意识和综合能力的好方法。其次，教师要富有责任心，建立良好的师承关系，因材施教，循循善诱，严格细致地指导学生，在言传身教中散发学术魅力，提升学生能力。我自己现在也是一位教师，在成长过程中，深深感受到以郑学檬老师、韩国磐先生为代表的教师群体的良好职业操守，对学生学业的认真负责，包括对作业、论文等小至标点符号错误方面的修改。这要付出极大的精力，不是简单的工作量可以计算得清楚的。郑老师曾对我谈及当年韩先生指出他文稿中“税驾”一词运用不当的教训，我也有过在作业中被韩先生旁批“开……先河”之“开”字不允当的教训。我深知这份投入后面的知识储备与爱心付出是良心活、细心活，所以我指导学生，也是以郑老师、韩先生为榜样，恪尽职守，笃行师责，丝毫不敢懈怠。

第二，严格的基础训练必不可少，它能使学生终身受益。郑老师后来形

象地说，读文献是做研究前必不可少的酝酿过程，犹如作国画时的“晕染”。古代画家张僧繇运用晕染法，用色彩渐次浓淡来表现物体的透视。我们则要研读史料，书读多了，才有“史识”、明“史德”、长“史才”，才能悟出其中奥妙，找到相应答案，言不孤发，独步同侪，写出有见解、有文采的文章。

第三，当老师要有爱心。“师者，所以传道授业解惑也。”教师这份职业不单纯是传授知识。学生年纪轻，人生道路才起步，遇到问题时，往往希望老师借助知识、经验予以点拨。我在四年级上学期（1981 年）国庆节后决定报考我校隋唐史方向的研究生，向郑老师报告后，他对此鼓励有加。尤其是当年寒假我留在学校复习备考，除夕夜，郑老师特地邀请我和当时也留在学校的研究生李伯重、谢元鲁学兄，三人一起到他白城的家里共度除夕。在铜锅炭火汤初沸的夜晚，郑老师讲起陈碧笙先生关于吃的“三字经（热、软、烂）”，又与学兄们聊起他们家乡的风土人情，也关切地询问我复习情况，并嘱咐我要注意劳逸结合。当时，电影《神秘的大佛》刚上演不久，元鲁兄谈及苏东坡对家乡附近的嘉州（乐山）的热爱，并现场记诵其《送张嘉州》诗前四句“生不愿封万户侯，亦不愿识韩荆州。但愿身为汉嘉守，载酒时作凌云游”，使我对乐山十分向往。近询元鲁、伯重兄，他们对此已了无印象，而我记忆犹新。大概因为这是我大学时第一次到老师家里吃饭，且是年夜饭。老师的关爱，是极大的精神加持，予我莫大的鞭策。我后来担任我校学生竹蜻蜓支教队的指导老师，积极支持他们的必要活动，至今已经八九年了。这既是感动于同学们的公益心，又何尝不是传承着厦大的这份爱心？

郑老师取得的成就和贡献，在多种资料中已有较全面、系统的介绍。小文不过撷取他几十年教学生活中如白城海里的一朵小浪花，一段珍贵的师生情，一滴水里见阳光。

作者简介

周东平，男，1978 级厦门大学历史系。现为厦门大学法学院教授。

怀念献身教育、鞠躬尽瘁的“老刘”刘正坤书记

◎ 丁马太

原计划于庚子正月初一去给“老刘”老书记拜年，却在年关即将到来之际，突然传来长期坚持与病魔作顽强抗争的她老人家已于己亥腊月廿二安详离世的噩耗，不胜哀伤痛惜！

1979 年 5 月，我自中科院西南有机化学研究所调来厦大化学系工作时，是大家称之为“老刘”的时任化学系党总支书记刘正坤第一个接待了我。但是我们第一次见面，双方却闹得很不愉快。因为我对让我到催化教研室工作的安排很不理解，抗辩说，我念的是高分子专业，参加工作以来也一直从事高分子合成研究，来厦大之前联系的也是高分子教研室，组织上没有理由突然让我转到另一个我并不熟悉的专业去。她说这是蔡先生(即时为中科院学部委员、厦大副校长的蔡启瑞教授)的意见，也是组织上的决定，让我好好想一想，是不是应该服从组织安排，服从工作需要？我还是坚持自己的意见，她就有点生气了，很严肃地批评我说：“你这位同志刚来就这样不听话，很不好。”最后她说：“这样吧，蔡先生要亲自和你谈谈，你去找一下他吧！”我是在深感胳膊拧不过大腿的情况下，才心不甘情不愿地勉强服从的，所以彼此几乎是不欢而散的。

和“老刘”的第二次打交道是在当年的九月。那天，化学系进行“文革”以来的第一次职称英语考试。看到我正准备进入考场，“老刘”把我叫住了，问：“你来干什么？”我没好气地回答道：“不是说我档案里的成绩不算数吗？”“老刘”说：“怎么会不算数呢？算数！算数！你回去吧！”我却很不礼貌地赌气说：“我就不信厦大对英语的要求会比中科院的标准高，我能够在西南有机所考个第一，在这儿就过不了关？今天，我就偏要参加这场考试。”

这事还得从上学期末说起。临近暑假时，催化教研室书记朱朝贤通知我，暑假过后，同事们都得参加职称外语考试，需要利用暑假好好备考。但是，蔡先生主持的“化学模拟生物固氮”研究不仅不能停下来，还得加紧进行。因为我的个人档案里已经存有调来厦大之前在西南有机所参加职称外语考试的成绩，这次就不必再参加考试了，所以暑假我不但不能休息，还必须加把劲，把这项研究任务完全承担起来。我当然非常爽快地答应了。在我看来，同事之间相互支持是天经地义的事。我也确实努力地践行了诺言，整个暑假没日没夜地独自泡在实验室里。然而，就在职称外语考试前一天的傍晚，这位朱书记却又来到实验室通知我说，因为我档案里的职称外语成绩不是在厦大取得的，学校不予承认，所以明天早上我还得照样参加考试。这下真的把我彻底惹怒了。虽然我知道这事怪不到朱书记的头上，他只不过是传达学校相关部门的意见，但是除了对他出一出我的一肚子怒气外，我还能怎么样？

事后，我心平气和地细想，觉得自己把气撒到“老刘”身上，也是毫无道理的。这事之所以出现转机，从“不予承认”到“老刘”口中的“算数”，一定是朱书记之后向“老刘”做了汇报；而“老刘”也觉得学校这样处理确实对我不公，并亲自和有关部门进行了交涉，为我讨回了这份公道。而我却“狗咬吕洞宾，不识好人心”，非但没有领会她的一番好意，还对她极不礼貌，说了赌气的话，做了赌气的事。虽然参加考试之后，对于考试结果，我自信满满，甚为得意；但是内心却很是不安，觉得确实对不起“老刘”。与此同时，对“老刘”身上那股不计前嫌，秉持公道，仗义执言，为民打抱不平、讨回公道的正气，打心底里由衷地敬佩。

和“老刘”第三次打交道是在1984年秋，是她和时任化学系系主任的顾学民教授共同约我谈话。1984年8月，国务院批准了福建省引进彩色感光材料生产线项目。时任省委书记的项南特别嘱咐厦大未力工书记,务必动用厦大的科技力量,全力帮助这一引进项目在厦门顺利实施。老未随即指示化学系把这项任务具体承担起来。化学系领导研究决定,由我全权牵头负责此事,并赋予我可以根据实际需要在化学系范围内调兵遣将的权力。于是我立即邀约了近十位同仁一道前往该项目在厦门的筹备处,拜会其负责人张景禹。对方提出,希望我们能够设置"感光材料"本科专业,每年为其培养五十名学生。我认为,对方的这种要求只是考虑他们自己当前的需求,并没有考虑这样的专业一旦办起来,能够存在多久,这一想法不切实际,我们不应该盲目接受。令我非常高兴的是,我这种看起来不好向项南书记交代的意见,却得到了"老刘"的全力支持。"老刘"这种不唯上、实事求是的精神,再次令我十分敬佩。

1985 年 6 月,我随辜联昆副校长和已经转岗担任教务处处长的"老刘"到上海,代表厦大祝贺复旦大学八十周年校庆。"老刘"让我联系我的母校华东理工大学,她想借此机会进一步听取化工界同行专家对创办"感光材料"专业的看法。从"老刘"这种对事业认真负责、牵肠挂肚,对决策反复推敲、虚心求教的工作作风中,我受到了一次很好的教育。

在这之后,我主张本科专业应当本着"重基础、宽专业、强技能"的基本理念,一律改为按一级学科设置,还建议我国高校应当尽快设置"材料"本科专业,都得到了时任教务处处长的"老刘"的充分理解及全力支持和帮助。而当我的这些意见得到国家教委鼎力支持,授权我在厦大率先按一级学科创办"材料"专业时,尽管创业道路充满艰辛,但是自始至终得到了"老刘"诚心实意、无微不至的关爱、支持和帮助。我看到了一位共产党人献身教育事业的家国情怀,生命不止、奋斗不息的感人精神和毫不利己、专门利人的伟大人格。

通过慢慢增加的工作接触,以及一些文字材料和老厦大们的片段口述,我逐渐对"老刘"的过去有了一些了解。刘正坤,江苏常熟人。1946 年 10 月,考入厦门大学化学系。1948 年 6 月,加入中共闽西南厦大地下党,化名"沙黛",从事革命工作。厦门解放前夕,毛森疯狂抓捕、杀害共产党员和进步人士,上了毛森黑名单的"老刘"被迫从厦门撤退到漳州。1952 年 10 月,"老刘"调入厦门大学,"文革"过后,"老刘"担任化学系党总支书记。她始终

把党建工作放在首位，积极争取知名化学专家、教授加入中国共产党，卢嘉锡、陈国珍、蔡启瑞等几位我国著名化学家，都是在“老刘”的引导、培养和亲自介绍下先后加入共产党的。“老刘”对党外知识分子也关爱备至，即使在“反右”“文革”期间，还是想方设法地尽力保护他们，诸如尔后成为中科院院士的田昭武、张乾二等都从中得益。厦大化学系党总支是一个坚强有力的战斗堡垒、一个凝心聚力的领导核心，是高校基层党组织的一面鲜艳红旗。厦大化学系之所以有今天的强大地位和影响力，“老刘”功不可没。

20 世纪 80 年代中期，“老刘”主政教务处，她全身心地投入新岗位，把教务处工作干得风生水起。尤其是诸如计算机、电子工程、科学仪器、材料科学与工程、建筑等一大批工科学科的创办和发展，都浸透着“老刘”的心血和智慧。和“老刘”第一次见面时，她要我思考“是不是应该服从组织安排、服从工作需要”的问题，而她以身作则，做出了漂亮的回答，为我树立起了榜样，更不时激励着我、鞭策着我。

“老刘”离休之后仍然离而不休，她和田心等一批老干部一起，把厦大离休党总支建设成为又一个坚强的战斗堡垒，成为厦大弘扬正气、振奋精神、抵御形形色色歪风邪气的一道铜墙铁壁。

“老刘”在长期与病魔的抗争中表现出了顽强的斗志与毅力，留给我们难忘的记忆。她还苦中作乐，参加老年大学的国画班学习，并且颇有成绩，在国画作品结集成册之后，立即赠送了一册给我。从中，我看到的是一种天分、一种勤奋，更是一种精神。

“老刘”的一生告诉我们，人活着要有信仰，要坚贞不渝地为之努力，这样人的一生就不会白活。

作者简介

丁马太，男，1963 年毕业于华东化工学院有机工业系，1979 年调至厦门大学工作。曾为厦门大学化学化工学院教授、博士生导师，厦门大学工会主席。

鼓浪榕荫忆书声

——忆念恩师韩国磐先生

◎ 谢元鲁

恩师韩国磐先生已经去世十六年了，离我在厦门大学第一次拜见先生也有四十多年了，但回首往事，和恩师相处的一点一滴，仍然和昨天一样历历在目。

第一次见到韩先生，是在1979年我初到厦门大学读历史地理专业硕士生后不久。当时厦大历史系研究生不多，系里请各位史学名师开设了若干选修课，鼓励大家去听。其中除了郑学檬老师开设的“中国经济史”课外，还有韩先生开设的“隋唐五代史”课。我当时对隋唐史也颇有兴趣，就在师兄杨际平和李伯重的推荐下，也选修了这门课。但当时韩先生身体欠佳，不能到学校来上课，我就与其他几位韩门弟子一道，来到位于鼓浪屿鹿礁路26号的韩先生家。这个院落是民国时期厦门的日本领事馆旧址，整个庭院的建筑都是欧式与日式混合风格，院内数株古榕树遮天蔽日，夏天十分凉爽。在二楼书房里，我们见到了韩先生。先生面容清癯，身体偏瘦，但精神颇好，笑容满面，两眼有神。书房虽已老旧，但窗外榕荫如画，几个书柜和书桌上到处都堆着书，散发出浓浓的书香情趣。

韩先生对人亲切，并不因为我仅仅来上选修课而另眼相待。先生坐在老式书桌后面，我们则随意面向书桌就座。先生说话声音不高，但言语从容，对隋唐历史文化如数家

珍,娓娓道来。从文化讲到政治,从政治讲到人物,讲到制度变迁,又讲到经济兴衰,使人不由得对隋唐历史产生浓厚兴趣。在韩先生家上课,待遇格外不同,先是每人一杯乌龙茶,课上到一半时,师母还会端出一盘鼓浪屿特产的小点心,让大家取食,很有"茶点沙龙"的味道。此后我几乎每周都去听讲,俨然以外门弟子自居了。

1982 年年底,我从历史地理专业硕士毕业后,辞别鹭岛返回成都,到四川师范学院(现四川师范大学)历史系任教,但仍然与先生保持通信。最初的一年多时间,先生都是鼓励我继续研究学问,不要因地处西僻而荒废,还把他刚出版的《魏晋南北朝史纲》惠寄一册给我。但到 1984 年,情况发生了变化。那年二月,先生来信,说国务院已批准第二批博士生导师名单,自己之名在列,可招收魏晋南北朝隋唐史研究的博士生,欢迎我去报考。先生的信顿时打破了我已经平静的心境,再次去厦大求学之情开始涌动。先生又委托杨际平和李伯重师兄先后来信,告诉我考试日期及考试科目等报考的具体信息,遂使我下定再考回厦大读博的决心。1984 年 11 月,我由成都赴厦门,与陈明光兄一道参加考试,并顺利通过。

1985 年秋天,我再回厦大读隋唐史专业博士生,终于回到了朝思暮想的鼓浪屿鹿礁路 26 号,求学生涯仿佛又在鼓浪屿画下另一个圆圈。韩先生为我与明光兄讲授的博士课程更为专业,也更为精辟,好像孔夫子当年授徒时的问答探讨,令人受益更多。几经读书与思考,我最后决定用现代政治学、行政管理学和决策学的理论来研究唐代的中央决策。这个想法在 20 世纪 80 年代中期似乎显得有点大胆,我在向先生汇报论文选题时,心里是惴惴不安的,怕先生说这个思路过于超前。但先生在反复审读后,却对这个选题给予了肯定,使我信心大增,开始了博士论文的撰写。

校园内的凤凰树花开二度后,我的博士论文已经大体成稿,约有二十余万字,呈与先生审读。我最初料想先生会有许多批评与修改要求,但一个多月后如约到鼓浪屿,先生赐回初稿,却发现厚厚的一叠稿笺纸中夹着不少小纸条,上面写着需要修改的意见批语。先生对我的论文的思路和框架还是十分肯定的,这是对我最大的激励,觉得总算没有辜负先生的期望。作为进入隋唐史研究之门的半路出家者,我终于能交上一份还算满意的答卷。从读博的第二年开始,我加快了论文的写作和修改速度,在 1987 年下半年即全部完成博士论文《唐代中央政权决策研究》的写作。三十多年后，回首读博生涯，正因为韩先生具有对隋唐史研究未来创新和发展的宏阔眼光，对我的论文思路与架构给予了肯定和支持，才使我的博士论文能够顺利完成。1987 年 12 月，我的博士论文答辩在厦门大学历史系举行。经过韩振华、郑学檬、杨国桢、姜伯勤、徐连达诸位史学名家和前辈的严格评审，我终于通过了博士论文答辩。

1988 年元旦过后，因春节在即，且四川师大历史系已经为我安排了下学期的课程，我准备返回成都。由于这次回成都后，返回厦门的机会恐怕不多，我再次去到鼓浪屿，想请先生为我题几句临别教诲。谁知先生却为我写了一首临别赠诗：

鹭岛来时春似海，锦城归去雪飞花。
三年学就瑚琏器，济世利民路正赊。

先生将这首诗写成条幅交给我，顿时令我热泪盈眶。而对恩师这样的待遇和期盼，我既万分感动又诚惶诚恐。

回到四川师大任教后，我欲将博士论文付梓，又冒昧地恳请先生能否为此书写一篇序言。先生赓即回信说："嘱为写序事，自然乐意为之。"后又来信说："年初考虑替你写书序，即写一短文就唐朝官制几个方面谈了一下，最后指出你的博士论文是个创举，为发硎初试。"同时把写的序言复印后寄给我。先生为此书写了一篇长达七千多字的序言，题名为"有轨迹可循的唐朝职官制度"，使我惊喜莫名。这篇序言实际上是先生对唐代职官制度自秦汉以来演变轨迹的论文，以条分缕举的史实，从宏观架构到微观分析，使唐代官吏制度的来源变迁与历史地位更为明晰。捧读序言，为先生对我博士论文的颇高评价而汗然，但也深受鼓舞。

自我博士毕业回到成都后，因与厦门两地相隔遥远，且工作繁忙，交通不便，见先生面之机会颇不易得。但期间有数次借唐史学会年会召开之际，得以再次侍从恩师之侧。一次是 1989 年 10 月在西安举行的中国唐史学会第四届年会暨国际唐史讨论会，恩师前去参加，在西安期间，我和胡沧泽学弟陪同恩师拜访唐史学界各位前辈，如史念海先生、唐长孺先生、胡如雷先生等，留下了若干珍贵的合影。恩师在会议闲暇之余，游览西安胜迹，即兴赋诗十首以志游，并把打印稿寄给我。其中《灞桥》诗云："乘兴驱车过灞河，

霏霏一路水云多。灞桥杨柳依然在，记否唐时别离歌。何处人间无别离，不须惆怅惜分携。纵然折尽灞桥柳，终古骊歌无尽期。”道尽盛唐时代的千年惆怅与沧桑。

2002 年 10 月，我因事去到厦门，得以有机会再次看望恩师。那时先生大病初愈，形容清瘦，但身体似有好转，精神较佳，还谆谆教诲我们不要因史学研究陷入低潮而放弃做学问，谁知这竟是最后一次与先生见面。十个月后的 2003 年 8 月，先生以八十五岁之寿龄在厦门因病逝世。我在成都接到治丧委员会的讣告，不禁悲发心中。因我当时担任四川师大历史文化学院院长，事务缠身，无法去厦门向恩师告别，只能在成都为恩师遥服心丧。

2008 年，我在厦大师兄弟的邀请下返回厦门，重访鼓浪屿鹿礁路。昔日之庭院，依然榕荫如盖，遮天蔽日；古旧红楼，依旧悄然屹立。拾级而上，行到院内左后之小楼，鹿礁路 26 号的铭牌依然如故，二楼窗内即先生之书房，铁栏锈锁，尘灰满地。探首门内，书房里图书盈架、清茶醇香的记忆又涌上心头，仿佛还看到每次在先生家上完课离开时，先生与师母送到门外、在二楼楼梯口向我们挥手告别之情景。而书房内睿智的讲课之声早已停息，昔日求学之情景也已随风而逝，百感铭心，不觉黯然魂销。但先生之史学与研究之传统，必将能传承久远，在魏晋南北朝隋唐史研究中，占有独特的一席之地。

作者简介

谢元鲁，男，1979 级厦门大学历史地理专业硕士，1984 级历史系博士。现为四川师范大学教授。

我的导师傅衣凌先生

◎ 王日根

我于1981年9月进入厦门大学历史系读本科，在招生简章上就了解到傅衣凌先生、韩国磐先生是厦大历史系的两块招牌。本科四年之中，我只是偶尔在系里主办的学术会议和学术讲座上遥望到傅衣凌先生，偶尔听到他福州腔很重的普通话，也常常似懂非懂。我对傅先生所做的明清史研究有兴趣，但当我毕业那年准备报考他的研究生的时候，傅先生的助手陈支平老师告诉我，傅先生因为身体状况不佳，已不准备招生了。我只好转向去投奔南京大学的洪焕椿教授了。让我感到幸运的是，傅先生在觉得身体还好的时候，答应了招我入他的师门。1985年9月至1988年5月，我成了傅先生的硕士研究生，而且成了他的关门弟子。如今想来，傅先生留给我三点宝贵的财富，让我受益终生。

纯真的学者

傅先生出生于福州的一个钱庄主家庭，父亲不幸早逝，由继母抚育他成长。他不负继母厚望，读福州左海中学，与后来成长为著名马克思主义史学家的邓拓同学一起主办学生刊物、发表文章。后就读于福建协和大学经济系，再转入厦门大学历史系。1935年大学毕业后，又去日本法政大学

攻读社会学，不久回国，进入福建省经济研究院工作。在永安期间，傅先生在躲避日军战火时，发现了废墟中的一箱土地契约文书，对其产生了浓厚的学术兴趣，他结合自己所学的经济学和历史学、民俗学知识，写出了《明清福建佃农丛考》，从而形成了自己独具特色的"社会经济史"研究风格，区别于以往学界的"国民经济史"，主要特征在于：从经济的角度看社会，再从社会的角度看经济，注重从民间私文书、碑刻、族谱乃至文学作品中看历史。虽然此前梁启超已认识到旧史学是帝王家谱，也认识到方志和族谱可以作为史学革命新的资料来源，但一直没有人去实践，傅先生算是较早开始的实践者，而且暗合了法国年鉴学派的治史路径，即重视对民众历史的研究、重视跨学科的融合研究。

循着这样的路径，傅先生在 20 世纪 50 年代参与到中国社会性质问题的大讨论中，以自己独具特色的研究成果在国内史学界异军突起，成为中国社会特性与资本主义萌芽研究中颇具代表性的一派，由此奠定了他在国内外史学界的崇高地位。新中国成立以来，傅先生辛勤耕耘，在中国传统社会结构、土地所有制、阶级关系、商品经济发展等方面颇多建树，其研究成果为海内外同行所推崇，海外甚至有人不惜盗版流传。

傅先生是一个伟大的平凡人，他完完全全地把自己的一生献给了他心爱的学术事业。在他的家里，凡有靠墙处，几乎都放上了他的书橱，他省吃俭用，购置了数万册图书，其中不少是少有流传的珍本。特别是到了晚年，他身体有病需要营养，师母为了照顾他的起居也辞掉了工作，经济变得颇为拮据，傅先生宁愿不请保姆，少吃补品，也舍不得少买书。我读研究生期间，每次到他家，他都问我书店里有什么新书，希望我代他购买。他要的书不仅有历史的，还有文学的、哲学的；不仅有明清的，还有先秦、秦汉到隋、唐、宋、元的；不仅有中国史的，还有世界史的。他时常要求我到图书馆看书不要只看中国的、历史的，而且要看别的学科的、外国的书籍。他说，学历史特别需要广博地阅读，还开玩笑说："你的名字叫'历耕'（福州话中'日根'发的就是'历耕'的音），就是要好好地在历史学领域耕耘啊！"正因为傅先生及时了解学术动态和学术前沿，因而总能抓到学术热点。他治学特别严谨，坚持论从史出，"文革"期间曾被错误批判，蒙受屈辱，但他不随风转舵，而是信之弥坚。如今傅先生的许多观点已被海内外学人广泛信服，他所倡导的文献史料与民间实物史料、口碑史料乃至民俗史料相结合以证史的方法亦得到众多学人的一致体认。在我随傅先生读硕士研究生的三年中，曾多次有机会去乡间寻访资料与史迹。其后，我已将这种做法衍为习惯，我深深地感到这种做法可以突破仅由官方文献述史的局限，尤其是在实现对政策和政策实施两方面的双重观照方面独显优势，从而更能接近历史真实。傅先生既善于踏破铁鞋找资料，也善于宏观比较，形成深邃的理论观点，譬如他认为：中国社会早熟而不成熟，早熟表现在商品经济较早发达，但不成熟又表现在奴隶制和封建制的残余一直残存，死的拖住活的现象特别明显。他还认为：中国历代王朝中都滋生出越来越多的食利阶层，他们往往通过高利贷获得高利润，成为寄生阶层，消耗掉社会积累的财富，拖累社会的进步。这些认识切实地揭示了中国历史的特点，让人信服。

正派的书生

傅先生的学术地位被承认之后，也被推上历史系系主任、历史研究所所长、厦门大学副校长、中国社会科学院历史研究所研究员的位置，但傅先生是一个正派的书生，他从不以这些头衔或职位盛气凌人，在我们面前，他甚至也没有一丝清高和傲慢。在我读研究生的三年中，傅先生时常住院或休养在家，我便承担起护理他的任务，因而有了更多与他接触的机会。我常去医院陪伴他，亦常挽着他在厦大的芙蓉湖边、映雪林荫道上漫步。傅先生与我谈学术，论做人，讲人生。因为身体不好，他无法太多地亲临学术盛会，但反过来却多有国内外学者专程来厦门拜访他，他则耐心地发表自己的学术见解，亦为学界后进指引治学路径。我陪伴在旁，常常深受教益。国外的学者常常将这种拜访称为“朝圣”，可见傅先生在他们心目中崇高的学术地位。

傅先生为人耿直，不屈权威，严于律己，不谋私利。在三个儿子的就学、从业问题上，他不但不求照顾，反让他们到艰苦的环境中锻炼，他没有给孩子留下什么宝物或金钱遗产，数万册的图书亦已遵嘱捐献给了福建省图书馆。

坚定的马克思主义者

说傅先生是坚定的马克思主义者,是因为傅先生自中学阶段就与邓拓等进步学生一起学习和研讨马克思主义。傅先生在转入厦大之后,本来在经济系就读,但因为听了历史系肖炳实老师的课,产生了兴趣,便转入历史系。肖炳实是早期的地下党员,让傅先生产生了天然的亲近感。傅先生看着肖老师总是遭到国民党的追踪,对肖老师产生了无限崇敬,且在肖老师离开厦门去北京后仍和他保持着书信往来,肖老师还给傅先生寄来过进步书刊。

说来也巧,傅先生去日本留学时,恰好也交往到一批日本的马克思主义者,从他们那读到了若干马克思主义的经典著作。回国后,他进入福建省经济研究院,就自觉地用马克思主义的思想方法开展自己的研究活动,其中阶级分析方法被运用得特别自如,也正因为如此,傅先生对中国社会的阶级和阶级斗争有了深刻的洞悉,他分析了太平天国革命、捻军起义和明代南方的佃农斗争,分析了在某些地方存在的超经济强制、践踏人格的野蛮的初夜权、世代为奴的家生子制度等问题,表达了对人压迫人、人剥削人制度的无情鞭挞。

新中国建立后,傅先生与厦大校长王亚南先生信仰契合,王亚南先生翻译《资本论》,也给傅先生极大的影响,他们在中国封建社会、中国官僚制度等方面有诸多一致或相近的观点。

傅先生一生追求共产主义,到 1979 年近七十岁时,他终于实现了入党这个崇高目标,当时他特别高兴和激动,随后他应邀去美国、加拿大和日本等多所大学讲学,阐述自己在马克思主义理论指导下形成的研究成果,许多听众都非常膺服。他的一些演讲稿经整理后也纷纷刊登在海外的刊物上,使其成为较早将中国马克思主义史学成果介绍到西方的学者之一。因此,我觉得傅先生一生对马克思主义唯物史观经历了从"体认"到"自觉"继而"升华"的践行过程。

作为傅先生的学生,我们为他高尚美好的人格、执着坚定的为学精神及

经得起考验的辉煌学术成就感到骄傲，我们更愿以踏实的工作光大其学术事业，以告慰恩师。

作者简介

王日根，男，1981级厦门大学历史系。现任厦门大学人文学院副院长。

传奇一生　勋绩常存

——纪念敬爱的导师常勋教授

◎ 方荣义　陈箭深

敬爱的导师常勋教授离开我们已经三年多了。三年来，在为恩师的离去感到悲恸之余，更时常回想起与恩师相处的美好时光。常教授之学问品德、见识素养，触动人心，也长存人心。恩师已去，但音容尚明，教诲常在。谨记此文，以表怀念。

我们和常教授相识于 20 世纪 80 年代，并有幸成为他的硕士研究生。彼时，常教授已年过花甲，但站上讲台仍然声若洪钟，风度翩翩，气宇轩昂，谈笑风生，他深入浅出地讲解会计理论，旁征博引，举各种实例启发学生的思考。常勋教授先后开设了“西方财务会计”“中外合资经营企业会计”“国际会计”等课程。他终生在三尺讲台上辛勤耕耘，总是不厌其烦地讲解晦涩难懂的知识点，介绍参考书目和文献资料。他笔耕不辍，著述等身，而且总是及时把新书寄送给我们，让我们了解国际会计的最新发展动态。这使得我们时时感受到导师对我们的鞭策，因而丝毫不敢懈怠。

我们是偶然间得知常教授曾经受过十八年的牢狱之灾的，在疼惜和错愕之余，是深深的敬佩。从青壮年开始就遭此磨难和不公平的对待，却在知命之年还能有如此豁达的性格和爽朗的笑声，足见常教授的胸襟之宽广！命运待他不公，耽误他二十多年的好时光，但他重返教职后，却著作

等身，高瞻远瞩，开启我国国际会计研究领域的先河，足见常教授的学术功底之深厚。在我的记忆里，每当谈到受迫害的往事时，常教授从不口出怨言，也从未指责任何人，对祖国总是一往情深。他常说，比起国家、民族曾经历的磨难，我这一点坎坷不算什么；比起其他人，特别是他的圣约翰校友，我已算幸运；都过去了，要朝前看！我们常想，常教授这种不怨天尤人、以德报怨、开阔豁达的人生观，于己是中国历代知识分子所推崇的一种随遇而安的超然心境，于祖国则是一颗甘于奉献、情真意切的拳拳赤子之心。

常教授非常爱护学生。对学生很民主，待人平等，鼓励学生有自己的思想，并要从根上思考问题，要求学生"要知其然，还要知其所以然"，要注重"概念基础"，务实、实事求是、要有专业上的正直性，这些都深深影响着我们的求学和职业生涯。常教授的学术造诣和优良师德口口相传，许多未能入其门下的学生，也时常前来请教。对于虚心好学的年轻人，他从不拒之门外，而是耐心讲解，亲自拟定阅读参考书目，为学生定下学习目标，于迷茫中点亮学生心中的灯塔。而作为常教授的"嫡传"弟子，我们更是有幸深得恩师的耳提面命、言传身教，虽只能学到十之一二，却受益终生！他虽尊为老师、长辈，但与他相处时，我们却无拘无束、十分放松，对于我们没大没小的玩笑，他也从不气恼。当需要别人帮助时，他总是面带微笑地说"麻烦你""谢谢你"，绝对不会颐指气使，即便对刚刚工作的小年轻也是如此。

常教授不仅理论功底扎实深厚，而且注重理论与实务相结合。1988年，他创建了厦门大学会计师事务所，我们作为学生，也得到在事务所实习的机会，跟随常老师参加对各类企业的验资、查账、清产核资等工作，从中学到了很多在课本上难以获得的知识，为后来从事会计实务工作奠定了比较扎实的基础。事务所创建伊始，从培养审计人员到编制工作底稿，常教授都亲力亲为。更难能可贵的是，面对当时执业环境混乱、缺乏审计准则等规范的情况，常教授非常重视执业质量，并具有很强的执业风险意识，经常在事务所的业务工作会议上给大家讲解如何规避风险和提高业务质量。在他的严格要求下，全所执业人员都增强了执业风险意识。每当接受一项新业务时，他们都坚持认认真真做好预备调查，签署合同时一定要明确审计范围和审计责任。此外，厦大事务所很早就建立了复核和分级督导制度。常勋教授这种迎难而上、求真务实、理论密切联系实际的做事风格，对我们这些弟

子产生了深远的影响。

常教授非常爱护会计行业，对整治诚信危机中结构性调整和改革问题有独到见解，认为“要铲除不诚信土壤，必须多管齐下，综合整治”，并在社会无端指责会计行业诚信缺失时为会计从业者仗义执言，大声疾呼“诚信危机的根子到底在哪里”，澄清了种种误解，引起了广泛重视。常教授为维护会计行业声誉挺身而出的行为令人动容。

常教授在坚持职业道德方面也堪称表率。20世纪90年代初，注册会计师的执业环境相当恶劣，利用回扣拉客户之风十分盛行，出具虚假报告也时有发生。面对行业的不正之风，常教授给厦大所定下了严明规矩：不给回扣，不得作假。受常老师这种浩然正气的熏陶，厦大事务所始终坚持原则、坚守操守。

记得常教授说过：“会计职业是一门对职业道德要求很高的行业，会计与财物打交道，失足的概率当然高于一般行业。而且洁身自好还只是消极的道德标准，积极主动地监督所有经手财物的人，廉洁奉公，才是对会计人生的严格要求。”这些谆谆教诲，也成了他的不少弟子职业生涯中的座右铭。

常教授还是一位杰出的教育家。1993年，年近七旬的常教授在厦门市政协的盛情邀请下，着手创办民办华厦学院并兼任校长。创业伊始，一无校舍，二无师资，三无资金。常教授带领大家艰苦奋斗，从借教室、找教师，到制订教学计划、设置专业和课程，全都亲力亲为。他年事已高，却坚持乘班车去学校。学校开课后，他总是挤时间亲自上课，作报告，找学生谈话，关心学生的成长。他凭借自己的坚韧和智慧、人格和威望，吸收了一批财会专业的精英到华厦学院任教。为了使学院能在创业维艰中站稳脚跟，团结和激励全体教工“多求贡献，少讲报酬”，常教授将自己的校长工资本息共计十万余元全部捐献出来，设立了华厦学院的“名流图书基金”。经过五年多的艰苦摸索，学院初步建立了一套符合民办高校教育规律的教学模式和管理机制，组建起一支高素质的师资队伍，逐步形成了自己的办学特色，并取得了良好的办学效果，成为福建省规模较大的一所民办高等学府。1997年，华厦学院被中国成人教育协会民办高等教育委员会评为全国民办高校先进单位。1998年，常教授荣获全国民办高校创业奖。

“老骥伏枥，志在千里。”常教授在晚年的时候，仍然精力充沛，每天为事

业忙碌着。1998年，正当厦大会计系、会计师事务所、华厦学院和我们这些门生酝酿着要为他从教五十周年、执行注册会计师业务十周年举办庆祝活动时，他却婉言谢绝，并不失时机地把大家的好意引导到为华厦学院筹集五十万元图书基金上来。他撰写了具有纪念意义的封笔之作《财务会计三大难题》，并将此书义卖所得共五十五万元全部捐给"名流图书基金"。

常勋教授青壮年时身陷囹圄，天命之年重返讲台、著书立说，七十岁高龄开办会计师事务所，创建华厦职业学院。他的一生从抗日战争到解放战争，从十年浩劫到改革开放，横跨九十年的漫长岁月，虽半世坎坷，一生跋涉，但始终豁达乐观，心向未来，在中国会计、审计改革开放征途上不畏艰辛，奋力前行。在重返厦大的四十余年中，常教授严谨求实，潜心钻研，不断探索中国会计师的源流，使中国会计学具备了实现中西汇通的必要条件，具备了与西方学界平等对话的实力；常教授平心静气做学问，不求功名利禄，传会计之道，扬中华之花，彰显了一位学术大家对中华民族复兴的矢志不渝。他为人正直、淡泊名利、严谨治学、孜孜以求、虚怀若谷、热心助人的高尚品德和大家风范，以润物无声之态影响着身边的很多人，也是我们一直践行的榜样。

在常教授逝世三周年之际，我们缅怀他，不只在于如何做专业，更在于如何做人。他阅尽千帆但内心如恒，以无常之心做有常之事，虽伤痕累累，但从不怨怼，"不以物喜、不以己悲，不懈怠抱怨、不故步自封"的人格魅力彰显了他的人生价值。回想起和常教授相处的朝夕及他留给我们的宝贵精神财富，冉次感叹能成为常教授的学生实在三生有幸。常勋教授为我们树立了前行的标杆，也给了我们前进的动力。

永远怀念我们的恩师——常勋教授！

作者简介

方荣义，男，1983—1990年及1992—1995年就读于厦门大学会计系，获经济学（会计学）学士、硕士、博士学位。现任申万宏源证券有限公司副总经理、财务总监。

陈箭深,男,1982—1985 年在厦门大学国际会计班学习;1985—1988 年就读于厦门大学会计系,获经济学(会计学)硕士学位;1992—1995 年就读于厦门大学会计系(在职),获经济学(会计学)博士学位。现任容诚(RSM China)会计师事务所(特殊普通合伙)合伙人治理委员会主席。

“千秋胜负在于理”

——记我的厦大老师吴仲平教授

◎ 陈万胜

“一时强弱在于力,千秋胜负在于理。”

1988 年 7 月,当我们作为厦门大学政治学系首届学生毕业之际,吴仲平老师在我的毕业纪念册上题写了剧作家曹禺的这句名言勉励我。吴仲平老师曾任政治学与行政学系副主任,长期从事政治学、国际政治教学与科研工作。大学四年,他先后担任我们“政治学原理”“国际共运”“国际政治专题”“科学社会主义原著选读”等课程的专业老师。

暂时的输赢胜负是由一方的力量强弱决定的,但是要想获得永远的、根本性的胜利,就要靠不懈的努力和坚持,靠对社会发展大势的把握。毕业三十多年来,吴仲平老师的教诲一直铭刻在我心中,鞭策和激励着我坚守信念,执着前行。

我是 1984 年从当年地处贫困山区的永定一中考进厦门大学的。厦大是我走出山外到达的第一个远方,更是我经历十年寒窗苦读寄托无限梦想的栖息地。

由于父亲英年早逝,母亲在家务农,大哥担任小学教师,我们四个弟弟妹妹全靠母兄二人微薄的收入维持学业。入学的第一天,我是穿着拖鞋走进厦大校园的,就连日常睡觉取暖也仅靠家乡邻居赠送的一床旧棉被。当家境贫寒的我来到一个完全陌生的环境,内心的自卑和不安早已把被

大学录取时的短暂喜悦冲淡。在较长一段时间里，我的大学生活基本上是在教室、图书馆和运动场度过的。除了与熟悉的老乡、同学来往，我很少与外界交流，即使有很多的思虑和情感，也只是在每天的日记里默默地倾诉。那时的我对社会的认识是有限的，对未来的规划是迷惘而又偏理想主义的。

大一、大二时我们开设有“汉语写作”课，我的习作曾多次被任课老师当作范文在班级上点评。有一天，“科学社会主义原著选读”的授课老师吴仲平在上课时对我们说，要理解马克思、恩格斯等伟人的思想，一定要认真熟读原著，学习原著里的经典语言。他进而在班上说起我的文章写得不错，值得表扬，希望同学们要特别注意文字表达能力的锻炼和提高，这对今后的学术研究和社会工作都很有帮助。他还要求我们要有质疑精神，凡事多问几个为什么，带着问题上课，带着问题学习，要主动多和老师接触与联系，课下多交流，他还表示欢迎同学们课余时间到他家里去探讨问题。吴仲平老师的表扬让我有点意外，但老师的关注和肯定对我而言是一种莫大的鼓励，增强了我的自信心。后来我才知道，吴仲平老师是主管学生工作的系领导，他从厦大中文系本科毕业后，到中国人民大学国际政治系念研究生，毕业后又再次回到厦大任教。

第一次去吴仲平老师家里，他和他的爱人非常热情，为我沏茶、切水果，脸上始终挂着宽厚、亲切的笑容，丝毫没有领导和老师的威严，让我深感温暖。吴仲平老师不但启发我对学术原理的理解，还关切问询我的家庭、生活和成长情况。他说：“现在是个好的时代，作为厦大的学生是很幸运的，你们不但要学好专业课，还要与社会多接触，要有社会责任感，不要在乎一时的得失，要看到更远的未来。”让我印象特别深刻的是吴仲平老师待学生平等友好，循循善诱，他的语言很有力量。该鼓励的东西他充分肯定，该坚持的看法和原则他也毫不含糊。应该说，他的思想对我的影响是很深远的，参加工作多年之后，面对纷纭复杂的社会和碌碌无为的境况，我难免出现随波逐流的情绪，但每每念及老师提到的社会责任感，我便不由得警醒自己，切勿轻易懈怠，应该努力做个有所作为的人。他对学生的要求，体现了母校“自强不息、止于至善”校训的深刻意涵，激励着我们不要停下奋斗和成长的脚步，要不断地完善和提升自己，做个有益于社会的人。

从此以后，他在海滨的家成了我经常去的地方。在学生的心目中，他既是我们敬重的老师，又是我们挚爱的兄长。我的大学生活也变得自信、快乐了许多。我担任过班级团干，获得过厦门大学“三好学生”称号，学习成绩基本排在班级前列。

1986 年春季开学的一天，吴仲平老师突然来到芙蓉四宿舍找我，问我春节期间有没有与集美学村的大学生一起组织过串联活动。我很惊讶，原来当时我老家所在地的公社有人写信来系里，称我春节期间在家乡搞学生聚会，让学校调查了解。事实上我们只是应初中老师的邀请，与本地考上大中专院校的学生一起办了个规模很小的春节联欢活动。由于设备欠缺，联欢时老师还是敲着脸盆为我们唱歌伴奏助兴的。当时的公社及县里有关部门已经对我们的活动进行过调查了解，确定是完全正常的师生联谊活动。吴仲平老师表示相信自己的学生在政治上是经得起考验的，同时也要求我们作为政治学系的学生，要有更强的政治敏锐性，要更严格地要求自己。吴仲平老师在对待学生问题上的宽厚为怀与严格教育给我留下了深刻的印象。

1988 年是高等院校开始实行毕业生统一分配与自主择业相结合的第一个年份。由于我们是厦大政治学系第一届毕业生，社会上对这一专业了解有限，就业形势严峻。厦大政治学系作为国家正式批准设置政治学专业的全国十个政治学系之一，师资较为紧缺。经综合评估，吴仲平老师推荐我作为班上唯一的留校任教人选，并得到系里和学校的批准，我成为当时厦大少有的几位计划留校的本科生之一。后来，我出于希望到社会上去锻炼等原因，主动提出放弃留校的资格。吴仲平老师在对我做了细致的思想工作之后，表示尊重我的选择，并没有因此而对我多加责备。他同时又征得其他系领导的同意，把我作为优秀毕业生推荐到漳州市，将当时有向学校提出毕业生分配需求的漳州市人大常委会和闽南日报社的两份报到证同时开具给我。尽管我最终被安排在漳州市人事局工作，但吴仲平老师对学生细致入微的关爱之情令我深深感动。

在此后三十余年的职业生涯中，我在行政机关工作了五年，然后转到商业银行工作，期间一直和吴仲平老师保持着联系。虽然曾经庸庸碌碌，疏忽了不少，但近年来，每逢教师节或其他节日，我都尽可能抽空去住所看他。在他的身上，我总是能够汲取到温暖的力量。在我曾经遭遇一些不如意的

时候，吴仲平老师总是鼓励我往长远看、往发展的趋势看，给了我很大的力量和宽慰。

他时常对我说，老实人会吃眼前亏，但从长远来说并不吃亏；年轻时多吃些苦，以后的日子就会走得更稳、更好。虽然我一直是个平凡的人，但老师的这些教诲让我逐渐明白了如何走一条适合自己的路，什么该坚持，而什么又不必去追逐。

2019 年 11 月 7 日，陈万胜与吴仲平老师（左一）合影于老师寓所

使用微信以来，吴仲平老师一直关注着我的朋友圈动态。有时他的视力不好，就会让他的爱人把看到的信息分享给他。这些年我们见面时，总是会聊起相关的情况，叙聊我们对时事近况的分析和对教育子女的体会。他曾经对我说："你的来访，给我带来年轻时创业的美好回忆，谢谢你！学生的成长是对教师的最高奖赏。你会感恩、能包容，必有人气，必成大事！俗话说：处世让一步为高，待人宽一分是福。我们共勉吧！"老师的一席话让我倍感温暖且受益良多。

考入厦大是我人生最重要的转折点，厦大也是我一生最引以为豪的标签。在我的书房里，一直悬挂着一位书法家题写的"止于至善"牌匾。作为校友，我们一直以厦大为荣，其中很重要的缘由，就是我们遇到了不少像吴仲平老师一样给予我们无穷力量的恩师。

吴仲平老师是厦大乃至全国政治学与行政学界的老前辈，现已是耄耋之年，而我这个当初的懵懂少年亦已步入知天命之龄了。当拟写这些文字的时候，我自然地回想起许多往事。确实，有些事情，在我们年轻的时候无法懂得，当我们懂得的时候已不再年轻。但我很庆幸，在时而年少轻狂、时而又彷徨迷茫的时候，在遇到人生几个重大转折需要鼓励、抚慰和帮助的时候，吴仲平老师与其他老师一道给了我智慧的指导与坚定的支持！

作者简介

陈万胜，男，1984—1988年就读于厦门大学政治学系政治学专业，获法学学士学位。兴业银行漳州分行原支行长，现任厦门大学公共事务学院厦门院友会名誉会长。

迷人的勇士——我的老师洪华生教授

◎ 商少凌

第一次听说洪华生教授,是在大学入学新生指导的环节。我依然清楚地记得,在映雪楼一楼的一个略显昏暗的实验室里,当时海洋化学的掌门人黄奕普教授在海洋化学专业的介绍中提到,中国唯一的海洋学女博士洪华生即将从美国归来任教。当时我小小的心灵一定是受到了震撼,洪华生这个名字由此便牢牢烙进了脑海。

大约是大一或大二的那个春节,我在映雪楼前偶遇一位来参加系里团拜的女士。有人告诉我,那就是洪华生老师,我顿时惊为天人!冬天里,她穿着及膝裙装,身材苗条,气质出众,是那么年轻、优雅!

我当时无论如何都不曾想到,有一天,自己竟会成为洪老师的第一个女学生。老师不仅是美丽的,而且还是严厉的。当年的我,凡事被动,毫无批判性思维,能做到乖乖上课、做作业、考试,能轻松得到尚可的成绩,但一丝都不多做、不多想,喜欢用剩下的大把功夫读小说和诗词、胡思乱想与专业及科学无关的一切。直到念了研究生,脱离了简单的上课、考试,没有题目做,要自己找题做,我顿时抓瞎。可以想见,拜在老师门下的日子,堪称"煎熬"。每周例行的师生个别谈话,我都恨不得自己生病住院,那样就可以逃避见老师,不必承受老师令我冷汗涔涔的连珠炮似的提问。

从做本科毕业论文开始，在长达七年的时间里，我看着我的老师像一位披荆斩棘的勇士一样，开疆拓土，奋斗不息。我跟在她身后，含着眼泪，跌跌撞撞，挨了很多很多骂，终得一点点地成熟、成长。那时的我，瘦弱不堪，而我们的专业研究有很多体力活，要采集大量的水样，还需要大量的超纯水，显然我的体力不足以应付。这个缺陷，一开始估计很让老师头疼，但是她很快找出了办法，给我指定了论文题目“营养盐的数值模拟研究”。这样，理论上我只需坐在计算机前，每天写代码，算啊算，让海洋在屏幕上流转，成为一个一辈子没出过海的“armchair oceanographer”。然而老师的原则是，实践出真知，学生们无论做什么题目，都必须出海去！老师自己带头上船，于是我们成了欢乐与痛苦参半的“渔民”。连续几年，几乎年年都登上隶属于福建省海洋研究所的“延平号”海洋调查船，去往无风三尺浪的台湾海峡。那时海洋调查设备还很落后，站位之间几乎无法休息，刚过滤完毕，冲进狭小的船舱里躺下，又到站了！我每天蓬头垢面，干脆直接穿着睡衣工作。有时风浪太大，全船的人基本都晕了，对着塑料桶狂吐，那动静、那气味，实在让人难以忍受。我记得当时自己也吐得好惨，肚子好饿，可是又吃不下东西，只好抱着我的饼干桶哭。老师一样晕船呕吐，但作为航次首席科学家，每次到站，她一定会出现在甲板上，迅速根据现场状况分析确定采样分层方案，指挥若定。她忙碌的身影、严肃的面容，她的雷厉风行，无不令人心生敬畏。不知不觉间，全船上下无须任何言语动员，皆被老师身上那股无形的力量鞭策、激励，大家齐心协力，共同完成了艰巨的航次任务。更有一回，风暴将至，我们的船不得不掉头，逆风强行驶回大陆避风。当时，我们的船仿若狂暴怒涛中的一叶扁舟，晃得一塌糊涂。我坐在船舱里，默默地按指示穿上了救生衣，开始认真想要不要给父母写几句话？在艰苦与危险之外，我特别记得有一年夏天，我们越过了中线，驶近台湾新竹。如果我没有记错，甚至隐隐可以看见对岸的陆地了。于是，飞机来了，军舰从我们身边驶过意欲驱赶。或许是发现我们还没有退意，全副武装的海巡船开始向我们靠近喊话。老师出于保护之心，不让我们出去，她与时任福建省海洋研究所所长阮五崎走上甲板，与对方交谈，说明我们是在进行科学研究。老师特意用闽南方言，言语谦和礼貌，对方也报之以微笑，最终没有发生任何激烈的冲突。从这个有惊无险的事件中，老师做研究的拼劲、处理危机的能力，以及护学生

与同事周全的心，足见一斑。

相信很多人都认为我的老师是一位勇士，但她迷人的一面，恐怕鲜为人知。大概是在2002年，戴民汉师兄与我陪同老师回到她阔别将近二十年的母校罗德岛大学海洋研究生院。只见许多位当年授课的教授，见到老师后都与她惊喜地贴面拥抱，炙热的情谊弥漫在空气中，让我看得发呆！其中一位教授告诉我，当年洪老师刚到美国时，英文并不好，所以上课时她总是坐在第一排，用录音机录下老师的每一句话，回到寝室一遍遍重放。功夫不负有心人，老师最后的成绩门门优秀，英文也开始讲得飞快，如子弹出膛一般。后来，那里的老师渐渐都知道了她很不容易，为了重拾学业，已是中年的她留下丈夫与两个年幼的儿子在中国，因而更加欣赏这位坚毅的中国女性。多年后得以重逢，大家都感到由衷的激动与欣喜。

“三世同堂”(左起：商少凌、戴民汉、洪华生、洪华生的博士导师 Dana R. Kester 教授)

也是在那次美国之旅中，老师的先生翁成受教授去一家店理发，结果顶着一个奇怪的发型回来了，我一见便哈哈大笑，洪老师立刻轻声埋怨我：“他本来就沮丧了，你还笑他，你真不懂事。”我这才死死忍住笑，开始安慰愁眉不展的翁老师：“还行还行，很有个性。”这时，我才发现，我的老师，原来也是位温柔体贴、善解人意的妻子。

拜师至今，许多年过去了，每每有人提及我的老师，我总是很骄傲，因为我深深知道，我的老师不仅是一位坚毅卓越的勇士，具备广泛的影响力；同时也是一位优雅迷人的女性，为家人、师生所爱。前些年我出国开会时，曾遇一年轻人咨询回国工作事宜，他犹豫纠结，我劝他下定决心，他很直率地回答："如果我的老师是洪华生，我才不会犹豫，我马上就回去。"那是我第一次震惊于老师的赫赫声名。拥有良师与楷模如此，世间难得！我又何其幸运！

作者简介

商少凌，女，1984—1995年先后就读于厦门大学海洋学系、环境科学研究中心，获理学博士学位。现为厦门大学海洋与地球学院教授、博士生导师。

贺建勋老师的三次叹气

◎ 郑剑扬

这么多年过去了,一想到贺建勋老师,我脑海里马上会浮现出一张笑脸。贺老师面对我们,更多时候是微微笑的脸,虽然有时也会十分无奈,有时也会很不高兴,但最常看到的还是宽厚的笑容。

我的本科读的就是系统工程专业,上过贺老师的课,后来又被保送读他的研究生。我们还有之前的师兄们,在他面前都是恭恭敬敬地称贺老师,在外人面前尊称贺教授,私下里有时称他贺老板,但更多的时候,我们在一起都随意地叫他"老贺"。我一直感觉,自己可能是他最不成器的学生,至少也是之一。我的师兄们要么在学术上有所建树,要么在工作中成绩斐然,只有我,不但没有继承老师的衣钵,甚至还在学习上走了偏门,实在是惭愧,有负师恩。

"老贺"大概在心里对我是十分无奈的,或者说不定是十分失望的,我记忆中十分深刻的是他在我研究生阶段叹的几次气。

贺老师有好几个研究方向,他也很希望我们能够跟随他的方向继续深化。在经历了一些基础课和专业课的洗礼后,我们终于进入了专业方向的选择阶段。一次,贺老师把我叫到家里,跟我说了一大通研究方向的远景、意义与前途后,拿出一本又大又厚的英文原版书,告诉我这本不连续系

统稳定性的专著是很值得研究的，让我回去好好看明白，一个月后汇报研究的结果。看到那本书，我当时脑子就一炸，心想这什么书啊，哪里看得下去，顺手就把书扔到了一边。直到一个星期后，我才硬着头皮翻字典、查资料、瞎琢磨，总算有了一点认识，到了汇报的时间也就大大咧咧地站上去了。一通折腾下来，我以为贺老板说不定会直接把我赶下讲台，没想到他微笑着点评了我——有些地方理解出现了偏差，但总体上思路是清晰的，差不多入门了，建议我把这个作为硕士阶段的研究方向。我认真地想了几天后，怀着忐忑的心去找贺老师，直率地说自己觉得这个方向太晦涩了，实在提不起兴趣去研究，恐怕要让他失望了。"老贺"看了我一阵子，看到那恨铁不成钢的眼神，我知道他是真的失望了，但他也没有试图说服我，最后叹了一口气，很无奈地说："既然你这么不喜欢，那就算了吧！"

平静地度过一年级后，一切似乎都按部就班。有一天，我又接到贺老板的通知，让我到他家里去。老师家我们是经常去的，于是我熟门熟路地进去了，问候之后，就主动问起是有什么安排还是有什么吩咐。贺老师小小地夸了我一通后，笑眯眯地告诉我，他觉得我应该去读博士，他也希望我就读他的博士；另外，如果我对他的研究方向没兴趣也没关系，他愿意推荐我去其他学校，找个好教授当我的导师；如果国内的学校还是没有我喜欢的方向，一样没关系，他可以写推荐信让我去国外攻读博士。"老贺"当时应该是心里认定了我一定会欣喜若狂地考虑到底读谁的博士、读什么方向。那一刻，我确实是受宠若惊，但是肯定是惊的成分更多。读了多年的书，当时我已经在考虑，是时候离开象牙塔进入社会工作了，在我的规划中，将来或许会再回来读书，但不是现在。本来我的想法还没有完全成熟，但"老贺"的这个建议反倒促使我下定了决心。我几乎没有犹豫地就把自己的想法说了出来，同时也带着征求意见的意思。我看得出来，贺老师非常意外，他尝试说服我，但最后还是放弃了，我看到他深深地叹了一口气。我的心里其实非常难受，是不是我错了？我好像真的对不起贺老师的期望？

很快，进入了毕业设计和毕业论文阶段，大家都在向导师请教，确定合适的方向与主题。贺老师给我和一起保送到他门下的张帆提出了好几个课题，基本上都是理论性比较强的学术研究课题，有些题目认真钻研下去应该也会在某个方向上有所创新、有所突破。我和张帆一边琢磨着这些题目，一

边尝试寻找其他方向，后来居然真让我们找到了一个确实感兴趣的课题——福建省科技、经济、社会协调发展战略。如果只是从学术角度出发，一个学术研究课题当然更能出彩，但是我们的专业是系统工程，毕竟是一个应用型学科，这样一个与社会发展密切相关的方向应该是真正能够发挥学科价值的。当然，我们很清楚，这些都只是我们自己的想法，导师是否同意呢？我们俩硬着头皮，互相鼓劲，去找贺老师陈述我们的思路。我看得出来，一开始“老贺”并不是非常赞同我们的想法，但是贺老师好就好在并没有轻易地否决，他仔细地听了我们的想法后，也告诉我们，系统工程就是一个新的应用型学科，既然这样，认真地做应用型研究为社会做贡献也是正道。最终他同意了我们的请求，但我看到贺老师在转身时叹了很大一口气，我这个不省心的学生啊……我心里实在是又感激又惭愧。

后来在写论文时我们拼尽了全力，查年鉴、翻资料、搞调研、建模型，终于出色地完成了这篇论文，过后和贺老师合著的论文《福建省科技、经济、社会协调发展战略模型与判定》还获得了福建省优秀学术论文二等奖。我们做出的推演，在论文出来时连自己都有点怀疑，因为以我们当时的认知，觉得有些推算数字怎么可能增长到那般程度？好几年之后，我用时下最新的年鉴数字与我们写论文时的推算进行了一些比较，十分欣喜地看到，总体上我们的战略建议还真的是符合当时的实情，国家的发展总是比我们当初局限性的想象更让人惊喜。后来，我去“老贺”家探望他时，也特意提到这个规划的情况，这一次，他坚决地肯定了我们当初的想法，对我们做出的成果感到十分欣慰。

贺老师的几次叹息，第一次纯粹是因为我的不求上进，实实在在的是自己的不是，好在老师虽然失望，但也没有和我计较，而我大致上也就只懒了那么一回，几年下来还是好好打下了专业基础；这第二次，应该是我对人生道路的选择确实没有符合老师的期望，但是他的宽容避免了我过多纠结，虽然现在从事的工作与读博可能的方向差了十万八千里，但感谢他当时接受了我的放弃；至于第三次，按照现在的说法，贺老师也算是与时俱进了，在那个年代就认可并协助我们对经济社会问题进行积极的研究与探讨，贴近实际地为国家的发展尽一点力。正是贺老师的宽厚，使我虽然没有按照他的初始愿望去做，但是总能够在一种宽松的氛围下尽自己的能力做到最好。

我确实是个不成器的学生，也没有学到贺老师学术上的造诣，但是我学到了他治学的严谨、研究的专注、基础的扎实、涉猎的广泛，还有就是对系统工程的热爱并且贯穿到日常的工作、学习中，这些我都学到了，研究生阶段掌握的方法论，让我毕生受用。

很怀念贺老师那宽厚的笑容，我觉得，这个我也学到了。

作者简介

郑剑扬，男，1984 级厦门大学系统工程专业，获硕士学位。现任深圳市长亮科技股份有限公司销售副总裁。

Life Is A Compromise

——记我的硕士生导师林疑今

◎ 苏欲晓

那是20世纪90年代初，一个风和日丽的早春上午，我们1989级研一英美文学方向的四位女生和一位男生的又一节美国文学课。记不清是何故，那天我们的课室换到了如今已永远遁入历史陈迹的外文博学楼一楼一间朝南的小办公室，几代外文人都熟悉的临时工通信员阿玲的小小收发室就在隔壁。

小办公室里有半圈转角沙发，我们每人手抱一卷厚厚的《诺顿美国文学选》围坐在一起，恭候七旬过半的导师林疑今先生的到来。窗外，抽象派几何状红色玻璃钢三角梅雕塑在春日朗照下鲜亮地红着，周边满树的绿叶，更远处芙蓉湖垂柳轻拂的波面，都在暖暖的春阳下闪着亮光。改革开放丽日照耀下的90年代初，重点大学青年学子本科毕业后的职业前程一派璀璨，如同窗外这片处处闪光、撩人心弦的春景，无论收入、待遇、升迁机会，莫不如是。挥别校园，潜入商海，是大半厦大外文毕业、又能干又有闯劲的同学不二的选择。

我们这几位来自全国各地的英美文学研究生，或出于对学术未来的真心憧憬，或出于人生轨道的不经意走向——不得不承认，没出息的笔者，属于后者——选择了继续留在寂寞的校园里读研，且读了最没有“钱”途的文学；自

然，包括笔者在内的两三位同学心里，并非总有顶天立地的笃定。我们一边等着林先生进屋，一边聊着商海涛声中让我们略感迷茫的“文学何用”论题。

先生略显蹒跚的步履临近了。先生家学渊深，五叔林语堂的举世声望自不待言，乃父林玉霖亦为厦大外文翻译学教授至六十年代退休。林先生本人的教育背景则先是赫赫有名的上海圣约翰大学，后是美国常春藤哥伦比亚大学的英美文学硕士；中学便翻译出版德国作家雷马克一战小说的英文版《西部前线平静无事》(*All Quiet on the Western Front*)，大学期间翻译出版美国作家亨利·詹姆斯的《黛西·米勒尔》(中华书局，1930 年)。1939 年，年方二十六岁的先生与老同学葛德纯(厦大外文史上又一重量级教授)合译出版《老残游记》(商务印书馆)的英文版，为该作首次英文全译本，英译名为 *Tramp Doctor's Travelogue*。据记载，先生翻译中外英汉名著共有十九种之多，其中含多部鲁迅作品，只恨流传下来的为数寥寥。汉译英美文学名著中最为今人熟知且一直印行至今的，是他 1939 年留学归国后翻译并出版的海明威的第二部小说 *Farewell to Arms*(1929)，初译作《战地春梦》(西风社，1940 年)，新中国成立后重印，改为《永别了，武器》(上海译文出版社至今仍以之为“译文名著精选”出版)，先生也因之成为我国最早译介、研究美国文学与海明威的知名学者之一。1989 年，也就是我们研究生入学的第一年，七十七岁高龄的先生竟然又与时俱进地译出一本出奇难的当红美国后现代派小说——托马斯·品钦的《拍卖第四十九批》，并撰写序言《谈〈拍卖第四十九批〉中的“熵”意识》。不知已近八十高龄的先生，何以能了透、把握自己序言中所说的令“一些读者望而却步”的这部后现代作品：书中涉及广博的科学知识，尤其是热力学第二定律“熵”，而品钦之所以能有这样的奇谲之作，是与他康奈尔大学工程学院工程物理学专业这 背景有关的，但作为译者的林先生，据我们所知，可谓纯文学出身，先生身上的这份“悖论”，这场以“从心所欲不逾矩”的寿数而完成的“逾矩”与跨界，三十年过去，如今想来，仍令我暗中惊叹！不仅如此，先生这部与我们研究生入学同年诞生的译著还带来另一个直接效果：如今任职于社科院外文所的刘雪岚博士，是先生连我在内的两个关门弟子之一，出于对先生的景仰，她便以这部作品为她的硕士论文题目；她由此而得的先生辅导中的特殊恩惠，可想而知是让我眼红与心羡的！

先生如此德高望重,声名久长,却历来温文儒雅,满脸慈容,不过他言辞不多,同学们对他唯有敬重,从不拘谨。因而,那天上午,先生在我们散漫而热烈的聊天中踱进小办公室,落座后,我们中的一位女生就不假思索地将先生拽入方才的话题,脱口便道:"老师,您说,我们到底学文学干什么哟?"说罢,手上厚重的黑色硬皮《诺顿美国文学选》貌似又沉了几分。先生闻之,不温不愠,不惊不诧,沉吟半晌。先生半个多世纪前曾从世界著名学府哥伦比亚大学学成英美文学归来,加之少年时代乃至更早,就与英语语言文学结下不解之缘,在译介英美文学名篇方面,更可谓早慧早成,自是深谙文学何为,英美文学何为。然而,先生成长、成才时期,亦逢中华大地外敌欺辱、战乱频仍、民生多难时节,借此也便亲历亲知文学何所不能为!在为我院海明威研究专家杨仁敬教授的《海明威在中国》一作所作序中(1988 年),先生开篇便道:"恩尼斯特·海明威被介绍到中国来,大约有五十多年了。记得初次介绍他时,我正困居上海孤岛,半壁江山,尽在日寇铁蹄之下,人从美国回来,东奔西走,找不到适当职业,只好待业在家。"寥寥数语,留洋归国的文学青年梦想无寄、待业为继的忧悒苦闷,穿越近半个世纪的时空,跃然纸上。此外,后来先生又因研究西方文学而被打成"右派",这无疑也是"文学何为"在那特殊年代提供给他的苦涩与反讽的答案。先生在同学问话后的片刻沉吟中,或许这一生与文学为伴的甘苦忧乐、悲怆欣慰,都在心头迅疾掠过。最后,他平静温和地答道:"文学,教导我们人生的判断;教导我们 Life is a compromise。"

Compromise,这个源于拉丁文、产生于 15 世纪的英文单词,原意是"mutual promise to abide by an arbiter's decision",即"相互承诺遵从仲裁者的决定"。所以,老师回答中的后一句用英文道出的话,可译为"人生是一种让步、和解、妥协",是人生在世为遵从某种秩序而做的"彼此承诺"。我们,至少我,当时闻之愕然,先生这汉语、英语句式都简单的两句话,令我们这几个方才还叽叽喳喳的二十出头的女生顿然哑口,似乎陷入沉思,其实是一时真明白不过来。有趣的是,从那以后,我们便不再热议那个话题,似乎也不再受它的搅扰。先生的岁数,先生的阅历,先生的背景,配上先生那两句玑珠隽语,似乎潜伏着一股压服躁动、疏通淤塞的力量,在隐秘地提示我们每一个学生的内心:文学的功用,英美文学的功用,虽然现在未必明白,但深入其中,热爱它,必定有其独异的价值等候我们去发现,而发现的过程或许一生之久,如同我们的林先生,年近八旬,仍然在感悟,但也足可分享。如今,已然安息在天的先生有所不知的是,先生的这份教导,在我迄今近三十年的厦大外文咫尺讲台生涯中,屡屡验证:以教英美文学为主业的我,谋生手段就是业余爱好。丘吉尔说,这是理当不断感恩的人生一大幸事。

那个春日上午,先生对我们几位小女生半是俏皮、半是认真的提问缓缓道出的感悟,不知不觉间成为我过去三十年沉淀下来的箴言警语,刻骨铭心,时常与家人、与朋友、与学生分享。不仅如此,那日之后,在我们几位比较敏感的女生心中,它似乎也成了一种注解,让我们突然明白:为什么先生上课,有时带领我们读着诺顿文学选里某部作品的某段话时,会突然哽咽,停顿半晌,甚至面容略微抽搐,眼睛湿润,吓得我们赶紧低头,不忍直视。印象最深的一次,是他在读霍桑《红字》中的女主角海斯特在刑台受审之时,那段描述,让老人家近乎哽咽,老泪纵横,无以卒读……先生的入情,让我们震慑,先生的苦楚,我们永远无法测知。

Life is a compromise! 人生是一种让步、和解、妥协——先生才得以活到今天,身体、心智都健全地活着,传授他的文学,教导他的学生;人生是一种让步、和解、妥协——先生这一生,却也为体会文学教会他的这份判断,付出多少代价,历经多少沧桑!

先生的这份感悟,也助我解读他课堂上、文字中所有的无己与克制。教授了我们一年的文学课,且我作为他的最后一届门生,老人竟然从未主动向我们提过他举世皆知的五叔、他同为外文系教授的父亲、他实属稀罕而优越的令人羡慕的书香门第,更未提过他上海圣约翰大学与美国哥伦比亚大学这掷地有声的教育出身,而他自少年时代开始、直到教我们的前一年仍笔耕不辍地在英汉之间自由穿梭的漫长而杰出的翻译家履历,更是对我们只字不提。此外,在《海明威在中国》序中,有一段记述 1941 年海明威携夫人到陪都重庆受到热烈欢迎的情境。读其中细节,仿佛先生是一位在场的目击者,但事实表述对此没有任何体现,以至于作为读者,我对此无法确认;直到读到另一份资料,方知先生就是作为《战地春梦》的译者、最早介绍海明威到中国的学者之一,应邀赴这一隆重场合,接受这份亲见"国际知名大作家"的殊荣。这一发现,是我这几日写作纪念文章时方才获得的。我不禁唏嘘,在

这人人捕捉任何缝隙刷自我存在感的时代！或许，正是因为知道人生是一种让步、和解、妥协，便获得了一方天高地阔的心灵空间，自我消融于这一片天地，自我显扬便不仅不再必要，甚至已然忘却了！

最后，同样是那篇序言(因为是先生离世四年前正式发表存留于世的极少的篇什之一，容我再引一段)，它的末尾透出一份出于这种人生文学感悟而生成的自隐、谦和与大度：

> 月前到广东中山市参加澳港闽首届比较文学研讨会，到广州准备下榻暨南大学。我因舟车劳顿，身心疲惫，闷坐在招待所的总接待厅里，等候安排。当时有些华侨打扮的学生，赶来打周末电话，兴致勃勃地约会女友，那电话声中充满着青春的活力和殷切的盼望。排队等电话的大学生中间，有一人手持《老人与海》一册，我出于好奇，借来翻看是不是吴劳最近的译文，翻前翻后，总是找不到译者的姓名。我问那位同学是中文系的还是外文系的，他说是数学系的，颇有自豪的口气。他看见我在翻书寻找译者的名字和版本，就笑着说："你们过去不也出了人家好些书吗？"当时已是冬天的黄昏，暮霭苍茫，暨大校园，一片宁静。我边提行李包边在想，一个伟大作家的作品，本是属于全人类的，译者何人，何必还有这么多的计较。

前几日，读得外文学院讲座讲授、我国当前首屈一指的贯通中西的著名学者陆建德老师的文章，文中说道："中国现代文学奠基人、开拓者都在翻译、评论或研究外国文学方面有所建树，这在漫长的中国文学史上是稀见的……民国年间大学外文系师生对现代文学的贡献之大超出我们的想象。"我的导师林疑今教授，无疑是这"稀见"名单上的一员！

作者简介

苏欲晓，女，1985—1992 年就读于厦门大学外文系，获硕士学位。现为厦门大学外文学院英文系教授。

愿终生从事科研

——记我的导师张鸿斌教授

◎ 陈萍

我的家乡在黄河入海口，地处盐碱滩，夏暑冬寒，虽然也有在芦苇荡里捡蛇皮、鸟蛋和黄河畔春游野餐的乐趣，年少的我却十分向往风光旖旎的南方。中学的化学老师讲课很有趣，使得化学成为我的偏好，加上对厦门这个名字的喜爱，我和父亲商量后选择了厦门大学化学系作为报考志愿。高考顺利如愿，开始了我的十年厦大求学生涯。

我们的校园面向大海，海上潮起潮落，星月辉映；五老峰雨后云岫，岩上相思树叶绿花黄，无一不满足我对南方的诗意想象。美妙的自然更因厦大老师们的温文朴雅、清朗平正而增添了蕴意。

本科四年恰逢思潮汹涌、社会变革的时期，年轻的学子们热血沸腾、激昂文字。辅导员、班主任、系/校领导尽心竭力的引导和关爱，授课老师们兢兢业业的指导培养，都是我求学经历中温暖的记忆，赋予"母校"最真切的含义。

已经记不起是何种原因促使我这个高分子材料专业的学生旁听了一场催化专业的课——台上一位声音洪亮的中年老师生动地讲解着，伴以大幅度的肢体动作，这种饱满的热情打动了我：原来催化研究这么有意思！我要上研究生！我要选催化！我要做这个老师的学生！后经了解才知道他就是张鸿斌老师——蔡启瑞先生的得意弟子。

张老师本科毕业于母校化学系物理化学专业,之后师从蔡启瑞先生攻读研究生。改革开放后赴美国 lowa 州立大学研修两年;回国后投身多相催化研究,在合成氨、CO 加氢制醇、合成气化学和甲烷选择催化转化等领域做出重要贡献,并因此获得国家自然科学三等奖、四个省部级奖、南强奖等奖项及政府特殊津贴专家、福建省优秀专家和国家级有突出贡献中青年专家等称号。张老师曾出任厦门大学科技处处长,推动了母校科研管理制度、规范和章程的建立。他还长期兼任《厦门大学学报》(自然科学版)主编,该刊获评为"首届中国高校精品科技期刊"。

张老师多才多艺,会拉手风琴、二胡,还会弹古筝。在 20 世纪 60 年代至 70 年代曾为一些歌剧和演出谱过曲,年轻时想必是一位潇洒倜傥的人物;90 年代他是母校化学化工学院合唱团指挥的不二人选,那指挥的气势是足足的。

20 世纪 90 年代初研究生名额较少,但成绩优秀的同学大多没有选择保研,这使我有了考研的机会。平时学习不太努力的我发奋了好几个月,终于顺利成为张老师的弟子。

催化的本质是什么?这尚不在刚踏入研究生阶段的我的思考范围之内。我那时对催化只有憧憬和热情。张老师拿出两个课题让我选择:一个是"甲烷氧化偶联",另一个是刚刚兴起的"甲烷部分氧化制合成气"。我毫不犹豫地选择了后者,张老师颇为高兴,放手让我自己去闯。"甲烷氧化偶联"为当时的研究热点和难点,国内外很多研究组竞相开展研究,如火如荼,张老师那时的研究重心亦在此。记得张老师、林国栋老师和几位师兄天天蹲守在反应装置附近,时刻跟踪反应进程,分析实验数据。实验不顺时,张老师就比较严肃;但实验进展顺利时,化学楼整个三楼都能听到他爽朗的笑声。

在"甲烷氧化偶联"研究的起起伏伏中,我的课题渐渐步入正轨,呈现出良好的苗头。彼时,张老师任母校的科技处处长,每天忙完科技处的工作后,都会兴冲冲地来到实验室,目光炯炯并满怀期望地问结果怎么样。我们研制的催化剂活性不错,但积碳严重,失活较快,如何抗积碳成为研究的重点。一般认为积碳失活是由于甲烷在催化剂表面裂解过快,形成的碳物种覆盖住催化剂所致。而透射电镜的观察结果却显示有些催化剂金属颗粒上长出了长长的具有中空结构的碳纤维,我惊觉这不是碳纳米管吗?! 那时碳纳米管刚被日本学者用电弧法合成出来。这个发现引起了我对研究甲烷/一氧化碳催化裂解/歧化制备碳纳米管的极大兴趣,希望进行课题调整,主做这个方向。张老师很快同意了我的想法并予以支持。从此,母校的电镜室成了我最爱去的地方。我们通过催化剂的设计和反应条件的优化,不但长出了尺寸大小可控的多壁纳米管,还可改变石墨片的取向,形成鱼骨型和圆柱形两种结构。后来林国栋老师成功地完成纳米管公斤级放大实验并进行了实用化推广。师弟熊智涛进一步通过调变催化剂组成制备出单壁碳纳米管。张老师更是带领研究团队将自制的碳纳米管作为具有空间选择催化作用的新型载体用于催化烯烃氢甲酰化,随后又研发出一种碳纳米管促进的铜基催化剂用于甲醇合成,十分新颖有趣。现在张老师、林老师都已经退休了,但谈起当年的碳纳米管工作时依然兴致勃勃、嗓音洪亮。

与老师、师母和师兄弟姐妹们团聚合影(前排右三:张鸿斌老师,左三:林国栋老师,后排中间:陈萍及其师弟熊智涛;2012 年摄于厦大海滨)

毕业后,我先是到新加坡国立大学工作,之后加入中国科学院大连化学物理研究所,从研究生成长为几十个学生的导师,研究课题也从碳纳米管拓展到储氢材料与合成氨催化。每次张老师来新加坡或大连访问,或是我回

到母校，我们都会聚在一起，亲如家人。师母对我的生活关心备至，张老师依然是声音洪亮地与我探讨储氢与催化，关注着我们的研究进展，并为我们取得的每一点进步而高兴和自豪。每当这个时候，我就会从心底泛起幸福、欢喜和感激。张老师可能并不知道正是因为他，我才会选择攻读研究生；亦是因为他对我的信任、期许和给予的自由，使我在早期的科研探索中养成了主动性、锻炼了独立能力；更是因为他对科研的满腔热情，影响着我从一个贪玩、不爱读书的学生转变为醉心于研究的科研工作者。他从不讲什么大道理，他只是用五十多年的身体力行来实现"愿终生从事科研"这一心愿。

我有一次问我的爱人："张老师给你的印象是什么？"他回答说，老爷子在探讨学术问题时眼里的光芒和天真深深地打动了他。这种精神传承于母校百年来无数杰出人物汇聚而成的磅礴气韵，它也必将传承下去，发扬光大。

作者简介

陈萍，女，1987 年考入厦门大学化学系，分别于 1991 年、1994 年和 1997 年获得学士、硕士和博士学位。现任中国科学院大连化学物理研究所研究员、研究部部长。

我心中的“班主任”沈明山老师

◎ 陈红华

由爱国华侨陈嘉庚先生创办于栉风沐雨、如晦年代的厦门大学，有着一批又一批传承家国情怀、治学有方、爱生如子的好老师，沈明山老师就是其中一位我们最可敬、最可亲、最可爱的好老师。

1988年秋，我满怀希望与梦想走进厦门大学生物系，成为这所知名学府中一名骄傲的莘莘学子，从此我有了人生的另一个名字——厦大人，也由此结缘影响我一生的专业老师——沈明山老师(我们都尊称他为沈先)。

沈先是一位爱国爱党、热爱厦大的好老师。作为一名农民子弟，从厦大生物系毕业留校后，他始终把党的教育事业当成报答党恩的好机会，一心扑在党的教育事业上。20世纪80年代，正是改革开放的第一个炽热期，刚刚打开的国门充满诱惑，出国求学、讲学、谋生、拿绿卡一时成为时代的热潮。沈先不为这个出国热潮所动，不为那“海归”的光环所诱，安营厦大、扎根厦大，几十年如一日，义无反顾、默默耕耘，将毕生的精力奉献给了母校厦门大学。在他担任厦门大学生命科学实验教学中心主任期间，在国内率先对生命科学本科实验教学体系进行前瞻性的探索、改革和实践，构建了一套由六门实验课程构成的、以模拟科研的方式组织教学及提高学生综合实验能力和科研能力的实验教学

课程体系。2005 年，该教学成果获得教育部唯一的实践类教学成果一等奖，引起全国高校的普遍重视，上百所高校同行到实验教学中心访问、取经，受邀到全国汇报交流达数十场。2006 年，“现代生物学实验”课程获得国家级精品课程称号，厦门大学生命科学实验教学中心被教育部列入首批“国家级实验教学示范中心”，沈先也荣获教育部颁发的国家级教学名师奖。退休之后，沈先仍然忙碌在教育战线上，担任厦门大学青年教师教学技能比赛评委和生命科学学院关心下一代工作委员会委员等职，用毕生所学继续指导、帮助青年教师成长。沈先的这份家国情怀、厦大情怀、学者情怀深深地激励着我们、感染着我们。

沈先是一位勇于担当、爱生如子的好老师。他不仅是一位专业上造诣颇深的老师，也是我们生活中和蔼可亲的长者，更是在那个冲动无畏的青春岁月为我们点亮心灯的引路人，亦师亦友，如兄如父。我读大学期间恰逢出国留学高峰期，前后几任班主任都获得了出国深造的机会，班主任一职时常处于不稳定的状态，班级的日常管理和同学们的学习、生活都受到一定的影响。担任我们专业课老师的沈先看到这种情况后没有袖手旁观，而是主动担负起照顾我们的责任。我们班遇到问题时，他总是第一时间出现在我们面前，并耐心地为我们化解各种危机和矛盾。平日里他一有时间就找我们拉家常，了解我们学习和生活中遇到的问题，帮助我们这些对未来既充满憧憬又感到迷茫的学生答疑解惑，引导我们树立正确的世界观、人生观、价值观。逢年过节，他常常邀请班上的同学特别是农村来的同学到他家改善生活，生怕我们这些正在长身体的孩子营养不良。沈先家可口的饭菜成了大学四年最让人垂涎欲滴的美味佳肴。毕业多年之后，有一回我们班为“沈先是否当过我们的班主任”这一话题争论不休，最后大家齐声感叹：“沈先不是班主任，胜似班主任！”

沈先是一位治学严谨、诲人不倦的好老师。他在教学过程中不断摸索大学教育的需求和规律，从不照本宣科，注重启发学生的思路，调动学生的主观能动性，实现师生思维的同步化，讲授的课程既符合认知规律，又生动活泼，深受学生欢迎。当年沈先给我们上的课是“细胞生物学大实验”，有一节课做的是核酸提取，这个实验成本很高，但是为了让我们增长见识，沈先还是不惜花重金想方设法购买试剂让我们实践操作。多年以后我们才知道，这个核酸提取在当时是很前沿的技术，连现在的基因诊断也离不开它。实验课是生物系非常重要的基本技能，在那个学费全免的年代，我们做实验的经费太有限了，但是学校和老师还是尽力给我们创造了很多实操的机会。当时细胞教研组承接了国家自然科学基金项目关于水仙花的科研课题，因为我是漳州人，便于往返漳州水仙花种植大田采样做对照实验，写毕业论文时有幸加入沈先的团队做水仙花叶病毒的脱毒培养课题。做实验是个精细活，有时候一个实验反反复复都达不到预期的效果让我气馁，沈先总是鼓励我、教导我："做科研要有耐心和毅力，善观察，勤思考。"老师不厌其烦地帮助我分析原因，亲自示范如何精确采样、切片、添加试剂、无菌操作、组织培养等细节。每次我回漳州大田采样，沈先总是千叮咛万嘱咐我路上一定要注意安全。在他的精心指导下，我的毕业论文取得了较好的成果，为我的大学生涯画上了一个圆满的句号。

沈先是我们的终身导师和莫逆之交。毕业之后，沈先依然关心我们每一位同学的成长。有一年，沈先邀请我们在厦门和附近的同学去他家吃饭，亲自下厨准备了一桌丰盛的晚餐。听说我所在的国企日渐不景气，沈先轻声安慰我，临走时悄悄塞给我一张字条，上面写有他的一个学生的名字和电话，并告诉我他这个学生在漳州创业，他已经把我的情况跟他学生说了，欢迎我去他的公司试试。接过纸条，我望着沈先关切的眼神，瞬间感动得热泪盈眶。虽然后来我考上了公务员，纸条没有派上用场，但沈先的这份关怀和爱护早已在我心里生根发芽，长成漫天大树荫庇着我无惧风雨、勇敢前行。

2019 年秋，收到振庆同学在班级群里宣布沈先邀请全班同学去他家博饼的消息，我真是又激动又惭愧。激动的是又能见到敬爱的沈先和亲爱的同学们，惭愧的是身为学生反而让老师主动邀约。走进厦大西村，我和雪莹正想打听哪幢是 13 号楼，远远地便望见沈先站在楼下笑着朝我们挥手，不知老师已经在楼下等了我们多久，刹那间我们心里满是感动和温暖。到了家，沈先兴奋地带我们参观他的房间和植物，满脸的幸福和满足。他笑呵呵地说："自从当年意外受伤(20 世纪 90 年代初沈先走在路上不幸掉入窨井致脾脏破裂)捡回一条命，便觉得每一天都是赚来的，没有理由不珍惜。"这么多年了，沈先依然清楚地记得每一位同学当年来自何处、性格特点、毕业去向等细节。沈先不仅把博饼的红包和道具准备得妥妥当当，而且吃饭时坚决不让我们付

钱。平素不饮酒的沈先那日破例给每个同学都敬了酒,宠溺地看着我们聊工作、聊生活,仿佛我们这些年已半百的学生仍然是他当年的孩子。

1988 级生物系师生联谊会上与沈先(右一)合影

此生有缘入厦大,在校更幸遇良师。每次听到"老师"这个词,我脑海中便浮现出沈先那慈祥可掬的笑容、专注执着的眼神、清瘦却挺拔的身影,心里就有一股暖流涌动。他乐观豁达、无畏生死、淡泊名利、大爱无疆、潜心治学、爱生如子的高尚品德时时感染着身边的每一个人,激励着一代又一代厦大学子将"自强不息,止于至善"的校训薪火相传,启迪着我们走好人生道路。他不仅教会了我们要坚持"刻苦钻研、精益求精、大胆探索、坚持不懈"的做事理念,更教会了我们要秉承"正直善良、谦逊平和、乐于助人、奉献社会"的做人品格。

感恩母校,感谢恩师!

作者简介

陈红华,女,1988—1992 年就读于厦门大学生物系细胞生物学专业,获理学学士学位。现就职于中共漳州市委统战部。

今生难忘是师恩

——追忆美籍外教 Audra Moss

◎ 戴志民

时光荏苒，岁月如梭。1988 年 7 月，我如愿考上“南方之强”——厦门大学，当年九月初到外文系报到的情景，至今历历在目。倏忽间，三十载年华已逝。今生难忘是师恩，我常常思念起大学时代与美国老师 Audra Moss 朝夕相处的那些日子，仿若昨日浮尘，难以忘怀。

那时我们是外文系英国语言文学专业的大三学生，Audra 不远千里，随夫从美国一起到厦大任教，教我们“美国戏剧”课。记得我们班有二十个人，上课时围成一圈。Audra 每堂课给一个题目，让我们稍做准备，然后一个个走到中间去表演，最后由她点评。开始大家都难免有点儿紧张，我因为没有表演天分更是特别慌乱。最初的几堂课，我硬着头皮上去表演，紧张得手脚不听使唤，有时到最后甚至会不知所措地停下来。但不管我的动作多么笨拙，Audra 总是用欣赏的眼神耐心鼓励我，引导我继续下去。几堂课下来，紧张的情绪逐渐消失，我也慢慢找到了感觉。我现在虽然记不起课堂里的具体情形，但 Audra 鼓励的眼神，至今仍烙在我的脑海里。

毕业前我们举办了两场演出，一场在外文系博学楼报告厅，一场在学校建南大会堂。每次上台前，Audra 都会祝福我们演出成功。上台后我们完全融进了剧中角色里，演

出非常成功，台下掌声雷鸣。后来我们还跨出校门到厦门理工学院演出，在厦门高校中掀起一场美国戏剧的热潮。我们清楚，成功的背后凝聚着Audra艰辛的付出。除了导演，Audra一个人几乎包揽了服装、布景、现场经理等所有的工作。我仍记得，每次排练，她都要先讲解清楚，然后做示范表演，最后还不厌其烦地一个一个纠正动作。每次到她家排练，她都会准备很多零食和水果款待我们。为了演出，她甚至牺牲了美国人一向注重的生日庆典。六十九岁生日那天，她还坚持给我们排练节目，而且特地提前做了一个大蛋糕，拿到外文系报告厅的排练现场跟我们一起分享。周末到她家拜访，不是看到她在排练节目，就是看到她忙着裁剪衣服、制作道具。我们英国语言文学专业两个小班共四十人，服装和道具多数均由她亲自动手制作，若一时找不到合适的，她就写信让美国亲友大包大包地邮寄过来。年迈的她，不但耐心指导我们排练，还经常亲自下厨做菜给我们吃，陪我们聊天；感觉她整天都精力充沛，面带笑容，好像永远不知道疲倦似的。

Audra 指导编排的戏剧 *See How They Run* 剧照（前排右二：Audra，后排右一：时任外文系主任林郁如教授）

我们毕业后，Audra还留在外文系任教了一年。她定期邀请我们周末回厦大，要么开Party跳舞，要么在她家吃饭聊天。每次聚会，她都要单独

跟每个人谈谈工作，聊聊毕业后的生活。每次谈心，她大都会从上次的话题谈起。她神奇的记忆力，令我们无不惊讶！其实，我们都清楚，对每个同学，她都是一如既往的热忱和专注。

欢乐的时光总是短暂的。Audra 终于要回美国了。离别的时刻，总是让人无比伤感，我们特地请假去送她。她跟我们一个个拥抱告别，Helen Wu、Vina Zhong 等几个女生眼眶已经湿润，我们男生也赶紧把头掉转过去。

回国后，Audra 一直对我们念念不忘。两年后，她带着家人专程回了一趟厦门。我记得当时厦大专家楼的客房里面挤满了人，房间虽小，但 Audra 还是挤出时间和空间，跟每个人谈心。这是最后一次见面，大家既珍惜又伤感。此后，每逢同学聚会，总会有同学自觉地接通 Audra 的电话，然后一个一个轮着跟她聊。有机会去美国的同学，一定会去拜访她；大多数同学一直跟她保持邮件联系。

翻到一封大学同桌 Larry Lee 数年前的邮件，里面提到他十年前去美国出差时，顺便看望 Audra 的情形。邮件写道："我最近去了趟美国，顺便到 Audra 家看望他们，两位老人家的气色都还不错。……他们两位老人家的头脑非常清楚，记忆力更是惊人，对我们两个班的学生还可以一一道出姓名，对去过他们家的同学，她甚至还记得年份及最近一次有关你们的消息。"

随着年龄的增长，她说来中国看我们已经不太可能，所以写信邀请我们去美国看望她，她说会为我们准备饺子吃。她多次在信中表示，在厦门的几年是她一生中非常特别的一段时间，终生难忘；她教过很多学生，可偏偏就对我们这两个班的感情最深。她说，她的心，有一半留在了中国。

翻开六年前她写给我的一封信，信中写道："……我在中国教书时，学到了如何去爱学生。在我的记忆中，你是特别能引起我内心共鸣的一位……但我现已八十八岁高龄，时日无多。随时欢迎你到我家，我们将铺红地毯欢迎！"我不禁鼻子一酸，不忍心往下读。

Audra Moss 回国后，在女儿的陪伴下，幸福地安度晚年。2013 年，Audra 九秩大寿，六个儿女、十九个孙子和孙女、近二十个曾孙围绕在她膝下，欢聚一堂庆祝！Audra 最开心的事，莫过于托着她的老花镜，一封一封翻阅学生们的信件和贺卡。

“仁者爱人，有礼者敬人，爱人者，人恒爱之。”我们何其幸运，曾拥有这样一位“仁者”老师！从她身上，我第一次学会了如何用祈祷克服紧张情绪；从她身上，我学到了如何专注投入工作并从中得到乐趣；从她身上，我领会到如何用爱心对待别人，然后自己也常感爱心满怀；从她身上，我了解到什么是快乐的源泉。师恩情，于心铭。

2014 年 9 月 29 日，Audra 在美国犹他州的家中安然去世，享年九十一岁。正所谓大德必得其寿，古往今来仁者长寿。

师恩难忘意深浓。感恩在生命最好的年华里，幸遇 Audra。

作者简介

戴志民，男，1988 级厦门大学外文系。现就职于厦门城市职业学院。

我的厦大老师

——记魏传义先生

◎ 刘一菱

在厦门大学建校九十八周年的校庆大会上，魏传义先生等四位教授获颁“厦门大学南强杰出贡献奖”。这是厦大授予教师的最高荣誉，以表彰获奖者为学校的人才培养、科学研究和学科建设做出的杰出贡献。当看到年逾鲐背之年的魏传义先生迈着稍微迟缓但十分坚定的步伐、面带平和而又庄严的神情登上主席台从校长手中接过奖牌时，我的心情激动不已，眼睛不由得湿润起来：“实至名归，实至名归啊！”

1988年秋，厦门大学艺术教育学院首次招收硕士研究生。我有幸成为美术系首届仅有的三位研究生之一，受教于魏传义先生门下。20世纪80年代，研究生的招生数量极其稀少，美术类更是凤毛麟角，而对于新创办仅四年的艺术教育学院而言真可谓史无前例。考生如何备考毫无前例可循，显得颇为茫然。因此，在备考期间，我曾怀着既敬畏又忐忑的心情给魏传义先生去过一封信函，一是报告自己的学习经历，二是咨询有关招生事宜。信寄出后我心想：魏先生一定很繁忙，倘若是工作人员代为回信我也就心满意足了。不料没过几天就收到了魏传义先生的亲笔信，信曰：“欢迎报考！”还详细说明应找哪位老师了解具体报考事宜。素昧平生，能这么快就得到仰慕已久的魏传义先生的亲笔

回信，着实给当时正在紧张备考、压力山大的我（既要工作无法请假，又必须按当时的“土政策”只能报考一次）注入了一剂强心剂，顿时干劲、活力、信心倍增！我的内心瞬间对未曾谋面的恩师油然而生一份暖暖的亲近感。然而，真正与魏传义先生见上面的是在研究生入学考试口试时。作为主考官，而且是在那颇具严肃仪式感的场合，魏传义先生看上去显得威仪凛然，使人敬畏。记得当时我竟然紧张得满脸冒汗，连言语都不时卡顿起来。见我这番窘相，魏先生一改威严肃穆，立即以和善亲切的面容和话语安抚起我来，先生笑着让我不要紧张，放松下来，慢慢回答问题。我一下子松弛了下来，感觉如沐春风，很快恢复了平静和自信，从容、有条不紊地回答起问题来。最后终于以优异的成绩考取油画专业的硕士研究生，如愿以偿拜入魏传义先生门下，我感到非常庆幸。我甚至设想，如若换作一位铁面不苟言笑的考官，如此怯场虽不至于让我与梦想失之交臂，但肯定会让口试失色不少。

魏传义先生不仅是当今中国画坛兼擅中西、成就斐然的著名艺术家，更是美术教育界辛勤执教数十载、桃李满天下的杰出教育家，对中国现代美术和美术教育做出的贡献是非凡而深远的。他的美术教育生涯恰好被“天府之国”四川与“海滨邹鲁”福建两地一分为二。

自1952年毕业于成都艺术专科学校后，魏传义先生便相继执教于成都艺术专科学校、西南美术专科学校、四川美术学院。期间考入中央美术学院苏联专家油画高级研修班，是新中国第一代杰出的油画家、美术教育家。在20世纪80年代之前，魏传义先生长期在四川美术学院从事教学管理和油画教学工作，特别是担任恢复高考后入学的1977级、1978级油画班的导师，在他的亲自培育和直接推动下，名震画坛、影响深远的“四川画派”横空出世，造就了罗中立、程丛林、高小华等一大批具有持续影响力的重要画家，成就了中国美术教育史上的一段佳话。这既是魏传义先生教育思想与教学成果的璀璨结晶，更是中国当代美术史上极其浓墨重彩、辉煌绚烂的一页。

1985年年初，魏传义先生接受时任福建省委书记项南同志的诚意邀请，从巴山蜀地来到东海之滨，在厦门大学创办了全国第一所综合大学的艺术教育学院，并担任院长，在艺术教育新园地中拓荒开土，辛勤耕耘，收获桃李，传播芬芳。魏传义先生为厦门大学艺术教育学院的创立和发展，可谓呕心沥血，殚精竭虑。面对新时代的要求和新机遇的挑战以及新的人才培养模式的需求，他积极探索，锐意创新，形成了一套有别于传统、富有时代特色的艺术教育体系，正如他在创院伊始即明确说的："艺术学院应该办成教学、创作、科研、生产、交流的综合体，使学校与社会相结合，理论与实际相结合，教学与生产相结合；努力拓宽学生的知识面，由博到专，一专多能，形成'小宝塔'型的知识构架，使学生成为德、智、体、美、劳全面发展的开拓型人才。"在魏传义先生担任院长的十年间，艺术学院从无到有，发展迅速，壮大成为一所有中国特色的现代化开放型艺术院校，在福建省乃至全国树立了艺术教育的新标杆。

在攻读研究生之前，我虽然久仰魏传义先生大名，但在正式成为其学生之后，我对魏先生的艺术思想和创作道路才有了更深刻的认识和理解。

魏传义先生作于1980年的一首小诗《艺道》，极为形象深刻而又言简意赅地道出了他的艺术观、创作道路以及艺术追求。此诗这样写道：

人民为亲，天地为境；
参乎造化，贵在出新。

人民为亲，魏传义先生的作品体现出强烈的人文关怀精神。和许多具有强烈的爱国主义热情、高度的社会责任感和历史感的前辈艺术家一样，魏传义先生热爱祖国，热爱人民，崇敬人民英雄。从艺术创作伊始，他就以热情讴歌劳动人民的勤劳、朴素、智慧、豪爽、乐观等精神特质为己任，把挖掘和表现现实生活中的真善美作为艺术创作的目的。因此，魏传义先生所选择的艺术道路必然是"为人生而艺术"，而非"为艺术而艺术"，并且数十年走来，一本初衷；风风雨雨，矢志不移。

天地为境，道出了先生以客观世界、社会生活为艺术创作的唯一源泉。魏传义先生坚信，艺术是社会生活的反映，艺术作品所表现的内容和形式只能源于实际的社会生活，生活才是艺术的唯一源泉。在魏传义先生几十年的艺术创作和教学生涯中，始终恪守这一创作信条，并且身体力行，身先士卒，起到了很好的表率作用。1959年，在应邀为中国革命军事博物馆创作大型革命历史题材油画作品《强渡乌江》时，为了重现当年红军长征中强渡乌江伟大壮举的感人场面，魏传义先生几度赴贵州考察、采访、写生，收集创作素材。在一次行程中，他因为临时改乘车辆，而幸得避开一场车难。还有一次是在1966年年初，魏传义先生去大渡河考察写生时，在大渡河遇险沉

船，所幸又逃过一劫。所以说，要创作出好的作品，在生活体验中是需要勇气和胆略的，当然，也需要运气。

参乎造化，反映出先生所遵循的现实主义创作原则。魏传义先生不仅是坚定的现实主义艺术家，而且可以说，他是当今条件下以自己的艺术创作来继承和发展现实主义创作传统的代表人物。从魏传义先生的创作中，我们不难看出大体有两类：一类是具有明显主题性和情节性、强化具体环境、充满英雄主义气概的，如《强渡乌江》《歇晌》《翻身农奴迎亲人》等作品；另一类是偏向非主题性和非情节性、淡化具体环境的，于平凡中见出不平凡的诗意，如《春晖》《功课》《黑河饮马》《载夜归》等作品。显然，前者偏向对现实主义传统的继承，而后者则偏向对现实主义传统的发展。

贵在出新，是艺术家艺术创作的最高目标。创新是魏传义先生艺术创作道路中孜孜以求的终极目标，从其油画作品《晨星》《新荷》《归牧图》等可轻易窥见，创新这条主线始终贯穿其中。

三十多年前，我有幸成为魏传义先生招收的首届油画专业硕士研究生之一，而得到他亲炙至今，我感恩不尽。可以说，我今天的绘画创作思想、教学理念，乃至为人之道的养成，都是与恩师的谆谆教诲和身先垂范分不开的。

作者简介

刘一菱，女，1988—1991 年就读厦门大学艺术教育学院美术系，获硕士学位。曾为厦门大学艺术学院美术系教授。

上下求索，诠释南方之强

——缅怀林鹏老师

◎ 林鹏院士的学生

林鹏老师离开我们已经十三年了，他指导我们如何谦卑做人、认真做事、严谨治学的情景至今还历历在目，他对我们的教导至今仍影响着我们。每年，在他生辰或有学生来厦门的时候，我们都会相约一起去探望师母，一起重温林老师的音容笑貌，缅怀老师的一生。

高瞻远瞩，定位全国最强

“文革”后，百废待兴，尤其是科研工作。那时的学术氛围比较封闭，但是林老师把自己定位在做出全国领先水平或世界水平的成果来。尽管当时经费十分有限，但他还是资助我们参加全国性生态学学术交流。在研究思路上，创建福建、广西、海南岛三个定位研究基地，面向全国开展红树林研究，力求做到全国最强。《中国红树林生态系》等系列学术成果填补了中国红树林生态系统学科的空白，为中国红树林研究和生态恢复工程起到了奠基作用，至今仍深刻影响和鼓励着母校生态学学科的发展。林老师开创和奠定的扎实基础为厦门大学生态学入选“双一流”建设学科做出了不可磨灭的贡献，继往开来，母校生态学教研队伍正秉承林院士高瞻远瞩的指导思想，继续在生态学的学科建设

道路上诠释南方之强。

国际视野，将中国红树林推向世界

改革开放初期，林老师走在时代前沿，创造条件到美国、澳大利亚、日本等国参加国际红树林研究学术交流，打开了中国红树林及研究成果向世界展示的窗口。1977年，林老师发现国际湿地海岸生态系统的巨著把中国列为红树林空白区，有的学者还说中国的红树林已经消失，于是下决心纠正这种错误认识。当时条件很差，经费不足，国内也有人说红树林研究没什么前途，林老师却坚持说：我们得有自强不息的志气！20世纪70年代末以来，他带领的科研组深入沿海省区，足迹遍布所有的红树林分布地。野外考察异常艰苦，经常要在没膝的烂泥里浸好儿大。聊起当年，林老师笑言，当时就只想着要为国争光，为民造福。1985年，在澳大利亚海洋研究所举行的一次国际红树林会议上，林老师宣读了中国红树林生态系统的研究成果，赢得了经久不息的热烈掌声。这个学术报告打破了“中国除台湾外没红树林”的认识，使国际学术界改变了对中国红树林及其研究的偏见，也使林鹏老师的名字和中国红树林密不可分，被同行誉为“中国红树林之父”。

勤耕不辍，始终把握学术前沿

在大学毕业后留校任教的五十多年里，林老师勤于耕耘。他先后开设过“植物生态学”“植物群落学”“群落与生态系统”“海洋高等植物生态学”等十多门生态学专业课程。他特别注意教学内容的充实和更新，一发现国内外有新的议题和新的动态，就马上摘录或翻译综合成文，并补充、印发到讲义中，使学生们能及时掌握国内外学术界的最新动态。在红树林与植被科学研究中，林老师始终把握学术前沿，不怕坐冷板凳，不仅在红树林研究方面，而且在植被科学研究方面也硕果累累，他把自己的一生都献给了碧海蓝天事业。

及时总结，频出高水平科研成果

及时总结是林老师留给我们的法宝。他经常说，要勤于动笔，研究数据要及时总结，发表出来让大家分享，即使后来科学发展了，证明原先的分析判断是错误的，我们也可以再改过来，科学就是这样不断发展、止于至善的。20世纪80年代以来，他带领的团队在全国各地红树林开展生物量、生产力、物质循环与能量流动研究，积累了大量数据，并及时分析总结，提出了红树林高生产力、高归还率、高分解率的著名“三高理论”，取得了一系列高水平科研成果，先后获得了多项国家和省部级科研和教学奖励。林老师领导的团队是所在单位发表论文、出版著作与获奖最多的团队之一。他指导的一批又一批学生得到锻炼和成长，分赴全国各地和海外，在红树林研究和植物生态学研究方面发挥着顶梁柱的作用。

建言献策，推进中国生态学学科发展

在我国的学科分类中，生态学一直作为二级学科归在生物学之下。20世纪90年代初，林老师有感于生态学这一宏观学科不同于不断向微观深入的生物学科，在他担任国家教委高校理科环境科学指导委员会副主任委员期间，极力推动生态学科从生物学科中独立出来。在他和全国许多生态学学者的共同努力下，2011年，国务院学位委员会将生态学科升级为一级学科，提升了生态学科在我国自然科学发展中的地位，为生态学科赋予了新的发展机遇。

刚正不阿，保护生态环境

林老师不仅埋头于科学研究，还联系实际，积极为生态环境保护建言献策。作为红树林研究的权威和国家级自然保护区评委会的委员，在多个建设项目的环境评审会上，他以一个科学家的良知和坚持真理的勇气，不畏强权、仗义执言。1996年，福建龙海甘文尾围垦工程准备在九龙江口上马建

酒店等旅游设施。经过实地考察论证，林老师认为工程不仅会损害自然保护区核心区的红树林，还会影响当地的防洪抗潮能力，危及海沧和漳州两个码头的安全，明确反对围垦。林老师坚韧不拔，不畏恐吓，坚持建议有关部门取消这项工程，避免了国家生态环境和经济的损失。如今，这些红树林发挥了巨大的生态和经济效益，当地政府和村民十分庆幸当时有林老师这样致力于红树林保护的专家。刚正不阿，也是林老师留给我们的宝贵财富。

无惧病痛，带病开展工作

林老师在1987年遭遇过严重车祸，在他刚抢救过来不久还躺在病床上的时候，就恢复了撰写科研论文、指导研究生等工作。就是在病床上，他完成了专著《海洋高等植物生态学》书稿的修改，并进行了一些新的翻译和校对工作。病情减轻后，他在病床上面试了当年参加博士生入学考试的学生。出院后，还没等身体完全康复，他就让助手骑脚踏三轮车载他去上班。稍好一点，他便拄着拐杖主持研究生论文答辩，并经常亲临第一线，到野外考察。他的毅力和战胜困难的精神，令我们晚辈自叹不如！

至情至性，和谐生活典范

林老师跟很多人一样，原来也是烟酒不离手。自从患过一次胰腺炎之后，便遵医嘱，不敢再喝酒，但偶尔遇到熟人递来的烟，还是忍不住这样的快乐音符。为了照顾师母的面子，老师在家中不再抽烟，然而在学生的记忆中，老师还是会躲着师母抽上一支，而且想方设法不让师母发现。师母今年恰好九十高寿，这些年来每次和我们一起怀念老师时，都让我们从她身上深深体会到，林老师不仅在学识上，而且在和谐美好家庭生活上，也是我们学习的典范。

宽厚仁慈，关心同事与学生成长

林老师宽厚仁慈，不管是对同事还是对学生，他都关怀备至，嘘寒问暖。

在生活上，他像慈父一样无微不至地关心学生；去野外出差时，与大家一样坐大巴；中途休息时，还不忘请同事和学生品尝当地小吃。对于学生的就业问题，他也总是力所能及地帮助学生，把学生推荐到最合适的单位工作或到校外、国外继续深造。因此，他的学生，无论在哪里工作，无论从事什么行业，都对他充满深深的感激和无限的敬意。每当学生们取得了一些好成绩，都会及时与林老师分享，真的是"一日为师、终身为父"！

恩师林鹏院士永远活在我们心中！

作者简介

本文由林鹏院士的学生撰写。分别有：卢昌义，现为厦门大学环境与生态学院教授；林光辉，现为清华大学地球系统科学系和深圳国际研究生院教授；李振基，现为厦门大学环境与生态学院教授；陈小勇，现为华东师范大学教授；李裕红，现为华侨大学教师；范航清，现为广西红树林研究中心研究员；王文卿，现为厦门大学环境与生态学院教授；陈鹭真，现为厦门大学环境与生态学院教授；沈瑞池，现就职于福建省亚热带植物研究所；等等。

从栽种玉兰树苗想起

——记周济老师给我的一些印象

◎ 欧阳锋

1990 年 9 月，我考入厦门大学，师从周济教授攻读硕士学位，从此在学术上、思想上、生活上与周济老师有了长期亲切的交往。作为我国自然辩证法领域的元老之一，周济教授为厦门大学科技哲学学科建设打下了牢固的基础，他创立的厦门大学自然辩证法研究室，早在 1979 年就招收研究生，1981 年获批学位授予权，走在当时全国高校的前列。

记得入校后不久，我和另一位同学去拜访周老师，当时他正在家旁的空地上挖坑，打算种上一棵玉兰树。周老师对我俩说："你们来得正好，可以助我一把力。"经过师徒的共同努力，不一会儿坑就挖好了。我俩正准备把那棵玉兰树苗种上时，周老师又说："这里的土质看起来不好，沙土偏多，不利于小树成活。你们可否到哪里找点好土来？"于是我俩找来一个大编织袋，在五老峰下找到一堆沃土，装上满满一袋，一人推车、一人把扶，把土运回来倒入树坑中，然后栽好树苗浇上水，植树的任务就算完成了。休息时，周老师问：植树与教育有什么关系？古人云：十年树木，百年树人。我们可否从"树木"体会到"树人"的意义？教师就要以"树人"为天职，矢志不移。那时我们没有很好地回答老师的提问，但我还是把这一问记在了心里。

周济老师具有扎实的马克思主义理论功底，在自然辩证法理论方面，更是有自己的研究特色。他发起和主编的《自然辩证法发展史》，就是该领域的一个开创性研究成果。

在三年求学过程中，周济老师给我特别深印象的就是他非常重视科学技术哲学研究中自然科学(家)与哲学社会科学(家)互动和汇流。每当举行重要学术会议时，他总是邀请与主题有关的知名科学家，如生物学家汪德耀、化学家蔡启瑞等参会、发言，让与会者分享他们的科学见解和治学之道。这也使我们这些研究生受益良多，不仅可以高效地了解科学前沿问题，而且可以面对面地领略科学家的精神风采。

让我学习、受益的老师大致可归为三类：第一类擅于研究，第二类擅于教学，第三类既擅于研究又擅于教学。周济老师就属于第三类。我本科是学物理的，虽然对哲学很有兴趣，但哲学理论基础相对薄弱，也不擅长写文章。针对这一情况，周老师一方面要求、指导我多读经典原著以提高哲学素养；另一方面，他也鼓励我多写、多练笔。特别让我难忘的是我在研究生期间发表的论文《试论科技成果的转化》，也是我公开发表的第一篇文章，就是在周老师的悉心指导和反复修改下完成的。每当我给自己指导的研究生修改论文时，总会回想起周老师曾经在我的手稿中留下的密密麻麻的笔迹。

还有一件事情，让我终生难忘，因为它影响了我的就业选择。临近毕业时，我将自己想去党政机关工作的想法告诉了周老师，他当时没有正面回答我，而是谈了他对本专业人才培养的理念，即引导学生“学习、研究和应用辩证法”，成为国家和社会需要的文理兼备的综合型人才。他说马克思主义唯物辩证法是可应用于各个领域的，学好了它，除了当教师，也可从政、经商、当律师。他强调，最重要的是具体情况具体分析，看什么职业最适合自己。他还谈到他本人曾有一个从政机会，不过他还是谢绝了领导的器重，因为他认为“自己是一块当教师的料，只适合当教师”。“自己只适合当老师”，这句话引起了我的共鸣，使我放弃了原有的想法，毕业后毅然选择了留校任教。近三十年过去，弹指一挥间，在近退休之年，看到自己的学生日益成材，我更感当年的选择无悔。

周济老师知识渊博，也不乏机智幽默。20 世纪 80 年代，教育部规定“自然辩证法”为我国高校理工科研究生必修的一门学位课程。当时有个别

研究生对此课不重视，不认真听讲，也不认真温习，结果考试不及格，必须补考。开卷补考中有一题是：为什么"蔑视辩证法是一定会受到惩罚的"？该生因不解题意，特来问我。我告诉他，"蔑视辩证法是一定会受到惩罚的"这句话是恩格斯说的。在恩格斯看来，辩证法是支配自然界、社会和人类思维的普遍客观法则，无论是谁，如果不承认、不尊重、不应用辩证法，就必然会付出各种代价。我举了许多正反事例，反复加以说明，他似乎有所领悟，后经自己的努力总算顺利过关。

周济老师有非常广泛的兴趣爱好，写得一手好字和好诗。他还很有创意地用诗的形式把研究生的名字紧密联系在一起。八年前，我们发起"周济老师从教六十周年祝贺会"，来自国内外的四十多位历届毕业研究生，其中有的已是大学知名教授、党政重要官员和其他社会精英，大家欢聚一堂，其乐融融。会上，周老师十分感动，当场朗读了他写的那首令大家抱团的《集名诗》：

飞燕常喜乐，红梅更希春。
文霞辉明永，汝先是国英。
过渡便得浦，娟侠欲飞行。
荣佳赖勤学，毅辉需元清。
民强显国华，自强靠政新。
兆良当秉文，明忠必建军。
钢锋应永亮，世雄作荣兵。
治立扬敏威，建钦振云坤。
云良怀志丹，爱国永继民。
廿载如箭过，四十集英名。

大家听罢朗诵，一股浓烈的亲切之感油然而生。只要是周老师的研究生，一听就知道自己的名字在这首诗里，一听就觉得自己还是这个团体中的一员，一听就体会到这里有经过历史洗礼的师生间的深厚情谊。

前不久，我又去了周济老师家，他的居住环境和家里摆设与三十年前相比，几乎没有变化。客厅中依然挂着那幅油画，画中有一片森林，在阳光的照耀下茁壮成长。这画是首届研究生毕业时送给周老师的，虽时间已久，但仍熠熠生辉，还让我感到其中包含着从"树木"到"树人"的深意。如今老师的身体已明显不如以前，由于腿疾，上下楼梯相当困难。我问他为何不换一个有电梯的房子住？他说多年来已住惯了，搬了大房子、新房子可能反而住不惯。值得庆幸的是，老人家的头脑仍很清楚，记忆力也非常好，甚至还记得我的籍贯是湖南隆回，还是魏源的小老乡。

每当我经过周老师住的楼外，都会看到那棵我们与老师一起栽种的玉兰树，它早就不再是脆弱的幼苗，现已成为一颗高达五楼、枝繁叶茂的大树，其发达的根系已深深扎入这片土地。每到花开季节，正是满树玉兰，花香四溢。

作者简介

欧阳锋，男，1990—1993 年就读于厦门大学哲学系。现为厦门大学人文学院哲学系教授、博士生导师。

灯塔

——纪念恩师魏嵩寿教授

◎ 许梅恋

2020年1月15日早上九点左右，我从学院交完期末材料出来，卸下一学期的工作，觉得一身轻松，边走边欣赏校园的平静美好。走到南强教学楼边上，遇到系里的张老师，我愉快地和他打招呼。可是张老师却满脸凝重，和我的微笑很不相称，我正疑惑间，他语气沉重地说："魏老师早上去世了！"我"啊！"地惊呼了一声，不敢相信自己的耳朵。前两天我刚和他女儿联系过，说魏老师胃口恢复得不错，精神也有好转，原本想着等完成学院的工作后，这两天去看望他老人家，没想到竟如此突然。

和张老师告别后，我机械地回到家里，一整天神思恍惚，心绪纷乱。那天下午，我带孩子从儿童医院回家时，开车行驶在那条宽敞的马路上，两旁的树木高大成荫，夕阳穿过枝杈撒下一路温暖，想到百年人生中，魏老师总是像这大树、这暖阳一样竭尽所能地荫庇、照顾着他的学生们，眼泪终于忍不住流了下来……

认识魏老师时我大四，他已经快八十岁了，却仍然活跃在他已届古稀之年时参与创建的中国澳大利亚研究领域，因为他需要研究助手，系里便安排我做他的助手，我因此有幸结识了魏老师，开始了和魏老师二十多年的对我影响深远的交情。二十多年间,我从本科生到硕士再到留校任教,多次和魏老师一起出差参会,帮他整理研究资料,也和他的家人多有往来,使我有许多机会了解魏老师。了解越多,越发现魏老师就像宝藏一样,丰富多彩,值得我不断探索。他豁达乐观、热忱严谨、宽容博爱、与时俱进,在德高望重之外,他更拥有一个活泼、有趣的灵魂。他对生活、对学术、对学生、对他人、对家人的态度,值得我终身学习。

他对生活是豁达乐观的。他热爱生活,活得率性,饮食无拘,积极运动,年纪大了之后仍然坚持每天走路。几年前的一个傍晚,我在校园里远远看见一个人健步如飞,觉得身形很像魏老师,但又不敢相信八九十岁的人能走得那么快,及至跟前,才确认就是魏老师。那种惊讶的感觉一直到现在还丝毫不减!魏老师的心态特别乐观,从不抱怨生活,总是能看到积极的一面。有一次他摔伤了左臂,大家去看望他。他笑呵呵地说这次摔伤有两个幸好:第一,幸好摔的是手,不是腿,不影响他活动;第二,幸好摔的是左臂,不是右臂,这样不影响他吃饭。也许就是这种乐观的心态,让他一次次通过了生命的考验。

他对学术是热忱严谨的。1988 年,他以将近七十岁的高龄参与创建中国澳大利亚研究理事会,参加了第一届中国澳大利亚研究国际学术研讨会,成为中国第一批研究澳大利亚的学者。一直到九十多岁还在指导学生进行澳大利亚方面的研究。两年一次的澳大利亚研究国际学术研讨会,他每次都参加,从合肥、西安,到北京、上海,再到成都……国内澳大利亚研究的队伍不断壮大,魏老师始终都是澳大利亚研究的常青树,真正是活到老、学到老、治学到老的典范。每位"澳研人"都认识魏老师,都以曾经和他共会为荣。他还推荐了许多学生到澳大利亚交流、深造,为中国澳大利亚经济贸易研究贡献了丰富的成果,培养了大批的人才。中国澳大利亚研究基金会(FASIC)现任主席 Kevin Hobgood-Brown 称赞魏老师是"中国澳大利亚研究的里程碑"!本来该基金会打算于 2020 年上半年在我校举办学术研讨会,庆祝魏老师百岁寿辰,感谢他为中国澳大利亚研究做出的巨大贡献,因为新冠疫情,如今只能成为遗憾!在他指导我们进行研究的日子里,即使他的精力已不像年轻时那么充沛,但他仍然要逐一过目我们写的论文,指出每个措辞不当的地方,标出每个标点错误。虽然他总是很温和,从不批评我们

的粗糙疏漏，但是他的严谨是一种无形的力量，鞭策着我们自觉奋进、精益求精。

他对学生是宽容博爱的。他真诚地热爱着他的学生们，从生活到学习再到工作，无微不至。他当系主任的时候，经常邀请外地的学生逢年过节到他家里去。在我自己当老师之后，还曾经以为这是老师的义务之一。他还经常自掏腰包资助贫困学子，让他们安心求学。于我个人而言，我读书、工作、结婚、生孩子，他都曾给予我建议、给予我关怀。印象很深的是我决定继续攻读研究生时，魏老师问我有没有男朋友，他说读研究生固然重要，个人的终身大事更重要。这个观点当时是令我比较意外的。直至年岁渐长，人生经历渐多，我才体会到他对学生的关切之深。我结婚、生子，他都坚持要女儿代表他送来贺仪，并让我把孩子的照片寄给他。我每次去看望他，他都要一一问候我先生和两个孩子，为他们工作或学业上的小小进步感到欢喜。2018 年，我儿子去美国波士顿参加夏令营时，他特地嘱咐在 MIT 工作的儿子去看望我儿子，帮助他了解美国的教育，令我感怀至深！耄耋之年，魏老师仍然心系教育，把自己的部分退休工资捐献给系里，成立“魏嵩寿奖学金”，资助品学兼优的学生。他的高尚情操影响着一代又一代年轻学子。

对于他人，魏老师也从不摆架子，他总是平易近人，友爱他人。不管是哪个年龄层次的人，不管学识如何，跟他在一起，都不会觉得有面对长辈和大学者的拘束，而是觉得更像忘年交。他鼓励大家聊各种新鲜话题，乐见各种新事物的出现；他包容别人的各种观点，从不以自己的经验和见识评判他人；所以大家跟他在一起，都觉得他是个朋友，可以畅所欲言、无所不谈。也因此，世界的大门总是对他敞开，他的心更是永远年轻！每一个“澳研人”都称他为“魏老”，这一声称呼，不仅有敬意，更有亲切和爱戴！

魏老师的家风也是令人羡慕和尊敬的。他对待子女严格又不失慈爱，身体力行，为子女树立了最好的榜样。高考恢复那一年，他家的四个孩子，除了大女儿因故没能参加，另外三个子女都考上了大学，成为厦大的一段佳话。四个孩子中，虽然有两个定居美国，但是四个家庭每周都会开视频会议，关心父亲，向父亲汇报各自的生活，兄弟姐妹之间也互相关怀、互相问候，从不间断。他的晚年也得到了儿女们的悉心照顾，不管住在谁家，都把最通风明亮的房间让给他，家居布置考虑他的安全、便利，每顿饭给他保持饭菜温热，每天督促他喝牛奶……他的家里总是流淌着温馨、和谐的气息，四代同堂，其乐融融。

百年人生，岁月悠长，令人羡慕，令人惊叹！而令人羡慕和惊叹的不仅是魏老师生命的长度，更是他生命的深度和厚度。他就像一座灯塔，指引着我的生活和工作之道。我真希望自己能学到他一点半分：仁爱、宽容、活泼、年轻、积极、乐观，拥有一个有趣的灵魂！

魏老师的追悼会我没有参加。除了客观原因外，似乎我心底是排斥这场告别的，仿佛觉得没有告别，他就没有离去，就一直还在他那个面朝大海、清风微拂的家里，等着我哪天再去摁响门铃，然后他带着爽朗、温暖的笑容打开门，用他那宁波口音唤我的名字："梅莲(恋)，你来啦！"

魏老师去世之后几天，武汉封城，新冠疫情形势日益严峻，之后世界更是一片混乱。现在想起来，觉得也许这是上天的安排，给他圆满的一生，不仅让他活得充实、精彩，更让他带着平静和美好离开人间。

高尚的灵魂值得世间一切美好！

作者简介

许梅恋，女，1992—1999 年就读于厦门大学国际贸易系。现为厦门大学国际经济与贸易系副教授。

我的厦大老师之“老李”李海谛

◎ 楼红英

“老李”的音容笑貌被定格在二十年前。我在宣传部工作期间,“老李”是给我影响最大、印象最深的人,从某种意义上说是我从事新闻宣传工作的指导老师。

我刚到宣传部工作是在1997年7月,正赶上学校的第七次党代会,那种由衷的责任感和自豪感淋漓尽致地体现在我的脸上。那时的我三十出头,风华正茂,活跃于学校的各种大事、小事中,通过新闻报道的视角记录着学校的一步步发展和变化。20世纪90年代,没有现在发达的互联网和微信平台,那时的互联网只是个新鲜的高科技名词,能用上装着DOS系统的286、386电脑打字、处理文档已经是一件很高级、很奢侈的事情了。我们的工作主要是出席各种会议和活动,然后爬格子、录制剪辑,审定后,再飞也似的把新闻录像带送到远在石井楼上的校内电视台准时播出。为了完成这份神圣的工作,我还专门打报告向保卫处申请了一辆无主自行车作为交通工具,算是享受了一回“特权”。这些今天看似充满喜感的画面,在当时却是一件很酷、很严肃、很光荣的事情。在这组人物速写的背后,一直都有“老李”的影子。

打开一直收藏的《厦大每周要闻》原始手稿,一篇篇被红色钢笔细细圈阅修改的文字展现在我面前。一个开口前

永远要先清清嗓子，手里永远夹着香烟，鼻梁上永远驾着一副厚厚镜片的清瘦老头浮现在眼前。他就是“老李”——李海谛老师。

“老李”曾是宣传部副部长，在宣传部干了一辈子，编辑了一辈子校报。那会儿学校的新闻中心刚刚成立，准确地说，应该称为厦大电视台新闻编辑部。“老李”难得引领一回时尚，成了厦大电视新闻节目的首位编审。

“老李”是我一直十分敬重且心存感激的人。我刚来宣传部工作时，学校开始有了固定播出的节目《厦大每周要闻》。我满怀热情地投入工作，每天不停地采写、播音、编辑、播出。作为一个理工科出身的人，对与机器设备和厚厚的原理图打交道并不犯难，可是初与新闻业务交手就显得丢三落四、溃不成军了。“老李”很耐心，帮我审校每一篇稿件，包括错别字和标点符号。他一边从镜片里看着文稿，一边从镜片外看着我，告诉我需要修改的三大理由。就这样，我很快适应了专业而繁重的工作，并在“老李”的建议下完成了新闻学研究生的全部课程。

“老李”温和善良，而且是十分坚持原则的人，无论是工作例会还是组织生活会，他都从来不袒护青年人的缺点和毛病。即使殷勤地为“老李”倒了杯茶或点上香烟，也不会让“老李”网开一面。“老李”提意见永远是语气平静却直言不讳，尖锐的意见提完了以后，总会向对方报以一个善意且友好的微笑，我就是在这种“微笑”中接受了不少“点穴”。

在业务上，“老李”是大家的活字典，那会儿可没有网络可以百度。如栏目怎样设置、重要新闻如何表述、有争议的新闻是否报道等，只要遇到问题首先想到的就是向“老李”请教。“老李”和年轻人没有距离，经常和大家打成一片，我们也时常跟“老李”开个小玩笑。面对年轻人的善意调侃，“老李”只是憨厚地笑笑不吭气。其实“老李”心里明镜似的，早就识破了年轻人的这点小把戏。

“老李”很关心年轻人的成长，他还是我的入党介绍人。“老李”说，作为一个新闻工作者需要不断学习，不断提高理论水平、丰富理论知识，这样才能在实际工作中站得高、看得远，才会具有敏锐的洞察力。在我通过组织考察光荣加入中国共产党时，“老李”拎着一袋水果送给我表示祝贺。透过“老李”厚厚的镜片和憨憨的笑容，我感受到“老李”待人的真诚，但心里却不无疑惑，这上门道谢的明明应该是我啊！

“老李”是一个永远只知道奉献而又永远面带微笑的人。1998 年，学校举办“厦门大学改革开放二十周年成就图片展”，当时的“老李”已经患病在身，可他却放不下手上的工作，依然没日没夜地收集、整理大量的图片和文字资料，直到累得进了医院。几个月后，他的癌细胞转移到了骨骼。在他最后的日子里，我和几位同事去医院看望他，病榻上的“老李”面对我们，还是一脸憨厚的微笑……

虽然“老李”离开我们已经二十年了，但他对年轻人的提携和帮助却让我终身受益。随着时间的推移，人们似乎逐渐把他淡忘了，可在我珍藏的文稿中，那些圈圈点点的字迹依然清晰，那声清嗓子的咳嗽、那支点着火的香烟、那两块厚厚的镜片，还有那憨实的笑容，成了“老李”永远的定格，也成了我记忆里一个永远不变的标志！

这就是“老李”，让我一生敬重的我的厦大老师！

作者简介

楼红英，女，1993 年入职厦门大学。现为厦门大学党委宣传部/教师工作部副部长。

秩秩斯干 幽幽南山

——张馨老师散忆

◎ 杨志勇

母校厦大即将迎来一百周年校庆，在这个时候，我尤其想念我的老师。关心我的厦大老师很多，有机会我会陆续写出来。这里主要回忆导师张馨老师的一些事。平凡小事折射的是这座充满魅力的中国最美大学背后更富有底蕴的人文景观。

张老师在中国财政学发展史上留下了深刻印记。比较财政、公共财政、双元结构财政（与叶振鹏老师合作）、第三财政等领域的研究，和张老师的名字紧紧联系在一起。张老师是厦大财政学的一面旗帜，体现了厦大对中国财政学科发展的贡献。

我有幸成为张老师的第一届博士生，因而有了更多近距离和张老师接触的机会。在厦大学习、生活和工作的十二年时光令人难忘，我在财政学领域真正意义上的探索亦从这里开始。记得我们那时，财金系在校生考博选导师，都优先选中青年教授，或因中青年教授在教学第一线，和学生的联系更密切。如今回想，我真是庆幸自己当时的选择。

好文章都有机会发表

作为研究生，科研训练很重要的一关就是发表文章。

但是发表文章对于新手而言，又谈何容易？有的同学总是说，文章需要老师帮助推荐才能发表。张老师却不这样，他鼓励我们一定要写作，要投稿，要相信自己，好文章都有机会发表。张老师的理由很简单，就是一个期刊要办下去，就不能不发表好文章，都发表烂文章，期刊是会倒的。他说，总要有六七篇文章在外面，这样发表即使有周期，但总有发表的可能。退稿也没什么，只要自己认为有价值，改后再投就是了。张老师一般不推荐学生的文章，而是让学生到大浪中去经受考验。那时的写作训练，让我对一般的四五千字短文一点也不怵，对我现在的工作所需要的应急写作帮助很大。

直至今日，我也是这样鼓励我带的博士生的。我相信，这是必须经过的考验，如果这个考验都不通过，又怎么能扮演好教师和科研人员的角色呢？

尊重学生的成果

张老师写《公共财政论纲》，仅用了三个多月。张老师在前言中感谢了我等数人，业界同仁误以为是我们操刀。事实是张老师胸有成竹，前期成果多，写作快，持之以恒，哪里需要我们来写？不过，我们确实帮了一点小忙，但仅限在厦大图书馆保存本阅览室查几本民国时期的财政学论著。这部大作的每一个字都是张老师自己敲出来的。快的同时是高质量，这部著作已成财政学经典。它是中国第一部系统梳理公共财政理论的著作，不仅对财政学界产生了重要影响，而且对财政部门的实际工作，也有很强的指导意义。在出版二十年之后，被列入商务印书馆的“中华当代学术著作辑要”再版。张老师的名字和“公共财政”紧紧联系在一起。这是厦大对中国财政学（中国财政）创新和发展所做出的重要贡献。

言传身教，更重要的是身教。张老师从来不占用学生的成果，给我们树立了榜样。现在，总是有学生想在文章上加上我的名字，我从不同意，这不是我不帮学生，而是我对文章没有贡献，无功不受禄，这是学术的底线。

给学生更多机会

张老师给学生创造了一个又一个机会。在学期间，我和张老师一起撰

写《外商投资与财政改革》一书。这本小书的写作给了我系统研习中国财政问题的机会。书稿完成后，张老师提携我，一直希望出版社把我的名字署在前头，但出版社不同意，且事实上我也不应该忝列在前。因为这本书从头到尾，都是张老师在把关。

后来，张老师应东北财经大学出版社许景行先生的邀请，约我和第二届博士生袁东、郝联峰一起撰写《当代财政与财政学主流》，感触更深。这部书定位高，写作难度大。当时很缺专业文献，上网费用高且可获取的专业资料也极其有限，张老师就把他从海外访学积累下来的学术资料提供给我们。这部书之所以在学界有较大影响，是张老师对整部书统一安排、严格要求并亲自撰写大篇幅书稿的结果，我们也因此沾光。后来有不少人见到我，都提及此书，甚至还以为我是一名长者，实在是他们不明白其中的奥妙。

早在博士生阶段，张老师就鼓励我们给全日制本科生上课。在学期间，我给1994级财政学专业本科生系统上了一学期的"西方财政学"课。从看明白到想明白，再到教明白，是一个过程。这个过程再进一步，就是编写相关教科书。清华大学出版社找厦大财政金融学科的教师编一套教材，张老师负责其中的《西方财政学》。这本书张老师让我一起编写。书中的许多内容其实来自张老师的授课笔记，我加了一些中国案例，让这本书的本土化色彩更浓，书名再叫"西方财政学"名不副实，因此作了调整。由于这套书已有一本《财政学》，因此定名为"公共经济学"。署名时，张老师坚持让我署第一位。这本书现已出了四版，发行量在同类书中还算可以。结合中国案例的财政学教科书，这是一次探索。教科书的影响力摆在那里，这同样也是张老师给我创造的机会。

"猫"财政"狗"财政都行

张老师提出"公共财政"，质疑者说"公共财政"来自英文 public finance，而"财政"已经把 public 的意思翻译出来了，给"财政"加"公共"属画蛇添足。事实肯定不是这样的。在明确市场经济改革目标后，提出"公共财政"是要概括市场经济下的财政类型。关于"公共财政"1949—1992 年在中国大陆地区的用法，我做了一番研究，它已有特定的含义。张老师说，叫

什么名称并不重要。他甚至说,叫"猫财政""狗财政"都可以,关键是实质。当然,"猫财政""狗财政"肯定不如"公共财政",师出必须有名。张老师的理论是有沉甸甸的学术支撑的。

我在厦大期间,是张老师的重要财政学基础理论著作出版高峰期。今天说"公共财政"是弥补市场失效的财政、是一视同仁的财政、是法治化的财政,轻轻巧巧,可是在1997年及之前,这不是那么容易的事。在硕士阶段,张老师给我们授课,期末考试题目只有两道题,其中一道就是"什么是公共财政?"我们同学都觉得很奇怪,这个问题怎么回答呢?我也忘了当时是如何作答的。后来,在1997年第一期的《经济学家》上读到张老师的《论公共财政》一文,我们才恍然大悟。原来这是张老师当时考虑的问题,原来我们这么有幸,在张老师的论文尚未发表,甚至尚未成文时,就有机会接触到最核心的思想。我至今仍然和同学、同事讨论、交流正在思考的问题,虽然不断有好心人提醒,小心有人把我的思想拿去发表。这种事不是没有,但比起认识的进步来,这又算什么呢?学术在分享中进步,张老师给了我们榜样。

张老师的个性

张老师做事从不恋位。他任经济学院院长时,由于经济学院和王亚南经济研究院的融合已经开始,但力度还不够,为此,张老师审时度势,主动卸任。

有人说,张老师早辞职了两年,但我更愿意说,张老师为厦大经济学科的发展争取了宝贵的两年时间。张老师在促进经济学科国际化上非常用心,在他任院长期间,经济学的高级课程顺利开设,但张老师从来不认为这就够了,彼时的王亚南经济研究院(WISE)已经在国际学术领域崭露头角,为快速提升厦大经济学科的整体国际化水平,他的选择为厦大经济学科提供了更高效的发展机会。

张老师痛恨学生送礼,一是学生没有收入,二是败坏单纯的师生关系。我们同学都明白这一点,每次去张老师家,都是空手,连随手礼也不带。我们知道,张老师不喜欢这一套。作为老师,他更希望的是学生在学业上有所成,这是最好的报答。

我们师生关系非常融洽，有机会总要见面。每次回厦大，张老师只要在，我们师生以及在厦门的同学都会相聚。张老师到北京，只要有可能，我们就会召集在北京的同学相聚。我希望这样的机会越多越好，那种精神盛宴的享受早已超越了美食。

张老师已经退休，沉浸在他的电子书世界中，师母担心他的视力，但张老师乐此不疲。军人离不开战场，学者怎么可能真正离开文字呢？点滴回忆，聊作纪念，同时感恩母校，祝福母校的未来。

作者简介

杨志勇，男，1993—1999 年就读于厦门大学财政金融系财政学专业，1996 年和 1999 年分别获经济学硕士和博士学位。1999—2005 年在厦门大学财政金融系（现为财政系）任教；现任中国社会科学院财经战略研究院副院长、研究员。

经济学界的一股清流

——纪念胡培兆老师

◎ 何玉长　赵振华　木志荣

(一)

2019 年 4 月 26 日,胡培兆教授走完八十四年人生历程,放下了他终身从事的经济学研究事业……,厦门大学经济研究所那间常年无休的办公室不再有他的身影,他追寻前辈王亚南先生去也。

作为他的学生,我感受最深的,是胡老师是经济学界的一股清流。

所谓清流,主要是胡老师的文风在经济学理论研究中独树一帜。借用一句话说就是:“胡培兆文不读不爱,越读越爱。”胡老师的文章,观点鲜明、语言犀利,还不乏幽默。当读者陷入灰色理论文献和沉闷的新八股中难以自拔时,看到胡老师的文章,就像一股清流涌入心田。

在胡老师为经济学奉献的一生中,留下了许多旗帜鲜明的观点,仍值得我们去学习和反思。我最喜欢胡老师那句“《资本论》越读越爱,不读不爱”。经济学理论文章用如此文学语言表达,真的是绝妙,而且作为标题,也旗帜鲜明地直抒了一个职业《资本论》研究者的情怀,给学界一些不读《资本论》却随意置评者一个批评。该篇文章面世时就得到大量的阅读，胡老师有点像当年的“网红”。

与胡老师合影(右二:胡培兆,右一:何玉长)

胡老师的文章往往从标题上就先声夺人:“为国有企业鸣点不平”“我国现代企业制度逆向生长的障碍”“股份制试行的陷阱”“剥削简论”“矫正国有股”“《资本论》越读越爱，不读不爱”等，完全不同于一些八股文章雷同或大同小异的标题，标题简洁明了，直击中心。

所谓清流，也在于其人格高洁，难怪有文如其人的说法。胡老师最不愿流俗。胡老师淡泊名利，潜心经济学研究完全是内心的驱动，为此远离学术名利场，甚至不愿参加空发议论的学术研讨会。长年累月，他是放下饭碗就做研究工作的学者，不愿消耗时间在无谓的场合。胡老师最不愿应酬。胡老师长期担任经济学院和经济研究所的领导，还兼任各级学术职务，但他不愿迁就形式主义、官样文章，更不愿应酬饭局。胡老师很反对学术文章署名“搭便车”，在他主编的《中国经济问题》上曾经倡导只发独立作者稿件，还坚持学术刊物不发广告。如此清流，恐怕在全国也没有第二家。胡老师唯有对关爱学生不遗余力，如同当年王亚南对他的栽培一样，他对学生的培养用

心细微,不怠慢任何一个学生。在他敞开门的办公室,学生都是出入自由、随时接待的。胡老师的人格魅力对学生的感染也是延续久远的,学生离校多年后都和他保持联系。记得有一年,胡老师向我推荐一名经济学基地班的优秀学生,信中说"尽管我们可能水平不是很高,但鸡窝里还有个把凤凰",我看到都笑出声了。这就是胡老师的幽默。

1994—1997 年,我在厦大经济研究所求学,吴宣恭老师和胡培兆老师是政治经济学博士点的两位导师,当年共三名博士生,吴老师名下是我,胡老师名下则是翁君奕和陈其林,但老师的上课和学术指导也不分彼此,两位老师搭档的默契堪称学界楷模。(何玉长)

(二)

先生为人如儿童般的率真,没有半点虚伪和造作,嬉笑怒骂皆在脸上。记得 2003 年春节前,我去拜访先生,他说第二天要到住处看望我,我再三推辞表示一定不要,之后也就没把这事放在心上。没想到第二天我从外面回来,已经是晚上九点多钟,先生居然还在厦大国际会议中心的大堂里等着我,而且已经等了一个多小时,先生您可是经济学大家啊,您可是我的老师呀,居然等晚辈这么久,我十分感动,也十分内疚和自责。还有一次,我与先生约好到办公室拜见,没想到他提前在厦大的西南门外面等我,说担心门卫不让我进。还提前给我买了好几盒厦门特产南普陀素饼,我真的不知道该如何是好。

先生的文章可谓入木三分,令人拍案叫绝。每每阅读先生的作品,无不把我带到一个令人神往的世界。深奥的道理和哲理通俗化,让人茅塞顿开。我第一次阅读先生的大作应该是在 1986 年秋天,那时我刚上大学,在开架书库查阅资料,看到一本《〈资本论〉研究之研究》,可以说爱不释手,一口气读完了,其中有一节把马克思《资本论》与同时代中国的《红楼梦》进行比较,观点犀利,语言优美,至今难以忘怀。该著作就是先生和孙连成老师(至今未能与孙老师谋面)的合著。1993 年,我到厦门大学读博士的时候,得以与先生见面,成为先生的学生,实乃三生有幸。

先生执着的精神堪称学界楷模,恐怕鲜有出其右者。印象中先生很少

参加学术研讨会，记得他曾说过，阅读作品足以了解作者的观点，何必花那么多时间和精力到外地去开会呢！除了到北京参加学科评议组会议，先生很少外出，每天都会到堆满了书的办公室读书、写作，可谓风雨无阻，甚至大年初一也不例外。找先生，就到办公室，这是师生都知道的。没有这样与时间赛跑的紧迫感，何来著述等身呢？

做人当如先生，治学当如先生，他是一位真正的马克思主义经济学家。（赵振华）

（三）

我第一次去见胡培兆教授，是在1999年年底的某天下午，因为想报考他的博士，有人引荐我到他在经济研究所一楼的办公室。结果，被胡老师“轰出”了办公室，好不尴尬！当时我的感觉就是，人如学问，高不可攀！

我后来在2000年考上了经济研究所的博士，有幸成了胡老师的学生。在跟胡老师接触、学习的过程中，越发感觉他的学问深不可测、高不可攀，尤其是他思考中国经济问题的独到视角，诙谐幽默、笔下生辉的行文风格，让人惊叹不已、耳目一新！但是，更让我惊喜的是，尽管他的学问深不可测，他的为人却是简单清澈。他淡泊名利，远离权贵，讨厌阿谀奉承、溜须拍马。当初把我“无情地”“轰出”办公室，就是怕我考试前来攀关系、走后门！

胡老师一生笔耕不辍，精心栽培学生，硕果累累。但是，他远离名利场，从不利用自己的学术声誉和弟子关系谋私利，哪怕吃一顿饭也不行。有一件事，我印象非常深刻，2007年春节前，胡老师给我电话说要请我吃饭，还叮嘱我说一定要带上太太。我很吃惊，要知道胡老师是最不愿意参加应酬的。那天被胡老师邀请去吃饭的有两桌人，大家都很疑惑，不明白为什么从不喜欢应酬的胡老师突然组织“饭局”。在大家低头吃完饭之后，出现了更意料不到的一幕。只见胡老师拿出一沓红包袋，给饭桌上的每个人发了一个红包！正当大家惊愕不定的时候，胡老师眯着眼睛，满脸堆笑地告诉大家：“我儿子结婚了，今天请大家吃饭，高兴一下。”这是我第一次碰到参加婚宴还可以拿红包的！大家推辞了半天，但胡老师坚决不肯，只好每个人拿了一个红包回家。那天，胡老师非常高兴。

2013 年 5 月,胡老师的几个热心弟子筹划给胡老师举办一场八十大寿庆祝活动。经过四十多位学生弟子的爱心捐赠,到 2014 年年底,募集了 873396 元人民币。但是无论我们怎么劝说,胡老师都坚决不同意举办祝寿庆祝活动,也不同意以他的名字命名成立基金会。直到 2019 年 4 月 26 日胡老师去世,这笔钱分文未动。胡老师去世后,大家协商把这笔钱留给学校作为助学金,资助家庭经济困难的学生。后来又有热心学生继续捐赠,最终共募集了 1373396 元,成立了厦门大学"胡培兆助学金",每年资助二十名经济困难的本科生和研究生。胡老师对自己的学生总是关怀备至,嘘寒问暖,我想他老人家在黄泉之下也应该非常赞成把这笔钱资助给经济困难的学生。

如今,经济研究所一楼办公室少了一位常年不休的老人身影,变得空荡荡的,我却很想再去敲敲那扇门!(木志荣)

作者简介

何玉长,男,1994—1997 年就读于厦门大学经济研究所政治经济学专业,获博士学位。现为上海财经大学教授。

赵振华,男,1993—1996 年就读于厦门大学经济研究所政治经济学专业,获博士学位。现任安徽省铜陵市委副书记。

木志荣,男,2000—2003 年就读于厦门大学经济研究所政治经济学专业,获博士学位。现任厦门大学中科创业学院副院长、厦门大学管理学院互联网创业与评估中心主任。

袁东星老师永远风华正茂

◎ 杨东宁

通往环境科学中心的是厦大校园西北侧、邻靠南普陀寺的一小段上坡路。二十六年前的盛夏，沿着这条路，我为考研而去“膜拜”这个研究单位时，第一次见到袁东星教授，她朴素、亲切，走路轻快得像一阵风。

袁老师一直致力于真教知识，深解疑惑，诚传道义。“仪器分析”是她为我们讲授的第一门专业课。尽管我们那一级只有三名研究生，但袁老师每节课都认真准备幻灯胶片。她在每页胶片的四边整整齐齐地写着注释，这样讲课时注释内容只有她自己可以看到，可谓一丝不苟。她建议我们在初次做研究报告时也这样做，果然对大家提高效率和信心都有帮助。其实那时候她的研究和行政工作都很繁重，却花那么多时间让小课堂充满章法和仪式感，遇到教学难点也是拿捏精准，细节信手拈来。当我们碰巧提出一个有挑战性的问题时，她会露出笑容，放慢讲解节奏，让学生充分沉浸到这个问题中加深思考，然后又点到为止，大家就禁不住要自己刨根问底去搞清楚那些机理过程。上实验课时，她会放手让学生大胆尝试，可是如果你的操作“误入歧途”，她又会魔术般地出现在那个关键环节，给予令人难忘的指点。慢慢地，大家就对使用那些大型分析仪器“怪兽”驾轻就熟了。

袁老师为学生考虑得很长远，很了解每个学生的专题，而且非常重视学以致用。我至今还记得很多有意思的案例，比如港口船舶剐蹭事故的油漆辨析、浴场大肠杆菌含量监测、农药残留的分析、出口鳗鱼质量的预备性检测，等等。在她的引导下，同学们课后自行设计和实施完成的烟气环境监测项目，让大家充满成就感，由此获得的劳务收入还充实了研究生分会的活动经费。

有一个学期，我希望做些"实在"的环境工程研究。这个想法比较偏离我们的专业，袁老师却从样品预处理的方法，联系到环保材料制备的过程，鼓励我采取新思路，从沿海地区常见的虾蟹壳废弃物中提取甲壳素，大大拓宽了我的思维视角。后来我的科研兴趣转到环境管理方面，她便推荐我参与东亚海域环境监测和管理的国际合作项目，并帮助联系环保局让我到环境政策调研工作中实习。这些经历让我对相关课题有了更全面的认识。在她去美国访学的一年里，仍频繁地通过邮件指导我的研究进展。于是，结合环境分析的一些基础工作，我得以顺利完成以"环境监测与管理的一体化"为题的博士论文。时隔多年，虽很少面见恩师，我却越来越在自己的工作中体会到，袁老师总能在高度的专业精神中保持一种少年意气，初心不改，开放探索。几年前我去厦门时还到翔安校区参观袁老师的新实验室，师弟师妹们意气风发，老师也一样风华正茂。

袁老师文理精通，文武兼备。透过她行云流水、优美细腻的文字，你一定觉得诗情画意，还有点小清新。而在日常工作和生活中，她为人热忱爽快，侠骨丹心，连体力活也不含糊，瘦小的身材，竟能独自扛起一桶二十五升的蒸馏水，袁老师的众多学生想必都曾见过她"实力"展现的时候。无论弟子或朋友，遇到思想、情绪上的困难，她更是推心置腹，孜孜不倦。顽劣如我，从学五载，蒙老师耳提面命，春风化雨，点点滴滴已经无法分辨。

袁老师有古君子风，是身体力行的榜样。十多年前，袁老师和厦大的环境科学家、化学家一起，积极为争取经济发展和环境保护的平衡而呼吁建言。今天，我们都认识到，环境科学的研究，在推动环境管理政策改革和社会参与意识提高方面应该发挥更大作用，环境科学领域的科学家更应该有舍我其谁的精神。

我最近一次和袁老师相见，是在前年初秋的一天。雨后初晴，我们赶去

参加老师母亲的追悼会。伯母是厦门引进外资的"第一人",一生拥军的"子弟兵好妈妈",关注边远地区教育的好奶奶,支持落后地区发展的"扶贫状元"。我在厦大读书期间,也备受伯母关心、鼓励。袁老师读起悼词的一瞬间,在场数百人泪落如雨。铁肩担道义,不遗余力地担当社会责任,本也是学人职责所在。那天,我们在悲痛中暗自坚定。

还不知道袁老师退休后的规划,反正她肯定是闲不住的,永远风华正茂。

作者简介

杨东宁,男,1994 级厦门大学环境科学专业。现为北京大学战略研究所所长、副教授、博士生导师。

记恩师张福基先生

◎ 金贤安

我于1995年考入厦门大学数学系,自1999年起师从张福基教授,在其门下攻读硕士和博士学位,前后五年时间。2004年,我毕业留校工作,至今在张老师身边已二十多年了。一直以来,张老师既是我学业上的导师,也是我人生路上的领路人,他的人格魅力和学术风范对我影响甚深,令我受益良多。

张老师非常重视学生的阅读,他认为研究生教育应当是让学生打下比较全面的数学基础,而不仅仅只是完成一篇毕业论文。研一期间,张老师亲自为我们讲授了Bondy和Murty的经典英文教材《图论及其应用》,要求我们将习题全部做一遍,并亲自检查完成情况。在选修该课程的同学中,除了我和林秋英是张老师的硕士研究生,还有很多其他方向的学生。这门课不仅令我打下了坚实的图论基础,而且还影响了许多同学的研究方向选择。在张老师的教诲下,有好几个其他方向的同学在硕士或博士阶段,甚至是博士毕业后,都从事了与图论有关的研究工作。我个人在此后从事图论教学和科研的过程中,每每遇到一些问题,有一些心得体会时,常能回忆起在这门课上受到的宝贵启发。

通过读书班的形式,张老师经常在点评时提出一些值得深入思考和研究的问题。通过制定书目的研读,我得到

了较系统的专业学习，打下了良好的数学基础，同时也提高了自己读书钻研的能力。不知不觉间，当我再回顾本科时阅读起来感到晦涩难懂的知识，比如实变函数等内容时，突然觉得豁然开朗。九层之台，起于累土，“由薄到厚，由厚到薄”的读书训练，在潜移默化中培养了我日后做研究的良好习惯。

20 世纪 50 年代，厦大数学系曾有过一段辉煌岁月。但后经“文革”，陷入低谷，一直没有博士点。直到张老师到厦大后，这个曾培养了陈景润先生的数学系，才第一次有了博士生导师。其间，张老师凭其威望和公正，帮助数学系解决了一些历史遗留问题，他与从吉林大学引进的赵俊宁教授一道，全力支持数学系申请博士点。1998 年，厦门大学基础数学和新疆大学应用数学专业同时获得博士点，作为主要学术带头人，张老师功不可没。作为张老师的学生，每每提到导师的姓名，我总能感受到旁人投来的赞许目光。我还清楚地记得，系里分管学生工作的副书记黄渊河老师有一次问我导师是谁，当我回答是张老师时，黄老师不禁感叹：“原来是张先生的高足……”其话语间充满了敬意，着实令我倍感自豪。二十多年一晃而过，据我在厦大的所见所闻，从学院领导到普通老师，再到广大学生，大家都发自内心地对张老表示尊敬与爱戴，认为张老师是个真正的学者！他在新疆大学和厦门大学共培养了十七名博士生，还有不少硕士生和参加张老师读书班的学生，可谓桃李芬芳。目前这些学生绝大多数都在高校从事教学科研工作，很多都已成长为各自学校的中坚力量。

张老师亦师亦友、爱生如子，对每个学生都很了解。他关心每个学生的成长，总是尽其所能地帮助每一个学生，弟子们对此无不感慨万千。我始终记得，在我读研究生时期， 到放假，张老师都会拿几百块钱给我，因为他担心我没有回家的路费。此外，张老师帮我修改第一篇投美国 Advances in Applied Mathematics 期刊的论文时的情景也依然历历在目，他还手把手地教我如何给外国专家写英文信。而张老师为我到北京大学做博士后写的推荐信草稿，我也珍藏至今……

张老师知识渊博、兴趣广泛，除了数理化，还有很深的人文功底，对诗词、古文、历史、散文都有涉猎。记得有一次，我陪张老师在海边一边散步、一边聊天，从毋忘在莒，到齐之田横，再到伯夷叔齐，张老师都知之甚详，常

常解救我的一知半解。每一次聚餐之后，我们也都会要求张老师背诵和讲解一首古诗。

时至今日，我的耳旁还时常回响起张老师诵读的曹操诗文“老骥伏枥，志在千里”；还有那首老师写给师母的歌——《从大森林里来的姑娘》伴随着郭晓峰老师清清的曲和钱建国老师悠悠的笛，从张莲珠老师宽阔、嘹亮、悦美的歌喉中唱了出来……歌声中，我仿佛看见一个穿着一双娃娃凉鞋、一条别着腰带的浅蓝色旧短裤和一件粗布白衬衣的长者，他那炯炯有神的大眼睛里和宽宽的额头上都写满了睿智，银白色的头发间更透露着慈祥。

张老师的身上充分体现了一位数学家的勤勉、低调，他始终倡行的学术立身之本、以德立学之道泽己及人，虽年事已高，仍奉行不渝。每当想起张老师之时，我也总想起美国宾夕法尼亚州立大学陈治柏教授为张老师七十大寿所作的一首诗，这或许是对张老师最好的注解：

品德高尚
傲人文章
传道授业
弟子满堂

福非天降
基乃自创
川京疆闽
青史流芳

作者简介

金贤安，男，1995 级厦门大学数学系。现为厦门大学数学科学学院教授、博士生导师、副院长。

记我的老师林昌健教授

◎ 邵敏华

前几天，师弟在微信中提及筹备林昌健老师七十大寿聚会事宜，我不禁有些不敢相信：林老师已经有七十岁了？在此之前，我完全没有意识到林老师竟已步入古稀之年。在我的印象里，他还是那个神采奕奕、学识渊博的中年人。最近一次见到林老师应该是去年在长沙开全国电化学会议的时候，我参加他主持的《电化学》编委会会议。他还是和我在厦大求学的时候差不多，精神饱满，健步如飞，完全看不出一个老者的样子，这应该和林老师平时注意锻炼身体、保持轻松心态不无关系。

我第一次见到林老师应该是在1997年暑假。那时候化学化工学院开始尝试在高年级本科生中组织科研兴趣小组，我也报名参加了，还选了林老师做我的科研导师。当时我大二刚刚结束，想法很简单，就是希望进实验室看一看，感受一下神秘的科研到底是怎么做的。我第一次敲门进林老师办公室时还有点诚惶诚恐，毕竟是第一次和大教授单独谈话。刚一见面，我就发现原先的担心和害怕是多余的，林老师和蔼可亲，完全没有一点架子。听说我是本科生，他很高兴，微笑着给我介绍课题组当时做的几个项目。我记得比较清楚的一个是“微探针研究腐蚀界面”，另一个是“电化学沉积羟基磷灰石做人造骨”。我选择了后者，因为觉得

这个想法很酷,如果做成功了,对整个医疗行业将有巨大贡献。那个暑假我基本上都和张建民师兄(他是林老师的第一个博士生)泡在实验室里,学习怎么读文献,怎么清洗电解池,怎么用恒电位仪,等等。林老师每次见到我,都会问我有什么困难,进展怎么样。转眼到了大四选导师做毕业论文,我没有任何犹豫,就选择继续留在林老师的课题组。那阵子扫描隧道显微镜(STM)在电化学中的应用才刚刚起步,林老师敏锐地抓到了这个机遇,让我独自开展原位电化学 STM 观测不锈钢的腐蚀行为。现在想起来,我真是幸运,林老师这么信任我,让我一个初进实验室的本科生有机会接触这么前沿的研究。

后来保送研究生,我顺理成章地选择了林老师做我的研究生导师,研究课题是"扫描微探针研究铝合金局部腐蚀"。微区扫描微探针系统是林老师跟随田昭武先生攻读博士学位的时候自主搭建的一套金属腐蚀研究平台,也是林老师最有特色的科研成果之一,获奖无数。前些年,林老师又自主创业,将这套系统升级,推向市场,听说已经向海内外科研机构售出几十台了,真是了不起的成就!那时候,林老师手把手地教我怎么拉玻璃微电极和制备性能稳定的各种探针。几年前,一家电化学设备企业到香港科技大学来拜访我,谈起他们的一些新产品,当中就有提到微探针。我相当兴奋,从书架上抽出我的硕士毕业论文,说我在厦大的时候也曾经做过这个。客人告知他们就是和林老师合作开发的这款产品。多么巧!林老师的产学研在厦大老师里应该是做得相当不错的,他善于将科研成果转化成产品,转换成生产力。据我所知,林老师的课题组开发的微探针还应用在粤港澳大桥的桥墩里收集钢筋混凝土腐蚀数据,高性能防腐涂层也广泛应用在各行各业。读研究生的时候,我还疑惑林老师怎么没有让我继续研究 STM 课题,这个谜底直到我研究生第三年才解开。原来林老师又有新的创新性想法,要将原位 STM 和扫描微探针系统联用,这样可以同步得到更多的表界面信息。想必林老师已经早早设计好我未来的博士研究课题,让我熟悉两套系统,成为做这个课题的最佳人选。遗憾的是我那时候想出国看看,辜负了林老师的一番好意。好在师弟李彦不负众望,顺利完成了这个课题。

即便我打乱了林老师的研究计划,林老师对我出国还是很支持的,处处给予方便和帮助。印象最深的一次是办毕业手续。我们那一届学生(2002

届)留学美国形势极其不好,碰上前一年的"9·11"事件,在广州的美国领事馆申请留学签证大都会被拒签。我就想去宽松很多的上海的美国领事馆碰碰运气,但是又苦于不能跨区签证。后来我想到一个办法,毕业后如果把在厦大的集体户口签回安徽老家办护照,这样就不算跨区了。林老师那时候已经担任科研处处长,公务繁忙,听说我这种情况后,就在百忙中抓紧时间给我改毕业论文,安排论文答辩。我记得我五月就完成了答辩,是我们那一届最早的。正当我喜滋滋地去办理毕业证明的时候,学生处告知按规定需要再等一两个月才能办理。没有毕业证明,派出所就不能办户口迁出,这样我办签证也来不及了。林老师听到我办理手续受挫后,立刻给学生处的老师打电话说明情况,为我争取到了学校的支持。如果当时没有林老师的大力帮忙,我应该也和我那一届的大部分同窗一样,不断被广州领事馆拒签,最后放弃留学美国的机会,后来也不大可能在香港科技大学执教了。

林老师治学严谨,要求学生们的实验结果要经得起推敲,但对学生却一点也不严厉,也不会催学生要结果,在科研上给我们最大的自由度。所以在林老师组里很容易看出哪些同学是对科研真正有兴趣,肯花时间在实验上。这一点和我后来的博士导师 Radoslav Adzic 博士如出一辙。两位导师对我今后的治学和育人方式影响很大,现在我做科研和带研究生的方式就有很多林老师的影子。1997 年时,课题组的学生很少,只有三个博士研究生(张建民、胡浩冰和胡融刚)和一个硕士研究生(周幸福)。1998 年时多了两位女博士生:陈丽江和陈菲。1999 年时又多了我一个。我研究生毕业的时候,课题组已经有十几个学生了,再后来发展到有二三十个学生的大课题组。林老师花在学生上的时间也越来越多。学生虽然多,当是他从不拖延学生的论文,不管论文长短,他都会尽量在最短的时间内返回修改意见。所有的论文他都会逐字逐句地仔细阅读、修改,即使写得很不好,他也不会给学生脸色或者严厉批评,非常尊重学生的自尊。我记得我的第一篇英文学术论文,他来来回回修改了好几稿才最终定稿。那时候笔记本电脑还很笨重,不方便携带,他就把论文打印出来,放在公文包里,出差开会的间歇,一有时间就拿出来修改。读研究生的时候我有个坏习惯,写完一篇论文后,只在电脑上检查一遍就急匆匆地发给林老师。每次拿回他的修改稿,看着密密麻麻铅笔写的眉批,我都羞愧难当:这么简单的语法和拼写错误,这么混

乱的逻辑，我怎么就没有发现呢？后来林老师建议我写完后打印出来再读两遍，一定会发现在电脑上没发现的问题。这个方法真的很奏效，现在我也是这么要求我的学生的。

林老师对我的家庭也给予了很多关照。我的夫人黄若双也是林老师的学生，比我低一年级。2002 年秋，我去纽约州立大学石溪分校读博士的时候，她还只是我女朋友，继续留在林老师那里直接攻博。隔洋相思近两年后，刚好布鲁克海文国家实验室腐蚀界的泰斗 Hugh Isaacs 博士有一个联合培养博士的机会，在得到林老师的大力支持后，我就推荐了若双。那时候还没有国家留学基金委联合培养博士生项目，和美国国家实验室打交道不同于和美国的大学联系，各种手续完全不一样，学院也缺乏这方面的经验。比如，给我夫人发工资就不能直接由美国发给她，只能电汇到厦大的外币账户，再从厦大发放。这一道手续当时就解决不了，后来还是林老师想办法帮忙解决这个难题。当时若没有林老师的帮忙，我们夫妻团圆将会延迟多年。

2006 年，若双在美国做完实验回厦大答辩，顺利拿到博士学位后又去弗吉尼亚大学做博士后。2007 年，林老师趁着到华盛顿特区开 ECS 会议的机会到弗吉尼亚大学探望我和若双。我们在弗吉尼亚度过了一个愉快的周末，游览了仙纳度国家公园，现在还珍藏着当时拍的一些照片。2012 年，林老师到美国新罕布什尔参加腐蚀 Gordon 会议。那时我们夫妻都在康涅狄格州的联合技术公司（UTC）上班，会议后，他特意赶来看望我们。这一次发生了让我一辈子都忘不了的小插曲。第二天，我陪林老师参观了哈特福德附近几处景点和我工作的燃料电池公司后，开车送林老师去波士顿国际机场乘班机回国。不料车开到离机场还有一个多小时车程的时候，竟在高速上抛锚了！当时我着急得像热锅上的蚂蚁，生怕耽误了林老师的回程。林老师却比我镇定得多，一直帮我出主意。正在我一筹莫展、到处打电话找人帮忙的时候，一位印度同事下班开车经过，看到我们停车在路边就停下来看一下什么情况。多亏了我那同事帮忙载林老师去机场，才没有耽误他的航班。从那以后，我做什么事都会尽量先想好一个备用方案。

眨眼之间，和林老师相识也有二十余年。他和我亦师亦友，一直是我人生的标杆、科研上的领路人。我一直坚信林老师还可以在科研上继续耕耘几十年，取得更多、更好的成果！

2007年,林昌健老师(左一)和邵敏华夫妇合影

作者简介

邵敏华,男,1995—2002年就读于厦门大学化学系,获理学学士和硕士学位。现为香港科技大学化学与生物工程系教授、能源研究院副主任。

记“大老李”李维祀教授

◎ 沈鸿才

记得刚入大学不久，我就从高年级的师兄那里听说了厦大美术系有“两洪一李”的说法，隐约知道这是对美术系三位老师的尊称，也多少透出学生们对这三位老师的欣赏与敬佩。“两洪”即洪惠镇老师和洪瑞生老师，“一李”即李维祀教授。

按照中国传统习惯，姓氏之前冠以“老”字，这是一种老熟人之间的称呼，也是一种尊称。在“老”字之前再冠以一个“大”字，不能说绝无仅有，但也是世所罕见。李维祀先生在私底下就被学生们称为“大老李”，这不仅因为先生是搞雕塑出身的，身体块头“大”，而且也有“大师”“大气磅礴”等意味。

2012 年夏天，我回到家乡小住几日，期间在我高考前的美术老师，也是我大学的学长——林谦老师那里闲坐。话题忽然转到了“大老李”。林老师说，前一阵《闽南日报》登了讣告，“大老李”已经过世了。我心里咯噔了一下，一股感慨与伤感之情掠过心头。我还在读本科的时候，“大老李”就已退休了，而且常年多病，而今我已研究生毕业并工作十年，这十多年来“大老李”带病延年，也算是高寿了。他的过世是厦大美术系的一大损失，也是艺术界一颗巨星的陨落，有关他一生的艺术成就毋庸我来多言，我觉得对“大

老李”的评述以及对他一生艺术创作的成果总结，最好、最全面的应该是师兄郭勇健所著的《创造的奥秘——李维祀雕塑艺术研究》，有兴趣的朋友可以详读此书，我只想在这里记述一些以往的小事，以此来寄托我对“大老李”的哀思，也不枉他对我的一番师生情谊。

我初次拜访“大老李”是在我上高考培训班的时候，当时我初次离家到厦大美术培训班培训，地点就在海洋三所。厦门对我来说可谓人生地不熟，林谦老师推荐我去找“大老李”。记得是在一个周末的下午，我独自敲开了李老师位于厦大老校区的家门，楼名我忘了，但记得是在勤业餐厅附近，克立楼斜对过，就在一楼。当时是李老师的爱人帮我开的门，进门后就一眼看见李老师倚靠在客厅的沙发上，他欠起身来对我笑了笑，就算是跟我打招呼了。后来我才得知当时李老师大病初愈，行动还不是很爽利，这欠身微笑加上给我看画指导，已经很搅扰他了。我当时穷学生一个，啥礼物也没带，就带了一捆素描头像的画作，自报家门并说明来意之后，李老师当即接过我那一捆素描头像，打开来一张一张地看，完全没有把我当成一位初次拜访的陌生小辈。乘他看画的空隙，我快速扫视了一下他的客厅。这客厅很小，顶多十几平方，简直可以用局促来形容，客厅里摆放着两张沙发，一张“大老李”坐着，一张空着，我坐在一个小凳子上，与李老师相对。还有一个电视柜及一个没打开的小电视，除此好像就没有其他像样的家具和家电了，如果不是那一摞一摞堆积如山的书叠放在沙发边上，这个客厅可谓“家徒四壁”。真的，连墙壁都是空白的，没有我来之前所想象的“墙上挂满他自己的作品”，似乎也没有见到他的雕塑作品。唯一让我眼前一亮的是一个花瓶上插着一截干树枝，没错，是干树枝！不是那种现代家庭装修中常用的紫藤条，而是那种捡来的干树枝！之所以让我眼睛一亮，是这截树枝有一种说不出的美感，它整体倾向一边，连枝带梢，似乎正经受一股狂风的吹袭，但又强韧不倒，有点像柯罗画笔下的树。多年以后，我琢磨出来这就是“大老李”所说的“力”，也让我明白了常人眼中的平常之物在艺术家眼中却有独到的美。

浏览完我那一捆画之后，“大老李”从中选出了两张，一张是用铅笔画的，另一张是用炭笔画的。他把这两张画并排摆放在我与他之间的地板上，端详了许久才慢悠悠地说：“你呢，回去之后，找不同的工具来画，不一定用铅笔才能画，炭笔、炭条，甚至毛笔、墨水都可以，用不同的工具去表现，从中

找出一种最适合你自己的工具来画。"我赶紧把这些话默记在心。李老师停顿了一会儿，继续看着地板上的画，又接着说："找一块石头来画，不要打磨光滑的，也不要规整，就是路边的毛石，看看能不能画出石头的那种'硬'？"我听了如云里雾里，懵懵懂懂，心里却嘀咕着石头有什么好画的？当时高考素描一般就考人头像或者半身像，所以我除了开始学画时画过一阵子静物和石膏像以外，就直奔人物肖像而来，从未听说过画石头的，达·芬奇画鸡蛋的故事倒是有听说过。后来我真去找了一块石头来画，但用尽平生的本事就是画不出石头的感觉。那时我才逐渐理解李老师简单话语中的意味，他是在说我的画力度不够，体量感不够，通俗点说就是太飘了。

第二次遇到"大老李"是在培训班快结束的时候。那天早上我正在画画，忽然人群都涌到一个教室里去了，原来"大老李"亲自到培训班来指导了，我也赶忙跟了过去。等我赶到的时候，教室里已经塞满了人，人家围着"大老李"，或坐或站。"大老李"正在讲课，我进去时刚好听到他说："德加说过，画的不是形体，而是对形体的观察。"这句没头没尾的话，我一时不能理解，却记到现在，而今在我的艺术实践中不时回味和体会。

当时培训班流行把对象"画得像"，追求神形兼备，于是如何"抓形"成了大家经常的话题。有同学就向"大老李"提出了这个问题，李老师可能觉得这个问题具有普遍性，于是面对众人大声说道："抓形体不能过分追求细节，更不要看一眼描一笔，而是要进行'同构联想'。什么是'同构联想'呢？比如说我们看一个人，第一感觉是瓜子脸还是苹果脸，这第一感觉要牢记在心，这里的'瓜子'和'苹果'就是'同构'，抓形的训练就是要经常进行这种同构联想。"紧接着他又说到现在培训班快要结束了，很快大家就要走进考场，进考场首先不要紧张，画自己的画就行，不要管别人，也不要东张西望，如果看到别人画得比自己好反而会形成压力。接着课间休息时，我把我当天画的画递过去请他指导。"大老李"抬头看了我一眼，感觉有点眼熟，但叫不出名字，只好微微笑了一下。看完我的画后，他简短地说："嗯，好一些了，要注意'团块'意识。"我不懂，只好问什么是"团块"意识。李老师指着我的画说："你看，颧骨这里，就可以看成一块，额头又是一块，鼻子可以看成独立的一块，先不要去看鼻孔这些，嘴巴和这里（其时他的手指正指着口轮匝肌）又是一块，把这些团块抓到了，画才有体感，如果一开始就关注五官等细节，画出来的画都是平面的。”

后来我自己总结了一下，发现凡是学国画的老师，一般都会强调线条，画油画的老师强调光影，因为没有光就没有色彩，而“大老李”是搞雕塑的，他强调的就是团块，是体积感。比如在老李之前到培训班任教的张小鹭老师就强调用线的流畅性，胡贻孙老师和李全森老师强调光影。

“大老李”平时跟学生在一起时也不乏幽默。记得有一回课间休息的时候，我们几个人围着“大老李”说话，在场的还有一位贵州籍的男模特，“大老李”跟这位模特挺熟，于是攀谈起来，话题忽然转到厦大的路。那位模特说，厦大校内的路真不好走，起起伏伏的。“大老李”接着说，岂止难走，他自己每天从老区走到新区上课，简直就是一件体力活。走路吧，太远，得起个大早。骑自行车吧，厦大依山伴海，上下坡很多，每逢上坡就要下来推，还是累。骑摩托车呢，自己一把年纪了，怕掌握不好。有人建议他买一头小毛驴来骑，这样可能上述问题都能解决，不过就怕下雨天，下雨天雨伞和雨衣都不好用，只好去买贵州那种蓑衣。真要这么做会是怎样的情景呢？每逢下雨天，厦大师生就会在校园里看到一个老头，骑一头毛驴，披一件蓑衣，整个就是一老怪物嘛！我们听了都哈哈大笑，我至今脑海里依旧留有这个画面，真想找个时间把这幅“画”画出来。

当我再次遇到“大老李”的时候，已经是在厦大新生的宿舍里了。这次“大老李”是以艺术学院领导的身份，和党委书记黄田老师、辅导员吴荣华老师（吴老师后来报考了“大老李”的研究生，成为“大老李”的得意弟子）一起到新生宿舍看望我们。当“大老李”一行走到我们106宿舍的时候，我本能地起身向他问好，但“大老李”并没有认出我来，只是对大家笑了笑。

此后的大学四年，“大老李”都没有给我们班上过课，除了几次在路上及画展开幕式等场合遇到之外，我与“大老李”近距离的接触只有三次。一次是“大老李”住院，由于他子女不在身边，只有老伴一人照顾，系领导考虑到他老伴日夜照顾，恐其体力不支，于是安排学生会的一些干部有空的时候轮流到医院帮忙看护，其时我任团委宣传干事，也去轮值了一次，时间是在早上，不过很快他老伴就过来，让我回学校了。另一次是我作为系刊《调色板》的编辑，到他家里向他约稿，当时他已搬到海滨东区居住了，条件有了很大改善，这过程中我们谈了些什么我忘了，只是记得如愿约到稿件。还有一次

是我选修雕塑课的时候，在雕塑棚遇到他正在修改郑成功骑马像的小稿。小稿是相对来说的，据说这尊雕像总高达三十八米，建成后将是当时国内最大的骑马雕像，安放在郑成功故里泉州。老李正在制作的小稿也有两米多了。只见他全神贯注地站在两米高的台上，缓缓地修改着郑成功雕像的脸部，他自己汗流浃背，肩膀上搭着一条毛巾，一站就是近半天。我是第一次现场观摩"大老李"的雕塑，感动我的还有他全身心投入的敬业精神。后来我还听说"大老李"在创作这尊雕像的时候，参考了西汉霍去病墓前"马踏匈奴"石像的创意，有意在郑成功的马下塑造一个荷兰殖民者的金盔，意为"马踏金盔"，只是后来荷兰政府有所闻，据说荷兰女皇还有意专程过来看看，为避免外交争端，只好作罢。这事我也是听师兄说的，未得到证实。"大老李"的另一成名作品是林则徐塑像，听说在新疆伊犁、福州和美国的旧金山各有一座。他手里创作出来的林则徐充满正气而又富有官态。他将林则徐的头部刻画入微，既传神又写实，而整个身体则用一件长袍包裹起来，既符合当时人们的着装特点，也形成了大虚大实相对比的艺术手法，很有自己的特色。我当时选修雕塑课的第一件作业就是临摹他的林则徐头像。但我做出来的作品没有原作的气派和富态，虽说正气犹存，但却消瘦许多，同学都讥讽我雕的是屈原，一副苦大仇深的样子。

我本科毕业时保送本系的研究生，选导师的时候，我第一个想选的是李维祀老师，于是我就再次到他家去跟他说了我的想法。"大老李"却说，他已经退休了，于是我失去了作为"大老李"入室弟子的机会。

我最后一次见到"大老李"是我读研时到他位于上李的工作室，在那里我终于见到他大量的雕塑作品，不过多数是泥塑小稿和玻璃钢翻模的。"大老李"正专心致力于一个人像的雕塑，我站在他身旁静静地观摩并拍了他的几张相片。印象特别深刻的是他塑造人像的胡子茬，只见他将一小团泥巴放在手里捏了捏，然后用大拇指在嘴唇上方一推，形神兼备，犹如鬼斧神工。

回想"大老李"给予我的教导，无非就那么寥寥几语。后来我有幸在书店里找到一本《李维祀素描集》，翻看之后，才发现他跟我讲过的"同构联想""团块意识"等在他的素描集里都有详尽的展开和阐述，这寥寥数语竟是他对素描的理解和总结的精华之所在。

"大老李"一生的经典作品主要就是林则徐和郑成功塑像。现存于鼓浪

屿皓月园的郑成功塑像也是他与中央美院的一位老师合作的作品，如今已经成为鼓浪屿的主要景点之一，甚至被厦门的渔民当作海神看待，据说每当台风来临，渔民们就纷纷将渔船停靠在郑成功塑像下的港湾里避风，一般都会平安无事。

而今，先师已逝，作品长存。“大老李”长存于我心中的，还有他为人师长的风范和对艺术孜孜以求的精神。

作者简介

沈鸿才，男，1995—2002 年就读于厦门大学美术系。现为广东科学技术职业学院艺术设计学院副院长、艺术设计学副教授。

承风万里，寻光向北

——记康俊勇教授

◎ 蔡端俊

科学研究就是一条追寻真理的跋涉之路，而半导体发光领域则不断在黑暗中寻找着光明。对于厦大半导体学科来说，这条寻光之路更是充满了辉煌与坎坷。披荆以为路，采珠显睿哲，这里不得不提起点亮厦大半导体之光的物理学教授康俊勇老师。

康教授出生在厦门一个闻名遐迩的中医世家。康教授虽未像父亲和兄长一样走上从医济世之路，但却在物理科学和半导体科学领域开辟出一片天地。他经历了动荡年代而痴心向学，作为第一批恢复高考的 1978 级大学生，锲而不舍、克服万难，以优异的成绩考入厦门大学物理学系就读。大学毕业后，他进入国营 8472 工厂工作，在发挥所长努力研制新型打印机电源的同时，渴望进一步深造的巨大动力支撑着他夙兴夜寐、力争上游，通过研究生考试重新回到物理系学习。从此，他便一往无前地踏上了半导体研究的漫漫征途。

作为康老师的本科论文指导学生、硕士生和第一位博士生，我目睹了他一路走来的艰辛和始终如一的老物理人的风骨。让我印象深刻的是，我们大四时选修他开设的“发光物理”课程，他常常很讲究地穿着洋气的小西装来授课，当时他所讲授的内容和涉及的半导体知识都是比较前沿和

新颖的课题。偶尔康老师还会带来半导体样品实物或者晶体原子球棒模型让大家摆弄。记得在介绍碳 60 时，他还让大家冲破思维惯性枷锁，大胆尝试能否创造出从未发现过的全新碳球结构，极其有趣。康老师常常介绍许多国际上如日本、美国的最新研究进展，描绘在日本求学时搭建材料生长设备的生动经历，特别受到学生喜爱。尤其他谈到氮化物半导体时，深情地叙述它那神奇的特性和奇异的超亮发光的故事，更是令我们大开眼界，闻如奇谈。如今想来，当时康老师所描绘的美景其实正是他一生的向往和追寻，不断奋力拨开浓云密雾朝向那抹半导体的奇妙光亮走去。

记得刚进入本科毕业设计并被保送成为康老师的硕士生时，康老师把我们带到他的办公室，和我们讨论今后的研究方向。他建议我们可以做实验物理的工作，也可以做模拟计算的工作，并征求我们各自的意向。同时，他还跟我们强调理论计算和微观物理的重要性，建议我们可以在研究生初期修习繁重的“高等量子力学”“群论”等专业课之余，将课余时间化整为零，先做一些理论物理和计算物理的课题，通过计算机工作站和软件的计算模拟实验，研究结构材料的电子结构特性，并借此提升我们对半导体材料微观性质的深层思考，为将来进一步进入实验阶段的工作打下更坚实的理论基础。于是，我们便先从第一性原理的材料模型构建、能带结构的模拟计算开展研究。还记得刚开始时，连最简单的面心立方结构的原胞模型，都折腾了好几周，现在想来是十分可笑的。这么简单的模型还要不断地去找康老师讨论，有时还会对结构的理解进行争论，但康老师总是以极大的耐心和我们深入讨论，从来没有因为问题太幼稚而生气。就这样，直至后来转入实验上的材料合成、样品的表征观测，再进一步和理论模拟交叉结合，形成了多管齐下、多角度切入的研究模式。该模式也一直在康老师研究组的研究生培养中传承，成为非常重要而有特色的体系，使康老师的学生几乎都同时握有理论物理、计算物理、实验物理三把最重要的物理研究利器。在国际上，要求每个学生都同时进行实验和理论、模拟全面研究的高标准的导师，可谓凤毛麟角。这对我们之后的研究工作助益极大，使我们的眼界和手段都得到了极大的提升。

和康老师一起修改学术论文、毕业论文也是师门的兄弟姐妹常常回忆起来的难以忘怀的特殊经历。前几天，我翻了翻 2004 年左右我们的一篇

Applied Physics Letter 论文草稿的文件夹，发现当时从初稿到终稿，每和康老师修改一次，我都按 AES-Manuscript1，AES-Manuscript2……编号，竟然一直编到了 AES-Manuscript16。从文法修改、增补实验、推翻结论、重新来过、分析数据到投稿，历时长达一年。但这不是个案，这是常态。有的春节假期，在万家团圆的大年初一，康老师整个上午都在学校指导学生逐字逐句地修改论文，并耐心解释修改理由和梳理思路要点，如此数日，直至论文定稿。我的师姐李静不禁感慨："康老师，我感觉今后有勇气、有自信去面对和完成任何一件事。"康老师对研究和科学要求很严，每项工作都千锤百炼、精益求精，需要大量的理论和实验数据支撑才能完成，这正是对厦大的校训"止于至善"最实际的实践和注解。

如今我们也走上科研道路，走上教学岗位，为人师表；也指导学生的研究工作，指导学生的论文撰写。曾经的严格要求俨然已经成为我们融入血液和深入骨髓的条件反射式的惯性。当我们迅速、敏锐地从学生的数据和文章中挑出各种大大小小的舛误，学生叫苦连天之时，才渐渐明白这就是我们从康老师身上学到的治学之法，一条不可轻易逾越和降低的科学基本线。

在半导体发光研究领域，康老师做出了重要贡献，而他对教学工作投注的精力也不在少数，在每年学院的工作量考核中，他一直都名列前茅。前几年，康老师在一堂本科生课程的讲台上因体力不支累倒了，我们都非常担心，幸而他已逐渐恢复。我们也开始帮康老师承担部分研究生专业课的教学工作，比如"半导体中的缺陷"，并再一次感受到他教学工作的难度与深度。虽然半导体是应用性很强的课程，可康老师的教学大纲和教案中，仍然放了比重不轻的理论性章节，并进行了大量的公式推导和理论图像的深入阐述，这对老师来说，备课和授课上压力很大，对学生来说也很艰涩难懂。根据康老师原有的教学大纲目录，2015 年秋季，我几乎一整个学期的晚上和周末都无暇休息，全部花费在紧张的备课工作之中，就这样也仅能完成基本授课而已。由此可见，康老师这种传承自老一代物理学家风范的、功底深厚的授课方式如同一个优雅的范式，我们只有努力地模仿。

作为实验和理论兼顾的物理学家，康老师对学生全面掌握物理研究的综合能力的要求，是一如既往的，从来没有为了迎合时代的急功近利和焦心躁绪而沦为短平快的即食快餐。正因如此，他领导的研究团队做出大量具有深度、广度和应用性的成果，在全国甚至全世界范围内，都得到极大的尊敬和赞誉。2019 年，在国际紫外半导体大会的 Poster 讨论会场上，几个其他高校的学生走过厦大展板，我无意间听到他们在角落不经意的议论。一个学生说："那边有几张论文海报是厦大的，挺有趣。"另一个学生答道："对呀，厦大那边的工作一直都做得很好。"虽然这样听别人议论不大礼貌，但正是发自内心的肯定，才更加真实。我想，这也正是对康老师所建立的厦大宽禁带半导体流派最大的赞许吧！

从无数的暗夜走过，历经层层叠叠的艰难苦恨，风吹雨打终究初心不改，执着寻求绚丽夺目的半导体材料和半导体物理梦幻般的明光，这一幕幕便形成了康俊勇教授伟岸身影后面的最强背景音和最浓画底色！

作者简介

蔡端俊，男，1996 级厦门大学物理科学与技术学院本科，2000 级硕博连读。现为厦门大学物理科学与技术学院教授。

寓爱于教　春风化雨

——记我的导师叶文振教授

◎ 葛学凤

本硕七年的厦大求学时光，非常幸运得到很多老师的教诲，对我指导最多、影响最深的当属我的硕士研究生导师叶文振教授。

本科毕业两年后，我再次考回母校，师从叶教授攻读人口、资源与环境经济学硕士学位。老师非常平易近人，虽然留美多年，但一点大教授的架子都没有，性格爽朗随和，谈吐博学幽默，课上得非常精彩，能结合接地气的案例和在美国求学时的经历，旁征博引，将枯燥的专业知识讲得生动而又深刻。

借鉴中外学者的教育理念和经验，叶老师形成了一套让学生边学边干的培养模式，注重理论教学与研究实践相结合，在打好学生专业基础的同时，加强对研究生科研能力的训练。硕士三年，老师指导我们参与诸如"人口城市化发展水平""女大学生就业问题""流动儿童健康与教育""流动女性职业发展""农民增收影响因素"等多项与人口、经济和社会问题相关的课题研究。从梳理和评价相关文献、制定课题调研方案和设计问卷，到预调查和正式入户询答，再到数据整理与分析以及撰写调研报告，叶老师按照中西结合的学术研究规范和程序训练我们。与此同时，老师还非常注重个性化培养和因材施教。他结合我们每个人的特长与

兴趣、专业背景与科研经历等，有针对性地为我们进行各具特色并有所侧重的专业教学和研究指导，让我们较快地建立专业自信，并培养我们在科研方面独当一面的能力。得益于老师的严格训练，硕士三年我在一类核心期刊发表论文两篇，二类期刊发表论文一篇。毕业留校后，我的第一项工作就是组织新学期的学生思想动态调研。有了在学期间积累的调研经验与能力，我工作起来得心应手，完成的调研报告为学校开展学生工作提供了很好的决策支持。

令大家都印象深刻的，是叶老师始终致力于为学生创造开放学习和开阔眼界的机会，他积极鼓励并带领大家参加全国性的学术会议。我硕士二年级时，全国人口经济研讨会在中国人民大学召开，邀请叶老师做专题学术报告，叶老师却把这个宝贵的机会让给我，推荐我上台发言。虽时隔近二十年，我至今仍忘不了当时作为唯一一个学生报告人的自豪与骄傲。与同行专家的交流，极大地拓展了我的学术视野，提升了我的学术自信心。

2004年春季学期开学初，叶老师腰伤旧疾复发，只得卧床休息。但那时正值夏怡然、刘建华和杜娟三位学长毕业论文提交导师审核的阶段，于是老师忍着剧痛一页页审稿，他还不顾医嘱坚持坐起来，给三位学长的论文分别进行细致的批改。每篇论文上都密密麻麻地写满了批注，甚至连标点符号都不放过。回想起当时的场景，现今在厦门海关工作的杜娟师姐动情地说："一字一句，每一笔、每一画都浸透着老师对我们的负责和爱护，拿到他在床榻上为我们修改的文稿时，我感动得热泪盈眶，手中的论文一下子变得沉甸甸的。导师如此敬业和善待学生，我们又有什么理由不交出更用心、更严谨的毕业论文呢！"受老师潜移默化的影响，留校从事学生工作的我不忘秉承老师倾注心血、助力成才的教育理念，用心、用情地对待每一位学生。当"问题"学生最后顺利毕业，家长激动地向我鞠躬致谢时，我更加深刻地体会到叶老师寓爱于教的价值和意义，以及构建一个以大爱为基础的良性师生互动关系对于做好大学生工作的重要性。

虽然是经济学和社会学两个研究方向的博导，叶老师却谦和不傲。他认为，学生愿意选择他作为导师，其实是一种认可和信任，不论最后能否考上，都应该感谢学生。我的很多博士师姐妹经常提及，让她们受宠若惊的，是叶老师会主动联系她们，鼓励她们积极备考。现今在广西师范大学任教

的蔡慧玲回忆接到叶老师电话时的心情,她说:"鼓励的话语如沐春风,消除我报考前的忐忑与不安,让我满怀信心地投入备考中。"大师姐石红梅在备考时意外怀孕,陷入是生孩子还是读博提升自我的艰难抉择中,老师鼓励师姐说:"我相信你,作为一个优秀的知识女性,你完全能够既考上博士研究生,又做好一个母亲。"这一番话终于打消了师姐的顾虑。每每回忆起来,师姐都庆幸当初是叶老师的鼓励才让自己坚定了信心,事业、学业和家庭都不误,从而成就了今天自信从容的自己。

叶文振教授和在校学生出游的照片(前排中间:叶文振教授)

在老师心里,师生是一种可遇不可求的缘分,所以三四年的师生关系应成为一辈子的师生情谊。老师虽然带了很多学生,但对每个学生的籍贯、家庭、求学经历和个性特征,都非常了解。老师为数十个师姐博士论文出版撰写的序,都是从她们的人生经历、所受的地域和家庭文化影响中娓娓道来,在总结成长规律中揭示其成功的主要动因。老师在为学生出书作序的同时,也为弟子们能够发表越来越上乘的学术成果而感到欣慰,认为这才是以育人为本分的教书人最大的满足。

叶老师不仅在学习期间对我们关怀备至、悉心教导,而且在我们毕业后

依然关心着我们的成长与发展。老师一直把学生当子女一样关爱和照顾，几乎每天都会在师门微信群“望海学村”里与我们互动：“老师遥祝大家周末愉快、岁月如歌！”“村民们早上好，大家外出要坚持戴好口罩，注意安全。”一句又一句的关心和问候温暖着大家。叶老师还经常关注学生的朋友圈，把学生的动态转到群里与大家共享互勉，放大成长和成功的喜悦：“学村人口增长又有特大好消息了，海峰也要做光荣的二孩妈妈了！”“谢谢玲杰静静地努力，并保持平和谦静的心态，把学术生活过得静好又富有美感！”老师还经常在群里用优美的随笔散文分享他对日常工作和生活的美好感悟，涉及的话题不仅有对学科建设和社会发展的构想，也有对亲情、友情和爱情的思考；有参与各种学术交流活动的演讲致辞，也有对两个女儿生活的点滴记录；有对师长、同学、朋友的岁月印象，也有和学生相聚时的师生同乐。老师随时随地的分享与互动，让身处各地的我们，还像在校时一样，时刻感受着老师无处不在的陪伴和教诲。

在叶老师的倡议下，我们同门每年都会定期举行聚会。大家都尽量排除困难，从天南地北赶来。相隔多届的同门即使在校未有接触也能互相了解和熟悉，增强了整个师门的凝聚力。我们每次聚会都有一个保留节目，就是每人都要发表感言，各自围绕一两个关键词，回顾并反思过去的一年，展望与规划即将到来的新年，最后由老师进行总结点评。这里摘录 2011 年聚会时老师的结语片段：“首先，希望大家在事业、婚姻和亲子这人生的三大要事上，始终把事业的发展放在人生议事日程上的第一位，有一份好事业就会多一份心理上的定力；其次，婚姻的重要性远大于孩子的效用，有了幸福稳定的夫妻关系，孩子的培养就事半功倍；最后，营造一个健康、积极向上的家庭文化环境才是一个更为科学有效的育儿选择。”每次聚会，大家都收获颇丰，总能从学村大家庭的老师和同门身上汲取经验和智慧，惠及来年的学习、工作和生活。

叶老师是恢复高考的 1977 年考入厦门大学经济系计划统计专业就读的，1982 年毕业后留校在人口研究所工作，1985 年公派美国留学，先后获得犹他大学社会学硕士和博士学位，并在普林斯顿大学从事人口学博士后研究，1994 年学成回国后继续在母校执教。本科统计学、硕博社会学、博后人口学的多学科背景，使得老师的研究领域和范式都比较多元，妇女发展与婚

姻家庭的跨学科比较研究成为叶老师的专攻方向。鉴于自己是培育人才的高校教师，加上这些年女大学生的比例逐年提升，叶老师把更多的精力集中到研究女大学毕业生的就业问题上，一方面主持国家社科基金项目“女大学生就业问题研究”，另一方面在《中国妇女报》等报刊上发表相关文章，在全国和省级研讨会上分享自己的研究成果，还主编出版了《大学生就业导论》和《大学生创业导论》两本教材，深入女大学生就业问题的理论和政策研究。在老师身体力行的示范下，我们在高校工作的同门也都形成了这种责任感和行为自觉，关心和支持女大学毕业生的就业和创业工作。

作为为数不多的妇女理论研究领域的男性学者，叶老师在学界久负盛名，其性别平等意识浸于表里，长年坚守社会性别研究，2015 年还光荣当选为中国妇女研究会副会长。值得一提的是，叶老师还将他的学术思想寓于日常生活中，尊重、善待和爱护每一位女性。从感恩母亲的辛苦生育以及大姐放弃学业带大弟妹的无私奉献，到感动于两个女儿的自立和成就，再到指导女研究生家里家外合理兼顾、事业婚育良性互动以及美丽智慧内外兼修，都充分体现了老师那一份源自女性学学科知识的男女平等文化情怀和对女性群体的性别关爱。更让我们内心受到触动的是，老师还将对女性的关爱投放到不同社会阶层的女性群体上。早上走路健身时，他会关注福州洪塘大桥建筑工地上的外来务工女性，停下来与她们聊天，了解她们的异地务工和家庭生活状况，还为她们写下好多篇访谈随笔。

“师者，传道授业解惑也”，叶老师为师四十载，学识渊博、教书育人、授业解惑、言传身教，深受学生爱戴和敬仰。我感恩在人生最重要的时期，能有幸得到叶老师的教诲，并将继续以老师为榜样，激励和鞭策自己不断成长和进步。

作者简介

葛学凤，女，1996—2000 年就读于厦门大学计划统计学系，获经济学学士学位；2002—2005 年就读于厦门大学人口研究所，获经济学硕士学位。现为厦门大学生命科学学院党委副书记。

严师慈母

——记导师林郁如教授

◎ 黄晓林

看庭前花开花落，望天上云卷云舒。不惑之年，远在他乡，常常沉湎于往事而不可自拔。思念家中父老乡亲，想念求学时代的老师同学，忆人忆事忆情，竟难以自禁。

20 世纪 80 年代初，浙江老家乡村的很多初中学校没能开英语课，我到了高中才认识二十六个字母，后来竟然被保送进了浙江师范大学外语系。由于本科时期始终找不到自己的专业方向，留校任教后就一直没有考研的念头。直到有一次系主任安排我协助金华市外事办公室接待由九个国家代表组成的外交使团来访并担任现场翻译。因为之前没有任何口译经验，我随身没有带笔和笔记本，没想到两天下来竟然应对了两场座谈、两次宴会和一场大型签约仪式的现场翻译。事后系主任转达金华市外事办公室的感谢，说这是金华市接待的最大规模的外交使团，访问很成功。直到几年后我来到厦大学了口译，才回想起当时现场翻译的情景，口译员所有不该犯的错误我应该都犯了一遍……时至今日，依然不堪回首。

那次接待以后，我终于找到了主攻的专业方向：口译。于是我决定考研，选择了厦大外文系。当时，全国只有北外和厦大外文系招生口笔译硕士研究生，而正是担任系主任

的林郁如教授创建了厦大外文系硕士研究生口笔译方向，使厦门大学成为我国南方第一所培养专业译员的高校。

在第二次考研大战中，像许多考生一样，我试着给素未谋面的林老师写信，希望能得到专业上的一点指点或建议。本想应该不会有回信，但还是提笔表达了自己的理想和信念。令人意外的是，我竟然收到了林老师的亲笔回信。林老师的笔迹俊逸大气，在信中，她这样告诉我："学英语，你不必为手头仅有的参考书而担心，钻研任何一种教材，阅读任何一本英语作品，多练笔，都是有益的……"在信的末尾，还附了一列参考书目。这封信让我大受鼓舞，这句话我也一直记在心里，并告诉了无数的英语学习者，只要有心，处处是教材，处处是学问。

参加厦大外文系的复试，我见到了林老师，感觉到一股威严和慈祥，说话轻柔动听，教授的形象深入我的内心。由于担心竞争激烈，我同时又报考了广东外语外贸大学，那是广外第一年招口译硕士研究生。幸运的是，不久后我同时收到了厦大和广外的录取通知书。两张烫金的通知书，我一直珍藏着。最终我选择了厦大，当我鼓起勇气向林老师表达我的求学意愿后，林老师也选择了我，将我安排在了梦寐以求的口译方向。林老师与我素昧平生，但慷慨地把机会给了一个孜孜求学的年轻人。

我的英语听力和语音基础不好，所以林老师、雷天放老师和研究生同班同学肖晓燕老师纯正的英式英语让我羡慕不已，我发现自己要补的课实在太多了。林老师告诉我，应该每天坚持听英语广播、反复跟读，而且最好坚持每天录一小段听写出来，久而久之，听力便会长进。我记在了心上，三年读研期间从未间断。研一那年，林老师去了英国访学。一年后返校，她亲自给我们上口译课，发现我们几位的口译基础还是不够扎实，我感到林老师有些急了。尽管事务繁忙，加之回国后身体不是很好，林老师还是决定调整教学计划，亲自为我们补课。平时在教室里，周末就在她的家里上课。上完课，林老师还亲自给我们做饭，让我们感到家一般的温暖。那时全国能专业学习和研究口译的不多，我们来自五湖四海，基础不一，但代表着厦大外文系的教学成果。在安排以肖晓燕为代表的几位优秀同学上同传课的时候，林老师特别安排包括我在内的另外三位学生坚持再上听力课和交传课。整整三年，林老师从未放松对我们的基础要求。这是一份沉甸甸的责任和奉献，之后我也一直这样告诫和勉励自己。

厦大外文系口译组一直是一个富有朝气又有创新能力的团队。林老师是德高望重的创始人，博学的雷天放、儒雅的庄鸿山、睿智的陈菁以及温和的张幼屏老师等是口译教学与实践的骨干力量。许多老师毕业于厦大外文系，也是林老师的学生，林老师视大家为同事、朋友、家人，亦师亦友亦亲，整个系的教、学、研氛围非常融洽。厦大口译在全国的影响力逐渐形成，做了一系列开创性的工作，比如在林老师的带领下编写了最早的系统性口译教材，创办了全国口译研讨会和海峡两岸口译大赛等。在第二届由广外主办的全国口译研讨会上，时任英语系系主任仲伟合老师在发言中动情地代表全体与会人员向林老师在口译领域的贡献表示敬意。他说，厦大林郁如教授率队带来了一支年轻而有战斗力的口译代表团，其中还包括三名研究生，向大会提交了八篇论文，这支队伍让人嫉妒和尊敬。这其中就有我的一篇，是林老师鼓励我写的关于口译表达的论文，几经易稿，几近崩溃，这是林老师教会我钻坚研微的科研精神。尽管毕业后我没有直接从事口译工作，但做人、做事和做学问一样，乃须精益求精，马虎不得。令人欣慰的是，厦大外文系的口译事业愈发蒸蒸日上。

90 年代的求学生涯清苦而充实，老师也会努力给我们找实战机会锻炼。在林老师的推荐下，由雷天放老师带队安排我和费强同学承担在厦门举办的“中美联合缉毒执法培训班”的现场口译。后来我才知道，这届培训班原本计划在大连举行，但因之前的现场口译问题决定移师厦门。由于会议的保密性，我们在酒店待了整整一周，切断与外界的所有联系，一堂课下来要求现场上交所有的笔记和稿纸。最终我们没有让会议主办方失望，当会议结束时中美警界缉毒系统的全体学员起立向我们敬礼并颁发嘉奖令的时候，我第一个想到了林老师。几天后，我用报酬买了一个 BP 机，我打电话告诉林老师我担任翻译赚了钱买了 BP 机，以后联系就方便多了。其实我心里特别想告诉她我终于也能做口译了，这次没有让她失望。

从厦大毕业后，我去了厦门电视台开办英语新闻节目，并担任英语主播。林老师偶尔也会看我的节目，而我每次总是惴惴不安地问她有什么不足。她让我除了多听、多朗读英文外，也要多听多跟读中文广播，培养和改进语感。她清楚我的问题，也教会了我如何改进。后来我经常担任厦门市

重大活动的英文司仪和翻译，无论是事前还是事后的交流总能得到林老师的耐心指导。

从1985年读高一开始学习英语，到研究生毕业后从事英语新闻主播工作，我心里一直有个疑问：在中国课堂上学到的英语到外国能用吗？老外听得懂吗？这个疑问直到2004年才揭晓。因雷天放老师被电视台聘请为英语新闻顾问的缘故，我毕业后一直与外文系口译组的老师保持着密切联系。在外文系与英国文化委员会(British Council)谈一个合作项目的时候，林老师和雷老师邀请我一起去趟英国，这是我平生第一次出国。我们在英国待了整整十天，逛遍了伦敦的大街、商场、教堂和大学，发现自己和老外交流完全没有问题，一种自信油然而生。当听见几位老师用地道的英式英语和对方畅谈时，我感到特别自豪。

从我认识林老师起，她的身体状况就不是很稳定。自厦大读研的三年到今天，我经历了林老师爱人故去、大儿子结婚成家、退休，去年年底，她远在美国大学任教的二儿子也在厦门举办了婚礼。其间，林老师多次住院，我为她做得很少很少，甚至有好几次，我是在她康复许久后才知道之前她动了手术，内心很是愧疚。林老师与我母亲同龄，在我心目中，一直把她当作母亲一般看待。人的一生中，对自己恩情最深的莫过于父母和老师，林老师坚强的毅力和优雅的气质，始终如母亲一般伴我左右。这许多年来，我从在大学任教到在电视台当主播，再到如今在实业中打拼，我越发珍惜与林老师的沟通与问候。与以前相比，林老师清瘦了许多，但每次听说她能到处走走，看到照片里的她精神矍铄，心里就特别温暖安定。

严师慈母林老师，永远祝福您！

作者简介

黄晓林，男，1996—1999年就读于厦门大学外文系，英语语言文学口译方向硕士。现任香港国泰达鸣控股有限公司副总裁。

我的厦大老师徐崇利教授

◎ 项剑　洪艳蓉

徐崇利教授是国内外知名国际法学者，著作等身，桃李满天下。他以自己对学术的执着、对教学的投入、对学生的关爱、对社会的担当，教育和感染着学生，在学生的学术道路、职业生涯乃至人生道路上，扮演着“指路人”的重要角色。

崇利不崇“利”　两度师生缘

1996年，我有幸成为徐老师带教的第二批硕士研究生。

徐老师，其时年轻，为人真诚，睿智且勤奋，学术论文已遍发各大核心期刊，重要学术观点在国际经济法学界已备受关注，学术水平和为师之道在我们法律系研究生中倍受推崇，口碑甚好。徐老师来自素有中国犹太人之乡的温州，在市场经济的大潮中，温州人已然以其敏锐的商业意识和高超的交易能力而著称，但徐老师却将经济利益和生活待遇看得淡薄，一度连兼职律师的工作也放弃，一心扑在国际经济法研究领域，成为中国国际经济法学界声名鹊起的后起之秀，可谓是名为崇利，实不崇“利”。

秉承厦大关爱学生的传统，徐老师常不时邀请其指导

的研究生到家餐叙，分享学术和美食两方面的大餐。餐叙的时间往往很长，一方面，餐叙是学习报告交流课，徐老师会从近期学术热点谈到课题研究方法。我们几个学生是既期待，又不敢懈怠，会从餐叙前几天就开始系统梳理期间的学习成果、研究进展和困惑问题。尤其是厦大当时要求研究生毕业前必须有公开发表的学术论文，否则不得授予学位，因此从学业汇报到论文写作必是餐叙交流的重点。徐老师的悉心指导以及居家餐叙的融洽研讨氛围让我们受益良多，为我们在学习期间顺利发表多篇论文奠定了坚实的基础。另一方面，时值 20 世纪 90 年代中叶，物资供给并不是十分丰富，餐叙对于求学的我们也是难得打牙祭的绝好机会。徐老师时住厦大西村的一房一厅公寓，虽然书香满屋，但略显简陋，然每每徐师母必不以简餐应付，而是所费不赀，专门备好螃蟹等各类时令海鲜，亲自下厨烹制徐家特色海蛎煎。至今我依然记得那不同于厦门的传统做法，其鸡蛋液并非搅拌混入海蛎中，而是浇在快好的海蛎煎边上，这种镶着金边的海蛎煎更具色泽之美，真是我迄今品尝过最为美味、最为难忘的海蛎煎。于是在徐老师那堆满书籍的小小"陋室"里，每次餐叙既让我们收获学术之甜，又让我们品味生活之美，至今仍然是我们师兄弟聚会时常谈的话题，更添感恩厦大之情。

1998 年，我有幸获得了破格直博的考试机会。当时法律系实行博士生导师组制度，考生无须在报名时确定拟报博士生导师，而是录取后由系里统筹安排。通过直博考试后，我被告知将跟随国际经济法学术泰斗陈安老师攻读博士学位，实在令我喜出望外。很快，陈老师找我做了第一次谈话，系统讲述了博士生阶段的学习要求，提醒我从事学术研究须有板凳要坐十年冷的决心，要树立以学术报国为己任的目标，并专门提及徐老师对我的评价和推荐，我方知晓当时徐老师虽已作为富布莱特访问学者赴美国访学，但在获悉我直博考试通过后，他远隔重洋将我推荐给陈老师，希望我能有幸得到陈老师的指导，在陈老师的言传身教下得到更快的成长，并做好陈老师的学术助手工作。在谈话中，陈老师高度评价崇利老师的学术成果、治学态度以及为人之道，欣赏之情溢于言表，希望我亦能学其万一。

此后不久，中国国际经济法学会年会在深圳大学召开，在年会召开期间的一个晚上，徐老师正带着我们秘书处的工作人员整理、撰写年会简报，筛选、筹备《国际经济法论丛》创刊的备选稿件，突有来电告知徐老师的教授职

称刚评审通过并获聘博士生导师的喜讯，在场的几位老师和博士生与有荣焉，纷纷祝贺徐老师创下了厦大最年轻教授和博导的记录。犹记徐老师当时颇为淡定，表示高兴一下即好，未来学术道路还很漫长，还需专心、专注和加倍努力。回校后，考虑到我的研究方向为国际金融法，为了让我得到更多方面的指导，法律系破例让陈老师和徐老师同时担任我的博士生导师，让我有机会从两位导师身上汲取治学为人之道，特别是徐老师，我得以成为其指导的第一位博士生，硕博两度师生缘分非同一般，于我而言，这是何其幸运的人生际遇。（项剑）

情系书香　率先垂范

二十几年前，考博不像今天那样普遍，当时我也和许多闽南女孩一样，准备读研之后踏入社会工作。回想起来，攻读博士学位继而选择教书育人的道路，在很大程度上是受到了徐老师作为榜样的影响。

记得那时（1997 年）的研究生人数不多，几个专业总共只有十七八个学生，大家不仅彼此熟悉，还经常互相蹭课。新学期开学后不久，上自习的我路过教室时很巧地遇到徐老师正在上“国际投资法”课。只见一位年轻的老师在黑板前快速地写着板书，语速很快却又富有张力，语调高亢更充满激情，站在窗外都能感受到那一份专注与愉悦。我好不容易才在几乎被同学们占满的教室里找到一个空位坐下，不仅津津有味地听完了三节课，还在后来专门选修该课程并取得了优秀的期末成绩！

经由徐老师的课程，攻读民商法专业的我从此打开了从国际经济法视角看世界的窗户，也深深地为这一专业所吸引，继而在本专业学习之余选修了所有国际经济法学的专业必修课，这为我后来跨专业提前一年攻读博士学位[①]埋下了伏笔。几年课程听下来，总能被徐老师在课堂上旁征博引、深入浅出的专业解析所折服。徐老师就像巧手拈着绣花针，又像健将骑着汗

① 当年厦大法学院只有国际经济法学这一国务院重点学科博士点，要求提前攻博者修完所有专业必修课，并取得优秀成绩，之后参加博士入学考试，总分排在录取人数之内者才能最终录取。

血马，引导着大家的思绪在国际经济法学领域驰骋，每次课听下来都像沉浸在知识和思想的海洋里，再看看徐老师，虽大汗淋漓，却神情愉悦，总是不厌其烦地解答大家的疑问，周身充满了知性的光芒。

感谢徐老师不弃，收我做了他招收的第二届博士研究生。从选修课程时起，徐老师执着于专业，一以贯之研究真学问，并毫无保留地将它传授给学生们的赤诚之情就深深地感染了我。许多上过徐老师课程的同学应和我一样，都能真切地感受到这份“真”和“美”，也很期许自己能成为像徐老师那样保留着本真和热爱、在传道授业解惑中实现学术追求与教书育人价值的学者吧！

多年以后，尽管自己没有留守国际经济法学领域，但毕业时毫不犹豫地走上学术之路，成为乐享职业之美的大学教师，可谓与徐老师一直以来的教诲与影响密不可分。“天声海涛扬声教，桃李门墙誉东南”，感谢徐老师借由自己的人格魅力，潜移默化地帮助我选定了职业方向与人生道路。

人们常说“书中自有黄金屋，书中自有颜如玉”，三言两语将书中蕴含的宝藏跃然呈现于纸上，令人欲罢不能。徐老师无论是上课时对专业内容的激情挥洒、纵横捭阖，还是课后默默耕耘、硕果累累的科研工作，无不生动地演绎着这一名句。徐老师这种对知识的尊重与探求、对学问的求真与求深，悄然影响着他所指导的学生们，无形之中铸就了同门中聚散随性、诗书为乐的氛围。

曾记得我每次去找徐老师求教和汇报学业时，总是透过高高垒起的书堆瞥见徐老师专注的研读神情，窗外涛声、鸟声不绝，屋内却是沙沙笔响，每每让人不忍打断。而在徐老师偶然抬头发现我们立足门外时，又赶紧让我们进屋坐下，关心地问起我们最近的学业来，在回答完我们专业上的疑问之后，他总是将自己关于国际经济法的最新学术信息、书籍和研究心得毫无保留地与我们分享，让我们不仅乘兴而来，更是满载而归。流年匆匆，徐老师埋首躬耕，忘情岁月，我想浓浓的书香、墨香，早已盖过法学院楼下沁人心脾的含笑芬芳和桂花暗香，成为一道最美的学术风景。

徐老师这种嗜书如命、追随学术进展并不断跟进学习研究的习惯，源于他对学问的热爱和对学生的负责。即使他后来担任了法学院院长，行政事务倍加繁忙，也未曾更改。记得有好几次，徐老师来京公干，总是十分珍惜

时间，尽量安排在当天或第二天赶回厦门。可即使时间有限，徐老师也一定要到国家图书馆去看看最新的外文进口书籍，将有价值的内容复印下来，再不远千里地带回去做研究及与学生们分享，许多次我接到徐老师从首都机场发来的短信，都是匆匆的告别和对学生晚辈的叮嘱。我想，把时间用在刀刃上的人，也同样尊重他人的时间，这份认知和体谅总是令人感动。更重要的是，徐老师无论职称和职务有多高，都丝毫没有酸腐之气，更从不故步自封，反而一直未改求知之心，永葆探索活力。书香路远，学者不怠，真是法学之幸、后辈之福啊！（洪艳蓉）

作者简介

项剑，男，厦门大学法学院 1996 级国际法硕士，1998 级国际法博士生。现任上海证券交易所监管执行部总经理。

洪艳蓉，女，厦门大学法学院 1999 级国际法博士生。现任教于北京大学法学院。

传道授业 止于至善

——我的老师林宝清教授

◎ 冯文丽

我的博士导师林宝清教授，2017 年送走关门弟子后才离开讲台放下粉笔,彼时他已经七十一岁了。老师经常说,他是老高三、知青、工农兵学员,还告诉我们,当年他能挑起两百斤谷子,把田埂都踩塌了……是啊,老师经历了他这一代人的甜酸苦辣,我们在老师身上隐隐地感觉到他有着与我们这一代人不同的别样气质。

五年前,在老师七十岁寿宴上,他为我们秀了小提琴名曲《沉思》,这是我们第一次知道老师还有这么一手,记得当时老师不无得意地吹嘘,他当年是厦大艺术团的首席小提琴手,不过紧接着又开玩笑道:那只是猴子称霸王。他还经常在微信群里分享自己的书法和诗作。每当我们惊讶于老师的多才多艺时,他都只是淡淡地说一句:这些都是捡回来的童子功。于我们听之,则是老师在告诉我们做任何事情打好基础才是最重要的。

老师总是说,他的一生学问只有一本书。是的,这是一本有真学问的书——《保险发展模式论》。在这部学术专著中,他所创立的以保险分配关系商品化为理论基础的“保险本位商品说”及其理论体系,以及保险供给定量分析等成果,均被教育部统编教材《保险学》所采用。在我国保险业复办四十周年(2018 年)优秀成果评奖中,该书是唯一一本

学术专著。在他这篇三论七章的博士论文中，仅在《金融研究》期刊中就产出了七篇，其中在1992年分期连载的《保险需求定量分析》与《保险供给定量分析》是当时该刊罕见的实证分析论文。

老师在金融系系刊发刊号上的题字是"求是、求实、求真、求新"，这是老师"要做真学问"的要求与寄语，至今历历在目，铭记于心。比如：2001级的我与其他四名博士生在研修"保险法与案例"学位课程时，以自习、研讨、写作为主，我们在林老师的指导下分工执笔编纂《保险法原理与案例》一书，可以说是苦不堪言，但都真切地领会了这"八字"真言，学到了做学问的本事，学到了老师那种对学问精雕细琢、不容一粒沙子的较真劲。这本书从书名、体例到内容都是全新的，至今仍被上海财经大学等高校指定为保险学硕士生必修教材。又如：2007级金晶的博士论文在深入农村调查后，提出"改新农合为农村社会医疗保险"的主张，几年后改革如期而至；2004级沈蕾博士论文提出公司治理的"风险管控治理新说"独树一帜；2013级李倩倩关于"企业红利年金制度模式设计探索"的博士论文连闯预答辩、盲审和答辩三关，尽管得分不是很高，但老师不无得意地夸道至少是国内独一篇。她们都是延期毕业的，而延期毕业的又何止她们仨。在林老师门下做论文之艰辛，我们都感同身受。

老师有令我等同门弟子心惊胆战的"三句话"要求。老师非常重视对我们思维逻辑的训练，不仅要求我们研读形式逻辑学，平时还要求我们在提出和回答任何问题时都不能超过三句话，否则他就会不高兴。他经常说："真理是纯而又纯的，理论应该是简单明了的，如果在三句话内说不清楚，那么你就没有真正弄明白。"为此，我们在面见林老师前，都要先做足功课，否则不敢登门。老师告诫我们：如果不能用三句话表达清楚一个概念、一个问题，在教学科研部门的将如何站稳讲台写出好文章，在实务部门的也只能去坐冷板凳。老师还经常提醒我们："在大学学什么？仅仅是专业知识吗？不是的！所学专业知识可能会过时，也可能与你们将来所从事的工作无关，但有一样东西是你们终身受用的，那就是要不断训练和提高你们辩证逻辑的思维能力。"老师的这些要求和告诫，如醍醐灌顶，令我们受益至今！

老师还有一个"概念先生"的雅号，也经常戏称自己是"概念专家"。记得在一次师门聚会上，老师谈了文明与文化的区别。他说，现在有"公知"说

中国只有三千年文明史，其实他们并没有弄明白“文明”的概念。接着就问我们谁能给出“文明”的内涵，在我们面面相觑时，老师说，其实很简单，就是“知耻而后行”，即所谓的人无羞耻之心非人也！接着他又解析道：比如人类的文明就是从一片树叶开始的，人类懂得用树叶遮住羞处时，人类也就彻底超脱了动物界，开始从蒙昧进入文明，只是我们不知道人类是何时懂得使用这片树叶的，但绝对不会是只有三四千年的事。之后，老师又问我们能不能给出文明与文化的区别，我们又面面相觑，而老师则又是一句：很简单！他说，文明与文化是不同的两个概念，所谓文化，是人类物质生活和精神生活的物化，比如周口店文化、仰韶文化等，文化是文明的载体。老师不无遗憾地说，我们的考古学界至今还都没回答那“一片树叶”是何时开始的问题。老师还让我们回头查查辞典，看看他对文化的定义与辞典的有何不同。这看似幽默风趣，却又一本正经的笑谈，令我们回味无穷。

老师给我们最初的印象是很严肃冷峻的，因为他平时不苟言笑，对学生要求认真严格，我们对他都有那么点敬畏感。但是随着师从日渐，我们都感受到了老师的健谈随和。老师喜欢喝小酒，常说酒量有多大学问就有多大，还以李白斗酒诗百篇佐证。不久前我们向老师敬酒时，他突然说：“我现在酒量降了，学问也降了！”但在我们看来，老师完全不像年逾古稀的老者。我们师门不时聚会，老师往往在酒至半酣时就开始引经据典、高谈阔论，引得我们对聚会充满了期待。老师平时对我们的关心也很细致入微，是一位敦厚的校园长者。比如：每当我们到老师家讨论论文时，他那犀利尖锐的诘问常常令我等汗流浃背，这时师母总会端出一盘备好的水果或点心犒劳我们，以缓解我们的紧张，而且还经常能够蹭上一顿师母做的可口饭菜；七星师兄回忆，一位本科学生生病住院，作为班主任的林老师和师母一起提着用保温壶装着的煲好的老鸭汤到病房看望慰问；师妹金晶结婚时，因她父亲刚过世不久，老师和师母专程赴杭州代表双方家长致辞；但凡师门的小宝宝第一次上老师家，师母总会送一个小红包以示祝福；等等。我们在老师严谨的学问锻打下，又如此幸福地享受到了老师的亲情与关爱，是我们的福气，令我终生难忘。

在老师七十岁生日那天，我们天南地北的同门弟子齐聚厦门向他祝寿，老师非常高兴，动情地祝福我们：“在我看来，你们当大官、挣大钱都不是最重要的，我祝福你们首先要平安！”我们深知老师这句“平安”的祝词中所蕴含的深刻而又丰富的心意，寄托着老师对我们的殷殷期望。晚宴上，老师回赠了我们一人一本有他签名的印有校训“自强不息，止于至善”的精致笔记本，让我们写下人生感悟，等到他八十岁生日时再交卷。我们一定要用心做好老师布置的这份人生作业。

这就是我们的可敬、可爱、可亲、又可“畏”的老师林宝清教授！

虽然已博士毕业十几年，但每当我遇到困惑时，还是会第一时间想到林老师。在我心里，他早已亦师亦父亦友，期待着在老师八十、九十甚至百岁寿辰时，我们再返回厦大，再敬老师一杯酒，再道声谢谢！

作者简介

冯文丽，女，1997—2000 年、2001—2004 年就读于厦门大学金融系（原财政金融系），获经济学硕士、博士学位。现为河北经贸大学教授，南开大学农业保险研究中心副主任。

易中天先生的课堂

◎ 汤芊芊

昨夜做了一个美梦，三月底的校园，雨雾空蒙，细雨若有若无，我走在芙蓉湖边黑漆漆的小路上，忽然飘来一阵浓郁香甜的龙眼花香气。越过龙眼树顶，望向五老峰上灯火通明的凌云，氤氲在湖面的水汽飘起来，一团团的云雾缠绕在半山腰上。这时切换了场景，我坐在嘉庚楼的阶梯教室里，易中天先生正在讲台上侃侃而谈，从柏拉图到康德，从舞蹈到绘画，从古希腊到文艺复兴，教室里闷着春天的湿热，我坐在后排，拉开了身边的窗户，让新鲜空气吹进来一些，后排的座位比较高，随时都可以抬腿从窗口跨出去，突然“扑通”一声闷响，我心想，又有一朵硕大的木棉花掉下来了。下一秒，又是“扑通”一声，却是一朵花砸在了我头上，我疑惑，怎么木棉花掉到教室里了呢？然后就醒了，原来是我家对面的工地一大早开工了，惊醒了我的美梦。

如果没有被惊醒，接下来我应该会继续沉浸在精彩的课堂里吧！然后下课后，应是和同学们一起陪先生走过春风沉醉的校园，走到校门口，送他坐上车回家。

为什么做了这样的美梦呢？那是因为我昨晚是听着先生在“喜马拉雅”上讲的“中华史”睡着的。说句题外话，这个好办法我推荐给了好几个朋友，据他们反馈，睡前听易中天先生的“品三国”或者“中华史”，会睡得很香，专治各类失

眠和偏头痛。

我在厦门大学待了二十几年，最美好的梦境就是读书的时光。有部电影叫作《重返十八岁》，而我最希望重返十八年前，那些考研的日子，不同于高考或其他功利的考试，那是我完全为自己而读书的日子。那年，又一次考研失败了，尽管我自认为热爱中文，读过不少书，然而面对试卷上的名词解释，却只能猜出一半。也是一个春天，好友来学校上课，顺便找我一起吃晚饭。她给我出了一个主意："不如你再换个专业吧！我们专业不考名词解释。今晚就跟我一起去上课吧。"就这样，我第一次见到了易中天先生。

正是在嘉庚楼里，我们刚到教室就开始上课了。那节课的内容我已经忘了，只记得没有任何准备的我，一下子就听懂了先生的课。"什么是艺术？艺术是人的确证，这一切都要从一只猴子说起……"就像后来在"喜马拉雅"上听先生讲课，不管从哪里开始听，都能听懂，都觉得爱听。

我是多么幸运，第一次见到先生，第一次听课，心里就暗暗决定：我要考先生的研究生。我已经被先生的课堂吸引了，先生讲课从来就是那么诙谐幽默，把美学和艺术学理论讲成了段子。更重要的是我被先生的眼神吸引了，在他有些许皱纹的脸上眯着不大的眼睛，讲到精彩处，会突然把眼睛睁得圆圆的，似笑非笑地盯住你看，透露出一丝狡黠的微笑，又让人感觉这微笑里有种洞穿一切的智慧。我看到先生的表情，猜想先生小时候一定是个调皮又聪明的男孩，所以现在才能这样有趣。

然而，先生在我们面前就是个慈祥而宽容的老头，从没有骂过学生，就像我们的父亲一样，最担心的不是我们写不出论文，而是找不到男朋友，或者找不到工作。在这样的宽容之下，我们都顺利毕业了、顺利找到男朋友了、顺利工作了，每次先生都会笑着说"好，好，好……"

见过先生最慈祥的时候，就是他家的狗狗调皮捣蛋时，先生会举起纸卷儿作势要打它，最后却舍不得下手，只是敲敲茶几吓唬一下它，就像宠爱小孩子似的。我们去先生家，不管聊什么话题，先生都只是在旁边"嘿嘿"地笑着、听着，并不做评论，常常是师母招呼我们，和我们聊天。只要师母在旁边，无论什么事情，先生都会问师母的意见。所以同学们在一起时，为数不多的男生，也会听我们女生的意思，这是他们从先生那里学来的绅士风度吧！

那时候先生已经挺有名气了，我去蹭课时，常有其他专业的同学来抢座蹭课，下课后还有同学抱着《读城记》《中国的男人和女人》等书排队请先生签名。先生每次都会好脾气地给他们签名。我没有带书去签名，我想等我考上了研究生再说。

果然，第二年，作为先生的最后一届弟子，我终于坐在了前排的座位上参加先生的新书发布会，并且得到了先生的签名：芊芊贤契批评。是的，先生和我们说话，很少有指挥和教导的感觉，先生从来都是平等地对待我们，而先生的谦虚、平和、宽容、幽默，也一直影响着我。先生刚出版《破门而入——美学的问题与历史》，在这本书里，先生用通晓明白的语言，说着深奥难懂的问题。“至于使用‘讲演体’成文，无他，教书匠习性使然故也。”是的，这本书读下来，完全就是我听了两遍的先生的课。“同学们好！从今天开始，我们讲美学。照例，先讲绪论，就是讲‘什么是美学’。大家觉得有点可笑是不是？我也觉得可笑。因为这很老套，而且有点呆气。现在不时兴这个了。现在时兴的是开门见山，直奔主题……”教室里充满了笑声，后来每次再读这本书，我都会想起先生课堂上的笑声，以至于常常在美梦中重回课堂。在课堂上，先生基本都是在绘声绘色甚至手舞足蹈地讲课，没有课本，没有 PPT，先生面前只有一本破旧发黄的小本子，后来我猜想那就是这本书的讲稿呀！后来在电视上、网络上听先生的演讲，或者看先生的其他著作，我都能找到当年课堂上那种快乐的感觉。

我毕业前那年，先生去央视“百家讲坛”讲三国，2006 年年初，“易中天品三国”正式开播，那段时间里，先生突然成为文化界的热点人物，变成了“学术超男”。我却不觉得突然，先生讲三国的声音是那么熟悉，和他平时讲课的风格完全一样，抑扬顿挫，没有卡顿。据说，录制百家讲坛节目时，先生录制得最快，不需要太多的后期加工编辑。我觉得这对于几十年来站在讲坛上的先生来说只是基本功罢了，至于先生的才气和智慧，那也是与生俱来的。先生的出名不是意外，也不是运气，而是迟早的事，其实已经算很迟了，直到退休前才出名。这倒是我的运气，如果先生早几年出名，也许我就没机会成为他的学生了。

那几年先生非常忙，每次从北京回来都很累。我们去见他，先生还是笑笑不说话，先生和我们解释说，最近在外面说话太多，回来不想说话了。那时候，我们和全国人民一样，每个星期都等着收看“品三国”。在电视机前，同样是沉浸在课堂里的感觉，而我的“同学”，变成了我的全家人。

毕业后，和先生的交流基本上变成了单向的，那就是讲座、视频、电视节目、“喜马拉雅”、微博、微信公众号、“抖音”……先生一直是个时髦的老头，各类新媒体都有他的身影，我还是为了看先生的视频才下载“抖音”的呢！无论是哪种传播方式，风格都是一如既往的轻松有趣，让我回忆起当年在课堂上，先生会突然来一段小曲儿，或者在黑板上描一幅并不专业但画龙点睛的小图画，抑或是抖个包袱、来个段子……这些年来，先生讲的课大多数比较浅显易懂，倒是很适合我这个不做学问的弟子。从先生那里，我学到的不仅是学术精神，更多的是生活细节里的智慧和乐观。这么多年来，我一直追随着先生各种形式的课堂，远远的，不去打扰先生。

先生的思路之清楚、表达之流畅，实在是让弟子佩服。先生说：“很多人看了我的电视节目或者采访会问我：为什么你能反应得那么快？很简单，因为从小就读中华经典。”在“品三国”的“必争之地”这一部分，先生说：“刘表的妻子和诸葛亮的丈母娘是姐妹，刘表和前妻生的儿子刘琦和刘琮是诸葛亮的后表舅子。”绕口令般的一句话，先生的脑子和舌头同时在飞速转动，引起观众们的一阵笑声。

近几年，电视上很少看到先生的身影了，先生几乎谢绝了一切讲座、讲课和采访，隐居江南小镇，潜心写作《中华史》。先生非常勤奋，几年的时间，著述颇丰，《中华史》一套二十一卷、《易中天中华经典故事》一套六册、《读唐诗》……先生从来都拥有这样收放自如的智慧，从新疆到武汉，从武汉到厦门，从出名到隐居，都是如此。

先生总是说，时不我待，他要抓紧时间，把自己想做的事情做好。从“品三国”到“中华史”，从公开讲座到微信公众号，先生都在普及历史文化知识，借古人的故事传达给今人修心立身之道，影响着大众的历史观、价值观。先生的各类新媒体“大V”账号，除了宣传他自己的新书，从不做任何广告。先生的文字，没有废话，朴实而有趣，透露着大智慧。先生的表达一直很时髦，很受大众喜爱，正如易中天公众号的宗旨：让思想文化更适合当代人。

先生在大众面前是智慧的、正直的，也是真实的、坦诚的。易老师这个大明星，从不惮公布自己的人生经历。正如先生在《为啥坚信张文宏》里刚

说过的:“我最相信张文宏。但,并不因为他说真话,而是因为他说实话。”“真话未必靠谱,实话让人放心。”“大道至简。越是高级越简单,越是真理越明了。”2019 年 9 月 30 日,先生在公众号上发布了一篇《易中天:我的七十年》,公布了七十年间先生和亲人、朋友们的照片。1954 年,先生七岁时和父母拍摄于中南财经政法大学老校区的照片,年少的脸上是我所熟悉的调皮、聪明、有趣的笑容。再看看其他合照,先生总是最帅的那个,淡定的微笑里有种洞穿一切的智慧,还有一丝狡黠的幽默。原来,先生的表情从小就是这样啊!2020 年 3 月 5 日,先生刚写的《武汉杂忆:阅马场》里也贴了这张七岁的照片,回忆了小时候在武汉度过的没心没肺的快乐时光。

“人老了,变得心软,絮叨。这文章,怕是没人要看。不过,我还是要借此表达自己的观点:家国情怀未必就是宏大叙事,反倒可能是生活细节的总和。”看到这一句,我差点儿掉眼泪,眼前又浮现出那个慈祥的老头。

2019 年 8 月,先生七十二岁,到达北纬 90 度,也就是北极点,“从此迈出的每一步都将是全新的”。祝福先生,先生说过,明天永远会更好。

作者简介

汤芊芊,女,1997 级厦门大学会计系本科,2004 级厦门大学中文系艺术学专业硕士。现就职于厦门大学财务处。

廖益新老师的简单一问

◎ 刘永伟

20 世纪末，作为一名国际经济法学教师，报考厦大法学院国际法专业博士生是我多年来的愿望；但在报考之前，我却并不认识学院的任何一位老师，当然更无缘结识担任院长的廖老师了。1998 年，我们那一届的考生还是实行考取之后再确定导师的制度，具体的做法好像是先征求学生的意见，然后由导师来确定。当时在征求我意见的时候，我并没有做具体的选择，只是说所有的老师都可以。我之所以这样说，是因为我怕做出选择后被拒而难堪。也就这样，我成了廖老师的弟子。

廖老师没有因为我是来自安徽一所地方高校的普通在职考生而拒绝接收我，这一点让我甚为激动，但也让我颇有意外之感。廖老师的主要研究领域为国际税法，但在成为廖老师的学生之前，我的学习兴趣主要是国际贸易法，几乎没有花过时间学习国际税法，更没有任何相关的研究成果。在这种情况下，廖老师竟然敢收我为弟子，而且还嘱咐我要转向国际税法的学习与研究，我真的不知道当时他是怎么想的，是对我充满信任，还是准备“盲人放驴”——随我去，难道不怕我学无所成，给他抹黑吗？

厦大虽然有“南方之强”之美誉，但却非常低调务实。在我的眼里，廖老师就是厦大这一风格的典型代表。在成

为廖老师的学生之后，廖老师并没有对着我“高谈阔论”，只是给了我一本关于中国税法的大厚书让我学习，从此我开始了新的学习征程。廖老师似乎很少批评或表扬学生，至少对我就几乎没有批评或表扬过。对于这一点，我在很长一段时间内甚至感到不安。我不期望他能表扬我，但我却希望他能多多批评我。我甚至很羡慕其他同学被导师批评。有一次，室友陈云东同学回来向我述说他被陈安老师批评的事，我当时就很是羡慕。如果非要找到廖老师批评我的事情，在我的印象里，最多只有一次；而且严格说起来，那也很难说是批评。那是在二年级的第一学期中，我在学院办公区的走廊里碰见了廖老师，他就一边笑着问我说：你整天在忙些什么，一篇文章也不写？这也就是我此次要说的他对我的简单一问。我当时一时无语，不知道该怎么回答，他说完也就走了。

廖老师指导的学生都很优秀，他所指导的硕士生每年都要发表不少的论文。住在我隔壁的邱永红是廖老师指导的硕士生，他就发表了数十篇论文，他的硕士学位论文在一次学术会议上还被《中国法学》的编辑看中发表了。对于一个博士生而言，入学一年有余却尚未有一篇文章发表，确实是应该受到质问的。廖老师说我一篇也没有写确实没有冤枉我，我当时就是一篇文章都没有写过，也更没有投过稿。之所以如此，一是因为我关于国际税法的基础实在太差，学习的积极性还没有被激发出来；二是为了挣点伙食费，我还承担了学院安排的自学考试“宪法学”课程的教学任务，占用了我不少的时间。

廖老师并没有对我进行多么严厉的批评，也就只是那么一问，或者说就是一种关心，但却对我产生了很大的影响。我似乎感觉到廖老师始终都在关注着我，并不是“盲人放驴”。我一下子就感到身上多了一股劲，学习的积极性一下子就提高了很多，从此真正进入了学习状态。后来，我就一边写博士论文，一边写小论文并向外投稿，而且很快就有了收获。对于那次简单的一问，廖老师或许已经不再记得，但对我的影响却是深远的。我毕业以后，几乎没有停止过论文的写作，有的论文还先后在《中国法学》《中国社会科学》等刊物上发表，为我现在工作的安徽财经大学法学院学术水平的提升也起到了引导作用。这些我觉得都与廖老师那简单的一问存在无形的联系。

对于廖老师的那一问，看起来似乎很平常，但其实并非如此。廖老师当

时正担任法学院院长，院长职务的级别虽然不高，但却需要花费很多的心血。前几年，我也在安徽财经大学法学院担任过多年院长，我深知担任院长的不易。学院要发展，教师也要发展，还要开会与安排工作，等等，无不需要花费心血。厦大法学院虽是全国知名法学院，但当时只有国际法学一个博士点，在博士点数量成为衡量发展水平的重要标准的情况下，我们能够想象廖老师当时的工作压力究竟有多大。其实，厦大法学院也就是在廖老师担任院长时由一个博士点发展到一级博士点的。我们可以想象在那种情况下，应该很难有时间去关心学生，但廖老师不仅关心了，而且还准确地说出了我的学习状况，怎能不令人感动呢？

在厦大读书的三年，我深深地感受到厦大领导和老师对我的关爱。也正因为如此，后来我鼓励女儿也报考厦大的博士，由此成就了我们父女俩成为厦大校友的心愿。

作者简介

刘永伟，男，1998—2001年就读于厦门大学法学院国际法专业，获法学博士学位。现为安徽财经大学学术委员会副主任，教授。

学术导师,人生灯塔

——记恩师庄国土教授

◎ 刘勇

人生旅途中,如果能够拥有一座指引着自己前进方向的"灯塔",那将是一个人的终生幸事。对我而言,庄国土教授就是这样一座"灯塔":在我的研究生学习阶段,他不仅严格指导我认真塑造扎实的学术素养,帮我看清自己学习和研究的最终目标;同时还对我树立正确的人生观和价值观产生了深远的影响,使我始终不忘自己工作与生活的真正意义所在。

我是 1998 年 9 月入读厦门大学南洋研究院专门史硕士班的,经过一年紧张而又充实的课程学习后,非常荣幸地成为庄老师的门生。无论是在第一学年给我们授课期间,还是在后期对我的硕士毕业论文指导阶段,庄老师虽然自身的科研工作以及学院行政领导工作都异常繁忙,但从来也没有放松过对我的学习指导和研究要求。

在给我们第一次授课时,庄老师就曾深切地告诫我们说,史学研究是一门偏冷的学科,尤其是归入专门史的中外关系史及华侨华人研究,而我们既然选择了这条注定艰辛的道路,就一定要静得了心,吃得了苦,耐得住寂寞,坐得住冷板凳,只有这样以后的路才能越走越宽,才有可能成为一名合格乃至优秀的史学工作者。而实际上,庄老师就是遵照这条准则,从学生时代到教师时代一直严格要求自己的。

即使在20世纪90年代末早已是闻名海内外的中外关系史及华侨华人研究的“大咖”，他依然不分工作日与周末，长期泡在办公室里做研究，常常从早晨七点工作到深夜十一点。庄老师的这一治学态度给我留下了深刻的印象，也深深地影响了我。我在南洋研究院两年半的硕士研究生学习期间，几乎都是自觉或不自觉地以他作为自己的学习榜样。有人不禁会问，长期如此身体经受得住吗？别的老师是如何解决的我不太清楚，但那时我发现的庄老师的小秘密就是他在办公室里备有一副铸铁哑铃，经常会定时起身做运动，舒展身体，缓解疲劳。还别说，这种方式其实很管用，因为我现在也学庄老师在自己的办公室里备了一副哑铃和俯卧撑支架用着，效果无须多言。

庄老师很早就督促我们说，作为一名中外关系史专业的学生，一定要大量而广泛地阅读各类相关文献资料，而不仅是看二手论著，如果可能的话，要更多地看一手资料，包括古文献及原始档案；不仅仅要看中文的，同样不能忽略外文的文献，这样才能够多视角、辩证、全面地分析、看待涉及中外两方面的同一历史事件。在阅读二手论著时，要多多留意其所引文献的原始出处，尽最大努力地去核实所引文献资料内容的正确与否，这关系到一篇(部)论著的学术质量及学术价值的高低。我对此感触颇深，在阅读一些论著时常常发现其所引文献资料的来源存在很大问题，要么页码不对，要么出版年份有误，要么所引资料名称出错。而特别严重的，可能就是所引文献内容出错，有时甚至与论著作者想要表达的观点恰恰在某种程度上相左，而论著作者只是断章取义地引用自己所需要的那部分内容，以达到自己的论点被认可的目的。这对于我们历史研究者来说，是万万要不得的。正是由于一直牢记着庄老师的这一深刻教诲，现在的我依然坚持力争做到写作时所引资料尤其是中外古文献相关内容正确无误。

庄老师一直给我们灌输一个重要的治学理念，就是要敢于做到“不唯书、不唯师、只唯实”。即使是学术权威，也有片面、出错的时候或地方，只要掌握事实真理，哪怕是“初学牛犊”，也完全可以向权威提出质疑。记得庄老师曾向我们不经意透露过他做学生时一件挑战学术权威的“不唯师”的趣闻。在他硕士期间的习作中，庄老师就华侨华人概念的起源和界定，对当时身为香港大学校长的国际华侨华人研究学术泰斗王赓武教授的相关观点大胆地提出了不同看法，并给出自己更为科学的论点。最终，虚心的长者王赓

武教授欣然接受和认同了学术青年庄国土的新看法，并在自己之后的论文中长段引用，他们俩也因此而成为忘年之交，这在当时海内外学术界传为佳话。听闻这一趣事后，我跃跃欲试，常常将“我要驳倒博导”的狂言挂在嘴边，但同时更多的是以此来鞭策自己更加脚踏实地努力治学，并希冀自己将来也能够做到“长江后浪超前浪”。受此治学理念的鼓舞，我也斗胆尝试在硕士毕业论文里就近代东南亚华商经营当地化这一概念提出了自己的创新性观点，并得到了庄老师及其他老师的充分肯定和认可。

2000 年秋，我迎来了人生路上的又一次重大转折。荷兰汉学家包乐史教授来访我院，为他的国际史学博士生培养计划挑选中国大陆候选人。我有幸把握住了这次难得的机遇。然而，没曾想出国前申办护照和签证的过程极为艰难。当时我为出国提前半年毕业，结果成了无工作单位之人，导致按国家法规不能申领护照。庄老师不得不亲自出面，请求厦门大学研究生院为我出具单位证明，采取“公派自费留学”的方式申办护照，但我必须向厦门大学赔偿国家用于我大学四年及研究生三年的高等教育培养费。这在当时是一笔巨款，我这个穷学生根本就支付不起。眼看着进退两难、几乎已陷入绝境的我，庄老师与聂德宁教授毅然决定，联手借钱给我支付了这笔培养费。此外，庄老师还个人出资赞助了我申请荷兰签证时来往于厦门、福州及广州三地的旅途费用，而这又是一笔不菲的开销。

在我飞往荷兰前夕，庄老师跟我有过一次深谈。庄老师语重心长地对我说，他之所以为我提供这次难得的出国读博机会并给予我最大程度的帮助，根本而言就是看重了我愿意且能够以“甘坐冷板凳”的治学态度在史学研究的道路上继续走下去，并必将会有一番作为的潜质。而他的最终目的还是希望我能够学有所成后回到祖国，回到母校，为我国的中外关系史及华侨华人研究事业添砖加瓦。当然，我是以自由之身出国留学的，最终的选择权在于我自己。作为曾在欧洲访学多年的前辈，他也曾完全有机会像当时出国大潮中的很多留学生那样学成不归，成为令人羡慕的外籍华人精英学者。但是他坚信，他是国家培养的，他的根在中国，他的事业、前途更应该在中国，而作为改革开放后的第一批大学生，他天然有着为新时代祖国史学研究事业义不容辞地奉献自己一份力量的责任。多年后，当我读到某位外国领导人所说的“没有忠诚，能力与才华一文不值”这句话时，再次对庄老师心

中长存的国家情怀钦佩不已。

时刻铭记着庄老师的期望与嘱托，我在荷兰度过了漫长的六年求学生涯。六年里，有过因难以查找或无法读懂原始档案所滋生的彷徨，也有过因怀疑自己是否能够顺利完成学业而产生的迷茫，但是更多的是对自己研读目标的坚定以及对自己每天所获进步的喜悦。我之所以能够最终坚持下来，完全要感谢庄老师先前对我的深切期望与嘱托，以及每当我通过邮件向他倾诉自己的学业困惑时，他对我的耐心安慰、暖心鼓励、倾心支持和悉心指导。可以毫不夸张地讲，在那六年的艰难岁月里，庄老师就是来自祖国每时每刻支撑着我为了自己的人生目标而坚持奋斗到底的强大精神支柱和引路灯塔。

2006年，我终于顺利通过了莱顿大学历史系的博士论文答辩。当天，我就通过电邮将此“喜讯”告知身在国内因诸事繁忙无法飞赴荷兰作为联合导师参加我的博士论文答辩的庄老师。庄老师随即发来热情洋溢的回复，他首先恭贺我顺利毕业获得博士学位，然后郑重向我发出邀请：欢迎我回归母校，共同建设国际关系学院暨南洋研究院，如果愿意的话，尽早回国。面对恩师的召唤，我没有丝毫犹豫，办理完所有离校手续，打点完一切行装后，立马乘坐飞机回国，五天后便正式入职厦门大学。自此，我不负庄老师的期望与嘱托，在国际关系学院暨南洋研究院的科研教学岗位上勤勤恳恳，踏实前行，同时也时刻享受着科教工作带来的乐趣。

今日再回首，我感慨万千。正是庄老师的精心栽培，成就了我值得一生骄傲、永世难忘的研究生学习生涯；正是庄老师的热切感召，成全了我毅然决心回归母校贡献己力的心愿；正是庄老师的榜样精神，激发了我为实现自己真正期待的人生价值和人生目标而奋斗。而对于庄老师这份恩情的最好回报，就是加倍努力地奉献于厦大！

作者简介

刘勇，男，1998级厦门大学南洋研究院专门史硕士班。现为厦门大学国际关系学院/南洋研究院教授。

人生之幸莫过于遇良师

——深切缅怀我的导师罗郁聪教授

◎ 杨继国

人的一生如果能够遇到一位“良师”，就将是莫大的幸事。我的博士生导师罗郁聪教授不但将我带入了学术殿堂，而且更为重要的是他塑造了我作为一名合格的大学教师和马克思主义学人的灵魂。在罗老的精心教育和培养下，即使我半路出家，没有经过本科的经济学教育训练，且已年过四十，本以为已不太可能在学术上有什么建树的我，只经过了八年时间，就获得博士学位，并晋升为厦门大学经济学教授。

1994 年，我硕士毕业后到厦门工商银行工作。次年，我的一位师兄考入厦大经济系攻读博士学位，师从罗郁聪教授。我从与师兄频繁接触的过程中了解到罗教授的学识和为人，遂萌生了投身罗教授门下读博的愿望。1998 年，我终于下定决心放弃当时令人羡慕的银行工作，报考罗教授的博士研究生。我准备登门咨询一下考博事宜，当我按约定时间来到罗老门前准备按响门铃的那一刻，心情着实有些紧张。鼓起勇气敲门后，开门迎接我的是一位中等个子、慈眉善目、须发花白并带着一副深度近视眼镜的老先生。经过寒暄，确认这就是罗老，他微笑着请我坐下。眼前这位先生年龄与我父亲相仿，且一样慈祥。此时，我的紧张情绪立刻消失了。

由于事先打电话说明了来意，我直奔主题，向罗老询问是否可以招收我这样的弟子。罗老说，是否招收不是他说了算，要看我是否符合报考资格，且能否通过面试和笔试。罗老接下来问了我硕士阶段的专业和学业情况，并特意强调报考他的博士生需要有马克思主义的信仰，并立志从事马克思主义经济理论基础研究。我说这些我都事先从师兄那儿了解过了，并拿出我读硕士和在银行工作期间公开发表的论文数篇。罗老仔细看了下，并点点头。“还不错”，罗老说，“有马克思主义经济学的功底，你现在在哪里工作呀？”“在厦门工商银行”，我回答道。听到我的回答，我发现罗老脸上掠过一丝不易察觉的阴云，他说：“好，你的情况我知道了。”我立刻觉得事情好像有点儿不妙，这似乎是个没明说的“逐客令”。可我还有好多问题没问呢！

我只好告辞，但我没弄明白罗老为何不太高兴。回家后我托师兄去探听虚实，师兄回复说，罗老对我表示很惋惜。罗老说，从我发表的论文来看，我应该是一块做学问的料，同罗老的经济思想史专业也比较对路；但是在待遇优厚的银行部门工作（当时银行薪资优于大学教授薪资数倍），不可能离开这个行业。听到这里，我才恍然大悟。其实我本就打算考上博士后辞职全脱产学习，只是没有来得及与老师讲清楚。我让师兄向罗老转达此意，罗老听后大悦，鼓励我报考并认真复习。

按当时的规定，报考需单位领导批准方可，但领导以种种理由对我的报考申请不予批准。无奈我只好向银行辞职。这一举动把我的家人吓得不轻。年过四十的人了，万一考不上呢？工作没有了，如何养孩子？就算考上了，读书三年没有工资，经济方面也是个问题。不过最终我还是得到了家人的支持。我决定再次上门将我已经辞职报考的消息告诉罗老，并希望在复习方面得到罗老的指导。到罗老家坐定后，我将已得到批准的辞职报告交给罗老。在报考前就辞掉银行这样一份待遇优厚的职业，罗老既惊喜又意外，脸上露出了灿烂的笑容，连声说：“好哇，好哇！”接着，我请罗老指导我复习，推荐复习书目。可罗老严肃地说：“报考我十分欢迎，但是我不能给你推荐招生简章之外的任何书目，更不会给你提示考试重点。这样对其他考生不公平。”我来时，看见老师正聚精会神地在一本厚厚的旧书本上写画着，为了不耽误老师研读，我起身告辞。罗老将我送到门口，看到我放到桌子上的水果，说道：“这个你得拿回去。”我说，这只是学生的一点心意，不值钱的。

我想，这只是老师的客套话，说完我就出门了。没想到，罗老从桌上抓起水果冲出门塞到我手上，带着责怪的口吻说："你现在还不是我的学生，不要自称学生；考试前我收了你的礼物，同样有可能造成对其他考生的不公。你先拿回去，等你考上我的博士之后，再拿来给我也不迟。"我像一个犯了错误的小学生一样，不好意思地低头拿着水果走了。

考完试，我幸运地顺利成了罗老门下的弟子。入学后，罗老每周要给我们上两次专业基础课，每次整整半天将近四个小时。当时罗老已年近八十，但步态矫健，讲话不紧不慢，声音洪亮，有条不紊，妙趣横生，给我们留下了深刻印象；尤其是连续讲授近四个小时，中间只小憩一下，而精神不衰。这就算是对青年教师来说也不是那么容易的事情。更使我们印象深刻的，是每次讲完课，罗老都会布置我们阅读相关经典文献，并写出一篇小论文，也就是每周要写出两篇小论文。这对刚刚入学没有多少基础的我们来说，是个不小的压力。记得当时经常白天一上完课，我就紧张地阅读经典、查资料、写小论文，好几次都忙到午夜之后。每次的小论文罗老都会在下次上课之前认真批改，并详细指出问题所在。这对于一个八十岁的老人而言，每周除了备课、上课，还要批改十六篇小论文（八人上课，每周两次），也是个不小的工作量。经过这样一个严格而艰苦的训练过程，我的科研打下了坚实的基础。

转眼到了博士论文开题阶段。经过认真准备，我信心满满地去找罗老谈我的选题设想。罗老先是认真听完了我将近两个小时的"侃侃而谈"，中间没插一句话；听完我的汇报，罗老深思片刻，说道："你这个选题很不成熟，缺乏新意，这样拿出来正式开题答辩，是很难通过的！"然后给出了改进建议。我只好回去重新思考，调整思路，补充文献，又经过了大约一周的努力，重新撰写了开题报告。再次经罗老过目并首肯后，才正式提交参加开题答辩。由于开题之前受到了老师的批评，虽然开题报告通过了，但在正式撰写博士论文时，我不敢有半点马虎和丝毫懈怠。过了半年多，虽然离正式提交论文还有半年多，但老师可能对我的论文不太放心，催促了我好几次，问我论文的写作进度，并让我把已经写好的部分拿给他过目。此时，我的论文初稿其实已完成大半，但由于信心不足，只敢先拿开头两章给罗老看。论文交给罗老时，他没有说什么，只说等他看完后通知我。过了大约一周，罗老通知我去谈论文。去后，他把我给他的两章论文初稿还给我，并让我赶快复印几份送给蒋绍进老师和石景云老师等老教授。我如此照办后回到家，可没有得到罗老对论文的意见，心里很不踏实。又过了几天，罗老叫我去他家。一进门，罗老就笑呵呵地说："继国，真没想到哇！你这两章论文初稿写得很好，我们几位老师都很满意。可惜没写完，按这个水平，现在就可以参加答辩了！"听到老师如此评价，出乎我的意料，心里有了底，就说："罗老师，其实我的初稿还有几章没有拿来。""快点都拿来！"罗老说。次日，我又拿来余下的手稿四章。罗老看后非常高兴，说："十二月有一次上学年的延迟答辩，你可以提前参加他们的答辩。有信心吗？"我高声回答："有！离答辩还有俩月，提前一个月提交，还有一个月可以写完最后两章并修改初稿，加几个夜班，应该差不多。"就这样，我提前半年以优秀成绩通过答辩，也提前半年毕业参加工作。

毕业后，罗老提出让我留系任教。为了不辜负罗老对我的期望，也为了毕业后仍然能够继续得到罗老师的教诲，我谢绝了几个待遇比厦门大学更好的职位邀请，决心留在厦大经济学系继承罗老师的衣钵。工作后，罗老从教学科研方面都对我提出了严格的要求，并给予细心指导。为了我能更早成才，罗老让我全程参与他的导师组工作，从博士招生、面试到上课、博士论文开题，再到初稿审阅的全部工作都让我全程介入。在罗老的精心培养下，我没有辜负老师的期望，得到了比较快的成长。从毕业起，经过不到六年的奋斗，我被破格晋升为厦大经济学教授，并成为有一定影响力的学科带头人。这个比较令人满意的成绩，首功当归罗老的谆谆教诲和精心培养。

罗老把自己的一生奉献给了厦大，奉献给了他所钟爱的教育事业和马克思主义基础理论研究。罗老在新中国成立前就考入厦门大学，偷偷接受了王亚南教授的马克思经济学教育；毕业后除了到福建省研究院社会科学研究所工作了两年多外，其余时间都在厦大工作，直到生命的最后一刻。罗老是中国著名恩格斯研究专家，他在厦大创建了全国第一个马克思主义经济思想史（后教育部改名为"经济思想史"）博士点。他平生除了教学，就是读书和写作，没有其他爱好。可以说，工作和科学研究是他生命的一部分，而且是最重要的那个部分。直到临终前不久，他仍然在病房里读书学习，还念念不忘地要给他的最后一个博士生上课。

2007 年 8 月，参加在内蒙古大学举办的“全国综合大学《资本论》研究会年会”厦大参会人员合影（右三：罗郁聪教授）

2013 年 7 月，刚放暑假，我准备回重庆老家一趟。临行前去看望罗老，发现他仍然跟往常没有两样，只是话似乎更多了一些。我正要离开时，他突然对师母说：“你把洪教授的那封信找来给继国保存。”师母去找了一会儿回来说没找到，东西太多不知放到哪里了。罗老提高嗓门说：“再去找！”我也一同去帮忙找，可还是没有找到。此时罗老不知为什么，破天荒地对师母发火了！在我的印象中，罗老从不发火，尤其是对师母。为何会为了找一封信发火呢！我很纳闷，不仅仅是纳闷他发火，而是纳闷为何一定要在此时把信转给我保存呢？后来在罗老去世后不久，师母整理罗老遗物时发现了这封他保存了十四年的信，并亲手转交给我保存。罗老为何要把这封他一直保持的信交给我保存呢？因为此信与我有关系。我的博士论文答辩时，系里请了复旦大学著名经济学教授洪文达老师主持答辩。洪教授离开时，借表扬我的博士论文为由，高度称赞了罗老师的博士点，以及他坚持马克思主义经济理论教学与研究并培养出合格“接班人”。

2013 年 8 月的一天，我在老家接到我爱人打来的电话，说罗老师病得很严重，已经住院了。我立刻回到厦大去医院探望老师。一进病房发现老师身上插了好几条管子。原来罗老已是胃肿瘤晚期，不能进食，只能靠体外输入营养液维持生命。看到如此情景，我感到非常意外和难受。我离开厦门前还好好的，不到一个月为何就变成这样了呢？虽然罗老已经好久没有进食了，但头脑仍然清晰，精神也还不错。我一进门就热情地招呼我，不谈他的病情，只谈教学和科研的事情。我发现他的病房床头柜上还放着一大堆书籍和资料。不久后，开学了，我去探望他时，罗老催促着出院，说不然就耽误了给他的博士生上课。我告诉罗老安心养病，等病好了再上课也不迟。可怎么劝他都不听，他又一次冲陪伴他的师母发火了，非要去给博士生上课。没办法，只好折中让他在病房里给学生上一次课。此时罗老已是九十三岁高龄，已在医院一个多月没有进食，他带着输氧的管子，在病房里足足给学生讲了一个半小时的课。看着这一切，我们都不禁泪流满面。这是一种什么样的精神，支撑着一位风烛残年且病入膏肓的耄耋老人在生命的最后一刻还在战斗？

又过了几天，我和罗老在外地的部分弟子相约去探望他老人家。一进病房，他就热情地招呼我们，我故意指着弟子中的一个问道："罗老师，认得他是谁吗?"罗老答道："很面熟。"我确认他已经不认识他们了。于是我找了一张纸，将探望他的其他弟子的名字一一写上，交给罗老。他立即兴奋地指着纸上的名字，如数家珍地说出他们是哪年入学的、博士论文是什么题目、在哪里工作，等等。原来罗老虽然已经不能认出他们了，但却并没有忘记他们，他把弟子的点点滴滴深深地刻在心里了。

记得 2013 年 10 月 31 日是我最后一次去探望老师。这次我进门的时候，罗老望了我一眼，没有跟我打招呼。我知道，这次他连我也不认识了！过了一会儿，护士来查房，完了罗老还非常礼貌地拍拍护士的肩说："谢谢啦!"一个病得连家人和最亲近的学生都不认识了的人，竟然还没有忘记礼貌和对医护人员的感谢！没想到这一次告别竟成了永诀。11 月 3 日早上，我在泉州开会时接到庄宗明老师的电话，告知我罗老已于当日凌晨安然辞世，并让我将这个噩耗告知罗老其他弟子。

罗老师已经永远离开了我们，但是他的音容笑貌、他给我们上课的神情永远留在了我们心中。他从学生时代就投身学生运动、接受马克思主义立场、至死不忘初心、坚持自己的信仰并与时俱进的革命精神，他一生兢兢业

业、视觉的教育事业和马克思主义研究为生命的爱国爱校精神，他生命不息、战斗不止的奋斗精神，他严于律己、皓首穷经、追求真理的科学精神，是激励我不断前进的动力。我蓦然发现，罗老的这些精神，不正是厦门大学的“四种精神”吗？是厦大精神孕育了许多像罗老这样的道德楷模、学术高峰；同时，也正是像罗老这样的楷模和高峰不断地塑造着厦大的灵魂。

作者简介

杨继国，男，1998级厦门大学经济学系博士。厦门大学经济系退休教授、博士生导师，全国综合大学《资本论》研究会副会长，福建省《资本论》研究会会长。

止于至善

——记我的导师林祖赓先生

◎ 赵胜亮

2021 年 4 月，将是厦门大学百年诞辰，我与导师林祖赓先生相处的点点滴滴浮现脑海。

授业：专业专注、自主创新

我是在 1999 年加入林祖赓老师的电化学研究课题组的，这次选择是我科研生涯的起点，从此，我在美国的博士、博士后及随后的工作都在电化学的基础上拓展进行，也凭此专业在该领域“自强不息”，不断学习，不断进步，这让我时时感念的自然是我的恩师林祖赓先生。

我刚入林老师的课题组时，第一次见面，林老师就亲自向我们介绍了国内第一套自主研发电化学测试系统DZH-1型电化学综合测试仪。在研发过程中遇到了什么难题、如何克服这些难题，林老师娓娓道来，在他的轻描淡写中我体会到导师坚持克服困难的眼神和信念，初次体会到科学研究中什么叫“知难而上，勇于创新”。我读研时需要测试锂离子电解质隔膜的特性，遇到了不少问题，但林老师并未直接给我研究方案，而是在指导我阅读文献的同时，指导我制定研究方案，并让我寻求朱光明老师和王翠英博士、吴国涛

博士的帮助，后来我自行设计并制作了专门的设备，成功解决了这个问题，并将结果发表于专业的电化学期刊上。我体会到研究的过程和研究的方法，领会了“独立思考、自主创新”的内涵，也培养了自己在电化学方面的兴趣，加上有关文章的发表，顺利地申请到去美国留学的全额奖学金，并取得博士学位，随后又在美国国家实验室将专业拓展到光化学领域。在光化学和电化学方面专业系统的科研经验，为我以后解决工作方面的问题，提供了坚实的理论基础。

解惑：学要致用、为国为民

我自 2014 年回国后，就一直在为未来的发展方向左右摇摆，是继续在高校做科研，还是做技术的应用转化及产业化？2015 年教师节，我向林老坦述过这个想法，林老很真诚地开导我说：“无论选择哪个方向，都要专注，并且全力以赴。现在国家百业待兴，如果能利用自身研发上的优势，在自己的专业领域，将技术应用转化，解决一些棘手的、迫切要解决的问题，就能真正达到知行合一、服务社会的目的。只是有几句话你必须牢记，你要有一颗静得下来的心、一双能吃苦的手、一份不沾染恶习的清修。不计名利、踏踏实实、埋头苦干，一定能行的。”

林老对我的谆谆教诲让我清醒地认识自己，在我前行路上给我鼓励，帮我解惑，让我“自强”。每念及此，我更是感念我的恩师林祖赓先生。

传道：于己自强不息、为人止于至善

林老师是我的人生、学业、事业的导师，既有学者的严谨，更有君子的谦恭。在我 2002 年硕士毕业时，林老师特意叮嘱我，让我在毕业论文上署上朱光明老师的名字，其实当时我并没有太注意这个细节；林老师在百忙之中，仍然坚持为我修改论文，不仅将诗书文采留在我的论文中，同时也印在我的心海。在 2015 年的一个活动结束后，拍照时林老说：“胜亮，你们年轻人要往中间站，我们老的要当你们的绿叶了……”

林老师不仅是我的导师，也是厦门大学的两任老校长。师者，所以传

道、授业、解惑也，林老师不仅仅带着我，更带着厦大师生前行。我想，“自强不息，止于至善”就是林老师在言传身教中让我和众多厦大师生感受到的精神力量吧，也正是厦大校主陈嘉庚先生对我们每个厦大学子的精神寄托吧！

闲暇时间或传统节日，我就会去拜访我的导师林祖赓先生。老校长依然精神矍铄，言笑朗朗，每次深谈都能给我专业上的指导和智慧上的启迪。值此百年华诞，让我们每个厦大人都怀着“岂因果报方行善，不为功名始读书”的初心，祝愿厦大在校主、校训的精神鼓舞下、在各任校长的传承弘扬下、在每位校友师生的齐心协力下，不负这个时代，奋勇向前，更进一步。

2019 年中秋拜访恩师林祖赓(左二)时偶遇吴世农老师(右一)

厦大精神，浩然百年；有师如此，兰桂齐芳！

作者简介

赵胜亮，男，1999—2002 年就读于厦门大学化学系电化学专业。后在美国获光电化学方面博士学位，并于美国布鲁克海文国家实验室完成博士后工作。现任昭仕新材料研究中心首席科学家，厦门市环境科学学会理事等职。

春风化雨自有时

——记杨春时先生的美学人生

◎ 仲霞

2006年硕士毕业后，我放弃了哲学系硕博连读的机会，进入职场。在几年的工作经历中，我感受到了职场的复杂和不适，又萌生了对学术生涯的向往，最终下决心辞职，重返母校攻博。我选择了报考杨春时先生的文艺美学专业，一方面是由于美学与哲学密不可分，加之自身对艺术颇感兴趣，硕士论文亦是撰写艺术哲学的相关内容，所以觉得这一专业应该适合自己；另一方面也是最为重要的，杨先生是著名的美学家，后实践美学的代表人物，做他的弟子，可以学到真知识。考前我曾重返母校旁听，其中就包括杨先生的若干课程，先生温文尔雅的气质与睿智犀利的思想给我留下了深刻的印象。幸运的是，2010年，我顺利通过了博士研究生入学考试，如愿成为杨先生的门生。

杨先生潜心学问，淡泊名利，是一位"纯粹的学者"。他对我们说过，做学问不是选择一门职业，而是选择一种生存方式，也就是把学术当作生命，当成最崇高的事业。他是这样说的，也是这样做的。在来厦大工作前，杨先生曾经被选作省级后备干部，但这并非他的志趣所在，于是他做了最大的努力，摆脱了这件"好事"。他觉得自己在做学问中获得了快乐，而这是学者所能达到的最高境界。先生虽年逾古稀，仍笔耕不辍，至今著作等身，现已出版学术专著近三十

部，在《中国社会科学》《文学评论》等重要期刊上发表学术论文三百多篇，被《新华文摘》转载近二十篇，被人大复印报刊资料全文转载约八十篇。近些年，他还被人大报刊复印资料遴选为“有重大影响力的学术人物”，在美学专业名列第一位。比这些数字更有意义的是他在美学、文艺学领域产生了重大学术影响，建立了“主体间性超越论美学”体系，成为当代“后实践美学”的代表人物。

杨先生治学的最大特点在于秉承原创的准则，不断创造新的学术思想，建构了宏大而严整的体系。一般而言，学术研究存在两种路径：一是阐释性的研究，对某家某派的思想加以阐发，做学术批评或学术史的研究；二是建构性的研究，提出自己的观点并将之推演生发，建立系统的理论架构。前者相对容易，出成果快一些，而原创性常显不足，但这是大多数学者的选择。后者具有原创性，但难度大，成功的机会少，一般人不敢涉足。杨先生不避艰险，选择了建构性的治学之路。他最初追随实践美学，但提出了审美超越思想；后来批判实践美学，提出了“主体间性”美学思想，最终形成了自己的“主体间性超越论美学”体系。他发掘、运用中华古典美学与西方现代哲学的思想资源，对存在论、现象学、解释学等基本理论都进行了创造性重建，提出了许多富有开拓性、建设性的问题。杨先生总是向着当代最新的理论开放，但非照抄、照搬，而是改造、发展，例如他改造了胡塞尔认识论的主体间性与哈贝马斯社会学的主体间性，创造出了本体论的主体间性理论；他还运用礼物社会学，论证了中国恩德文化是礼物文化的变异；运用礼物现象学，论证了美（艺术）是存在赠予的礼物。这些原创的论述，着实令人耳目一新。比较当代美学家，杨先生的体系是最完备、最严谨的，也是最具原创性的，这一点，确立了杨先生在学术史上的地位。

一些名家在一举成名后往往停滞不前，甚至吃一辈子老本，但杨先生不愿故步自封，敢于自我否定，勇于开拓，不断进取。他在学术领域一路披荆斩棘，不断提出新的思想，引领着中国当代的美学思潮。在20世纪80年代初，他的硕士论文就提出了审美和文艺的超越性维度，这在反映论占统治地位的时代实属空谷足音。他在80年代最重要的学术论争之一的“文学主体性论争”中，以文学的超越性独树一帜，崭露头角。他在90年代初发起“实践美学与后实践美学的论争”（被称为中国现代第三次美学论争），终结了实

践美学的一统天下，把中国美学推进到现代主义阶段。2000 年后，杨先生把通行的认识论领域和社会学领域的“主体间性”理论，改造为本体论的主体间性，建立了主体间性美学思想，从而更深入地批判了主体性实践美学。同时，杨先生在文学研究领域运用现代性理论，建立了新的文学思潮理论，并且重新构筑了中国现代文学的历史叙述。2010 年以来，他建立了新的存在论，把存在定为我与世界的共在和生存的根据；改造了现象学，使其与存在论打通。他认为现象学是恢复我与世界共在和超越现实生存，进而发现本真世界的途径。特别是他提出了“缺席现象学”和“推定存在论”，为建立审美现象学开辟了通路。这样，杨先生就完成了“主体间性超越论美学”体系的创造，提出了“美学是第一哲学”的命题。近年来，杨先生又涉足古代文化的研究领域，特别是他的中国恩德文化研究，颠覆了传统的认知，揭示了中国文化的恩德本质。这项研究正在进行之中，我相信其成果将会显示出重大的学术价值。

杨先生的学术思想体大思精，这不是恭维之词，而是我的真实感受。所谓“体大”，是说在多个学科领域里有突出的建树，并且运用这些新的知识建构出了一个严整的理论体系。美学是一个综合学科，涉及哲学、文艺学、心理学、语言学、社会学、历史学、人类学等多个学科，但美学体系的创新不能建立在原有学科现有知识的累加之上，还应突破已有的知识体系，创造新的知识体系，进而在这一新的知识基础上创造出新的美学体系。杨先生不仅涉足了上面提及的多个学科，而且均有突破性的建树。如在哲学领域，他对存在论、现象学、解释学等都有根本性改造，提出了新的理论，从而为新的美学体系提供了哲学基础。在人类意识结构上，他发前人之所未发，提出了整体性的理论框架，为审美意识的定性提供了知识基础。他还在符号学、语言学、人类学等领域改造了原有的理论，做出了新的创造，为美学提供了多学科的、新的知识基础。总之，杨先生的美学称得上是一个完整的知识体系，其概念准确，观点新颖，结构严整，逻辑严密，令人叹服。

说杨先生的学术“思精”，在于他不是人云亦云地泛泛而谈，也不仅仅限于知识的积累，而是提出了深刻的思想，具有哲理的高度。杨先生常说，哲学和美学不只是知识的发现，更是生存体验的反思。在美学领域，他抓住了存在论和现象学，从存在的本真性和同一性出发，推演出了审美的超越性和主体间性，得出了审美是自由的生存方式的结论；从现象学对存在的发现，论证了审美的现象学性质，得出了审美是超越的体验方式，审美意义就是存在的意义，就是自由等结论。对审美的超越性和主体间性的论证，体现了深沉的人文关怀，就是对人的精神自由的关注。他在现代性理论还未充分引入中国的20世纪和21世纪之交，就将现代性理论应用于文学思潮，提出了文学思潮是对现代性的反应，新古典主义、启蒙主义是争取现代性（或现代民族国家）的文学思潮，而浪漫主义、现代主义、后现代主义是反叛现代性文学思潮。这一理论的提出，不仅是为了深化中国现代文学的学术研究，也是为了关怀现代社会人的精神自由。

在杨先生身上，葆有知识分子浓厚的人文情怀，心系国家的前途，关切社会的进步。他胸襟坦荡，勇担社会责任，关心弱势群体。作为历经三届的全国政协委员，先生提出了许多推动改革、关怀民生的提案，例如最早建议取消义务教育学杂费的议案、为农村中小学生提供免费营养午餐的议案、加快实现城乡教育均等化的议案等，都产生了很大的社会影响，深得普通民众的赞佩。有的提案也获得了政府的采纳，如在2007年政府取消了义务教育的学杂费。他的一些提案，触及社会上迫切需要解决的问题，而不怕有得罪人之嫌，例如提议清理官员读博，禁止官员担任博导等，维护了高等教育的纯洁性，显示了先生敢于担当的良知和勇气。

弹指一挥间，随杨先生向学已有十载。先生对我慈父般的关爱如春风化雨，润物无声。读博阶段，聆听先生课堂的讲授，是一次次知识的开拓和思想的提升，而先生总是循循善诱，耐心指导，引导我深入思考和读书，从而得以不断进步。留校任教以来，每遇学术疑难，也首先请益于先生，先生总会及时为我答疑解惑、指明思路。记不清有多少次、多少遍，先生逐字逐句为我修改论文。从不知学术写作为何物，到自己能够独立承担课题，完成著作；从一个仅有浅显知识的入门者，到得以登堂入室，成为一名学者，这其中倾注了先生大量的心血与无私的帮助。不仅于我，先生对每一个同学都是如此。他总是为每位学生的学业、工作谋划操心，即使在毕业后，同学们在学术上遇到的问题，包括读书、写论文、报课题以及进修等，也总是能得到先生的指点、帮助。同学们都说，杨先生面冷心热，总是悄悄地关注和帮衬我们而不声张。因此，同学们都很尊敬、热爱先生，视之为终生的良师益友。

每年中秋节是杨门大团圆的日子,无论是在读的,还是毕业留厦的学生,都欢聚在先生家中,一起畅谈学术,品尝师母烹饪的佳肴和参加博饼游戏。在外地工作的同学,也都保持着经常的通讯往来。杨门同学的境况也许各不相同,但在做人、做学问上,都努力向老师看齐,在不断的审美超越中求真、向善。不管身在母校,还是世界的任何其他角落,我们都会永远注视着这片校园,不断追寻着先生的指引。

作者简介

仲霞,女,1999—2006 年就读于厦门大学哲学系,2010—2013 就读于厦门大学中文系文艺学专业。现为厦门大学中文系副教授。

我的老师林仲华教授

◎ 席燕燕

光阴荏苒，转眼间离开厦大已近十五年，时间慢慢淡漠了往事，但在某个春光明媚的午后，沏一壶清茶，我似乎又回到了美丽的厦大校园，眼前是高耸的木棉、火红的凤凰花，及为了理想而奋斗的时光，还有我科研的领路人——博士生导师林仲华教授，林老师亲切和蔼的笑容和谆谆教诲看似遥远却依然清晰。

2000 年，我考入厦门大学电化学专业攻读硕士研究生，那时厦大电化学专业在国内众多高校和科研机构中是首屈一指的，由于当年本专业考研竞争非常激烈加上复试发挥失常，我只拿到了自费读研究生的名额。每年九千元的学费于那时的我而言是无法承受的，经过其他老师的推荐，我辗转找到了林老师，简短的自我介绍后，林老师很快答应了收我为徒并帮我支付学费，还告诉我进入科研工作后有一些生活补贴，希望我能够解除经济上的后顾之忧，全心投入到科研工作中。据说现在化学化工学院研究生的学费由学院和导师统筹出资，基本上无须学生支付学费，但那时刚刚进行学制改革，给自费学生支付学费的导师并不多见。仓促的第一面林老师给我的印象是严肃但平易近人，而这两点在我后面五年的厦大学习中体会得更加深刻——对工作的严肃和对学生的和蔼。

在工作中，无论大小事都身体力行，是林老师给我上的第一课。

那时化学化工学院只有一栋实验楼，实验室和老师的办公室都有些紧张，我还清楚地记得开学的第一天，林老师给我指派了他办公室里的一个座位，并告诉我研究生与本科生不同，要以实验室为家。当时的我听起来不甚理解，多年的科研生涯渐渐让我明白，以实验室为家是对科研工作者的基本要求。林老师给我找来了一个没有插头的旧台灯、一把剥线钳和一个电源插头，他要求我自己把线接好，并告诉我，搞电化学研究的人首先要学会的就是接电线。我不会用剥线钳，林老师就手把手地教我，看着自己接好的台灯，我心里很有成就感。

研二时我的课题需要采用脉冲恒电位法沉积硫化镉纳米线，要用PARC173 恒电位仪和波形发生器协同工作，那时课题组里的师兄、师姐都不会用这套仪器，林老师就亲手教我操作方法。那年林老师已经六十多岁了，无论是在当时还是我往后的工作中，都很少见到这个年龄的老师亲自动手操作仪器。这些事情虽小，但从那时起我便知道了动手能力的重要性。在往后的工作和生活里，小到台灯，大到仪器，只要出了问题，我首先想到的都是先动手找到问题并想办法解决。利用手里现有的仪器设备尽可能地开展科研工作给了我极大的启蒙，博士毕业后我去了香港大学物理系从事博士后研究，在电化学研究条件较弱的情况下，利用电沉积的方法顺利地得到了数种不同形貌的金属氧化物半导体材料，这些思维方式都得益于林老师对我的引导。

在科研中，鼓励学生勇于探索、无惧失败，是林老师给我上的第二课。

记得当时课题组有一套光伏检测设备，是老师们自己动手将数个光学和电学原件组装而成的。老师叮嘱我们每次用完仪器后需要关掉光谱控制器，而且实验时需首先启动氙灯光源，再打开其他设备。因为那套系统中作为光源的氙灯在启动时需要高压触发，这时电路中会有很高的瞬间电压浪涌，可能会损害同一电路中正在运行的其他设备。有一次做完实验，我忘了关光谱仪的控制器，第二天师兄郑志新开仪器之前也没检查，打开氙灯电源时电路的瞬间浪涌击穿了光栅控制器的内部电路。在和仪器代理沟通后，得知这台 Acton275 光栅无法在国内维修，只能将其寄去美国厂家更换电路板。更换电路板费用尚不高,但过程极为麻烦,还需进出口公司代办,我记得加上运输、清关和代办各种费用花去了上万元。那个年代,老师获得一项国家自然科学基金的面上项目也只有三年二十万左右的科研经费,上万元的维修费是相当高了。但林老师没有责备我和师兄,甚至都没有过多追究到底谁是主要责任人,他的关注点只在于如何尽快修好仪器继续给我们使用,并嘱咐我们以后要小心谨慎。这件事情发生在我进实验室做科研的初期,林老师的处理方法给了我继续探索的勇气,这对于初入科研的学生来说是很大的鼓励,我没有因为失误而退缩不前,而这套仪器也一直伴随着我后面的博士论文工作。

毕业后我在高校的测试中心工作,负责管理学校的大型仪器,在我的工作权限内,我都鼓励学生亲自动手操作仪器,而且告诉他们要大胆使用,找对研究方法。放手让学生自行操作昂贵的仪器存在一定的风险,但却给同学们很大的自信和动手能力的培养,林仲华老师的教育方法一直在无形中影响着教书育人的我,同时在教育自己的孩子的过程中,这种鼓励探索、强化动手能力的方法也是非常值得借鉴的。

低调踏实的工作作风是林老师给我上的第三课。

我们几个同时期在课题组里的学生都一致认为,对科研数据一丝不苟、对论文发表谨慎小心是林老师给我们在学术作风上做的表率。无论在什么情况下,林老师都坚持数据重现后再发表论文,无法重现的数据就无法得到真伪的判断,所以宁可扔掉也不能作为成果发表,我在随后的科研工作中一直坚持这一点认知,诚实、诚信不仅仅是科研数据发表的基础,也是我们做人的标准。

除了在工作中尽量给我们创造条件,在生活中林老师也给了学生们很多关爱。2005 年,我顺利博士毕业,我清楚地记得找工作的时候,跟林老师报告找工作的进展,他叹了口气,说:“我的能力很有限,但能帮到你的地方,你尽管说。”他还询问我是否想去复旦大学做博士后,因为他有好朋友在那里,可以推荐我过去。但由于我先生在香港大学读博士,最终我选择了去香港从事博士后研究。

一晃已经毕业十五年了，忙碌的工作和琐碎的生活常常让我们将往事尘封，偶尔从跟林老师的通话中得知他身体康健，我都甚为欣慰，而林老师也每次都会仔细询问我的工作和生活现状。林老师对待工作的严肃态度和对待学生的和蔼笑容都印在我的脑海中，是我前行的明灯。

作者简介

席燕燕，女，2000—2005年就读于厦门大学化学系，获理学博士学位。现为中国石油大学（华东）化学工程学院重质油国家重点实验室教师。

宽仁厚爱　春风化雨

——记恩师许清茂教授

◎ 查本恩

时光荏苒，流年似水。2020 年刚好是我有幸成为厦大学子、受教于许清茂教授门下二十周年。记得 2000 年 9 月的一天，阳光灿烂，我气喘吁吁地爬着坡去新闻传播系教学楼，路上听到学长谈论一位叫“许爷爷”的人，十分不解。事后一打听，才知“许爷爷”乃许清茂老师是也，却依然疑惑——彼时许老师五十有一而已，未抱孙子，何成爷爷？有人主动揭开谜底：因为许老师头多白发，笑容可掬，犹如自家爷爷，亲切和蔼，故呼其“许爷爷”。

一

不过，身为研究生的我们，对亲切和蔼的许爷爷却有“一怕”。

怕的是许爷爷会时常问你“写了没有”，其频率犹如中国人见面问你“吃了没有”。

上课时，他会问你在看什么书、关注什么问题、有什么思考、写什么文章；路上遇到你，会问你有没有写点东西；当你登门请教时，他还会问你开始写了没有。有位同学读了很多书，多位老师都将其视为榜样，但许爷爷并未称许，因为他一文未写。

大家困惑,我们既不是作家,也还没成为记者,许老师为何对“写”这么重视?久而久之,我们慢慢领悟出了许爷爷的良苦用心——有想才会写,有思考才有表达,有研究才可行文,这是学术研究中的倒逼法。通过逼着你写,迫使你去想、去发现问题、去寻找材料、去论证,归根结底就是逼你树立问题意识。许爷爷认为,未成文的思考较为粗浅、不够系统,写的过程是理清思路、深入思考的过程,所以必须多写。

在新闻传播系,许老师对写作的重视是出了名的,也是有传统的。虽然厦大新闻传播系在国内是第一个以“传播”命名的,得到了著名传播学者、香港中文大学传播系主任余也鲁教授的鼎力支持,但主持创办的却是曾任《大公报》总编辑、后创办《文汇报》的著名报人徐铸成,他对新闻业务非常重视。许清茂老师参与创办新闻传播系之前是厦大中文系的写作课教师,来新闻系后又教授“新闻写作”和“新闻史”课程,注重“写”是其一直倡导的新闻教学理念,在他的专著《杂志学》里也有所阐述。“你们是新闻系的研究生,不会写更说不过去。”他说,新闻学是一门知行合一的学科,不能只会说,还要会采、会写,否则到毕业时就“拿不出手”。但是,写不等于泛泛而谈、人云亦云。“你如果研究近代报刊,就一定要查原报样,至少要找到报纸的微缩版,否则就是空对空。”于是他把我们往图书馆赶,反复交代要多查原始资料,论从史出,有一份证据说一份话,不要做二手贩子,不要做学术民工。

果然,动笔写的同学开始尝到甜头,不仅学业精进,有几位的论文还发表了在核心刊物上。于是我们对许爷爷的怕就渐渐转化为爱。

对许爷爷的这种怕和爱,我深有体会。那时我也很爱写,见我作业交得勤快,许老师很高兴,说我是个快手。其实,他又何尝不是个快手!我交给他的文章或论文,他往往第二天就叫我去拿,最多不过三天。有时改得密密麻麻,但不管写得如何,他都是满面春风地肯定我、鼓励我,即使要全部推倒重来,他还是会找出其中可取之处予以肯定,而不一棍子打死。这种精神和方法深深影响了我,以致我从来不彻底否定别人的工作。旁人说是失之于松,我则奉为圭臬,美其名曰“爱的出口”——留一个口子,就是留给别人一种可能、一种希望。

许老师爱生如子,没有门户之见。他的这种爱不只给自己的研究生,其他老师带的研究生,只要向他请教,他都当仁不让、耐心指导,从不避讳。他说:“谁指导的不重要,学生有收获、有成果、能发表最重要。”那时,易绍华兄与我同居一室,两人有一种以学术为志业的雄心,凑钱合伙买来一台986电脑,找资料、写文章,做采访、写报道,很有点激扬文字、百舸争流的味道。他不是许门弟子,但他向许老师请教的次数不下于我,许老师从来都是诲人不倦。你去找他,他会泡上一杯茶,然后就看文章、做指导。若是写得不好,则打回去重写,直到他觉得“够水平”为止。

许老师有教无类,收学生从不问来路。印象中,2000年前后的几届许门弟子,除了学新闻的外,有学中文的、考古的、图书管理的,也有学教育的、海洋学的,甚至还有学数学的,他一概欢迎。晚我两届的俞凡,本科学的是数学,许老师照收门下,谆谆教导。多年后,潜心新记《大公报》研究的俞凡同学成果丰硕,未到不惑之年已被山东大学聘为教授、“齐鲁青年学者”,成为新闻史学研究领域的新星。

许老师最怕学生嬉戏人生,荒废学业。凡是他门下的研究生,第二年读完若没出成果,他就会着急,比学生还急,一急就催——上课时催,路上遇到也催,没遇到就打电话催。催了没效果,则帮学生出题目;出了题目没有进展,就帮学生理思路;理完思路若还没动静,干脆一竿子插到底,告诉学生去哪里查什么资料,前人研究到了什么地步,哪些是可以继续研究的,等等。他认为,学生有两种:一种是主动学习型的,不用扬鞭自奋蹄;另一种是被动学习型的,必须得有人拿着鞭子赶着走,否则就会误人子弟。

二

“学高为师,身正为范。”每每想起这八个字,脑海里总会浮现许老师煮茶论学的一幕幕。

2019年年底的一天,许老师给我发来微信:这几天看了关于媒体融合的论文,得便时来家聊聊。

那几天我正值夜班走不开,回微信说上完这周班就去。他反倒宽慰我:不急。无须多虑,得便就行,可长可短。

许老师一生从事传播史学和海峡两岸新闻学研究,对几百年来中外新闻史上的风云变幻了如指掌,对互联网带来的这一轮传播革命非常重视。

每次见面,他都会跟我谈起传播革命的深远影响,时时提醒我要主动拥抱变化,不要固守报纸。每当看到有关媒体融合的好文章,他都会及时分享给我。

那天一值完夜班,我就来到许老师家,一进门仍是许氏“三道菜”——许老师递烟、泡茶,师母端上茶点,我称之为“许门宴”。“许门宴”一开席,师母就剥开一个芦柑塞给我,接着又递给我几个凤梨酥,每次都是这样,怕我空腹喝茶伤胃。这次“许门宴”,我们聊短视频、聊直播带货。老人家已七十多岁,但思想紧跟时代,从未落伍,好像一位瞭望者,永远站在船头桅杆上,关注现实,瞭望前方,发出预警。转眼间,我们又聊了一个下午。其实,许老师多年前就有腰肌劳损,不能久坐沙发,可每次他都坐在硬板凳上,聊到尽兴。

印象深刻的还有2018年春节那次“许门宴”。我去厦大北村给他和师母拜年,当时他的小孙子在家,因为怕抽烟影响小家伙,我们就拿着茶壶和烟灰缸把“许门宴”摆到了北面阳台上,顶着北风,又海侃了半天。印象中这样的“许门宴”不下十五次,有一次竟从傍晚聊到午夜。每每想起,都感动不已,许老师于我,何止传道、授业、解惑?!

厦大对学生好,全国有名。比如,率先给学生宿舍和教室装空调,米饭免费吃,等等,无不令他校学生羡慕嫉妒恨。这种好,每位厦大学子都深有体会。

同样深有体会的,是老师对学生好。这种好,有时候是在学业之外的有求必应,是主动替学生分忧,是帮贫困生垫学费。甚至在毕业之后,学生的事业如何,结婚了没有,生孩子了没有,过得好不好,老师都会牵肠挂肚。

许老师对我如此,对其他同学亦然。有学生工作不如意,他打电话过去,问他想不想来读博士换跑道;有博士毕业后想换工作,他不辞辛苦居中帮忙。从事学术研究的学生,谁在重要刊物上发了什么论文、最近有什么研究成果,他都很关心,或肯定鼓励,或指出不足,有时还会给他们提供一些重要资料。这些对许老师而言,或已成为习惯,但对于学生而言,实乃“一日为师,终身为父”的爱护和关心。

偶与校友小聚时,大家总会提起老师们的好。我想,新闻传播学院的老师,乃至厦大所有的老师,他们或学术观点不同,或脾气秉性各异,甚至彼此偶有争执不快,但对学生,却多如许老师这般无私、宽厚、美好,正如母校校歌《南方之强》所唱的：鹭江深且长，充吾爱于无疆。

三

去年“六一”前夕，突然听说俞凡要来厦门一聚，我一时没有反应过来，问了学姐佘绍敏才知道，他要来给许老师庆生。我实在惭愧，虽与老师同居一城，却把老师的七十大寿这件事给忘了。

为了弥补过错，我发微信招呼同城和外地的许门弟子前来贺寿，大家一呼百应，且纷纷通过微信给许老师发贺电，“许门情深”微信群陡然热闹起来。这时，许老师先是发微信给我，后又打来电话，责备我不该让大家从外地赶来为他庆生：“他们有的孩子还很小，有的要坐很久的飞机，有的工作忙，不该惊动大家。”

许老师低调，怕麻烦人，从不搞排场，所以从来不过生日。许门弟子知道他的生日是在他六十岁以后，还是他无意中说起的。而这生日，也是他随便定的，他自己也不知道出生的具体日期，后来要填表或办个什么事时，一定要求写出生日期，他想 6 月 1 日最好记，就随手写上了。

七十大寿的生日过完，许老师觉得大家为他破费了，很不好意思，立即招呼未离厦的弟子次日中午再聚，并特别声明由他买单。

生日晚宴后，几个许门弟子转换场地再叙。大家对许老师念念不忘的、是他对学生的宽仁厚爱、他为学的问题意识、他主张的知行合一。这三者已经成为一种师承，深深影响了我们，成为许门弟子的共有标识。

坐在电脑前记下许老师这些点滴往事时，外面正下着毛毛细雨。厦门较少下雨，在我记忆中，与许老师相关的有两次终生难忘的雨天回忆。

一次是 2000 年 5 月，我到厦大复试，那是我与厦大和许老师的第一次见面。那天滂沱大雨，走在校园里，雨打裤脚，湿及膝盖。那是一场喜雨，犹如甘露。

另一次是在许老师办公室里长聊。窗外细雨迷蒙，看着白城海滩和海那边若隐若现的远山，犹如置身烟雨江南。那天我们又聊了很久，喝掉了几泡好茶，抽掉了一包香烟，从报人报格到新闻专业主义，从媒体当下的困境到未来的出路。毕业十几年，许老师盼我以学术为志业的愿望依然未变，送

我出门时又嘱我“再忙也不要放弃学术研究”。学院门外，细雨未歇，我伫立远眺，想起苏轼的《望江南·超然台作》，今略改几字，以志恩师煮茶论学、春风化雨之情：

春未老，风细柳斜斜。试上白城台上望，半海春水一城花。烟雨暗千家。

长叙后，酒醒却咨嗟。休对故人思故国，且将新火试新茶。学问趁年华。

作者简介

查本恩，男，2000级厦门大学新闻学系硕士。现为厦门晚报社副总编辑。

严谨正直的恩师，和蔼可亲的慈母
——致敬我的导师曲晓辉教授

◎ 董必荣

又到了一年毕业季。作为一名大学老师，这既是收获的季节，又是忙碌的季节。每到毕业季，我们最重要的一项工作就是修改学生的毕业论文。每当我对学生的论文反复字斟句酌时，既为自己在引领学生成长方面取得收获而感到欣慰，更体会到为人师是多么的不易。俗话说"养儿方知父母恩，为师方解恩师情"，每到此时，我便会想起我的恩师——厦门大学会计系的曲晓辉教授。

我大学主修的是数学专业。大学毕业后，我被分配回老家安徽省无为县做了六年的中学数学老师。虽然在任教期间，也深受学生的喜爱，但中学数学老师似乎并不是最适合我的工作。一个偶然的机会，我碰到了当时正在厦大会计系读博士的同乡项有志老师，他鼓励我跨专业考研，报考厦大会计系。在他的引领下，经过两年的准备，1997 年，我报考了厦大会计系的硕士研究生，并有幸入围复试，但名次相对靠后，只能自费。由于我家庭经济困难，最后不得不选择去福州大学，这使我与厦大会计系的缘分推迟了数年。幸运的是，在读硕士研究生期间，我有幸聆听了曲老师的一次讲座，第一次领略了恩师的风采。那一刻，我就在想：如果将来能够有幸成为曲老师的学生，那该是多么幸福啊！又该是多么自豪啊！

硕士研究生毕业后，我去实务界工作了一年，但是始终没有放弃心中的梦想。在硕士研究生导师潘琰老师的鼓励下，2001年，我鼓起勇气报考了曲老师的博士研究生。第一次给曲老师打电话，是在焦急地等待录取结果的过程中，我紧张得有点语无伦次，电话那头却传来曲老师和蔼而富有磁性的声音："小董啊！谢谢你报考我的博士研究生！不用急，博士研究生是学校统一录取的，要耐心等，只要你足够优秀，我一定争取把你录进来！"之后，我又冒昧地给老师打了几次电话，老师总是在百忙之中耐心地宽慰我，最终我荣幸地进入师门，成为曲老师博士生的愿望终于实现！

入学后，曲老师给我们每位学生拟定了一份必读的中外文献清单，同时给我们每个人发了一堆厚厚的最新外文资料。一开始，我以为老师给所有学生的文献清单是一样的。回去以后，我无意中发现同门另一位同学的必读书目和文献资料清单与我有较大的差异：我的书单要比那位同门更多、更宽泛，特别是在经济学、管理学和人文学科方面。开始我还很纳闷，老师让我们每个人读的文献资料怎么不一样呢？后来细想，我才恍然大悟：在我们入学之前，曲老师已经研究了每个人的学习经历、学科专业背景，并根据每个人的学科背景和专业功底，有针对性地准备了一些必读书目和文献资料。这正是为师者的至高境界——因材施教！顿时，一种幸福感涌上心头，有幸能入曲老师师门，受她指点，是多么幸运的一件事啊！

正式开课后，开启了曲老师每周一次的"国际会计专题研究"课程模式。不料第一次研讨课，我就出了洋相。在那次研讨课的前一周，老师就把研讨题目、每个人发言的主题以及相关文献资料发给了我们，让我们提前认真准备，上课时每个人要根据自己分配到的主题做重点发言。我发言的主题是"美国安然公司财务造假的相关问题"。经过一周的阅读和检索，我把自己了解到的安然公司造假情况及其分析认认真真地写了一页纸，自认为已经准备得很充分了，结果到了研讨课上，一看同学们准备的材料，我就傻眼了：其他同学准备的可不是一两页，而是十几页甚至更多，更重要的是，汇报时，同学们个个都能脱稿侃侃而谈。轮到我时，只能干瘪地把自己准备的一页纸读了一遍，总共不到五分钟，既没有多维视角，也没有深入剖析。讲完以后，大家都看着我，似乎还在等待下文，我不得不尴尬地对大家说："我的发言完了！"那一刻，我羞愧得恨不得找个地缝钻进去。我心想："这下曲老师该狠狠批评我了！我真是不争气啊！"这时却听到曲老师说："董必荣大学学的是数学，数理功底很好。他的发言虽然短，但也有自己的见解，让我们初步了解了安然公司造假情况。这一次准备的充分度稍有不足，后面应该进一步跟踪，进行更为深入全面的分析。没关系，慢慢来！"那一刻，我特别感谢老师的包容和勉励！虽然曲老师没有批评我，但她那句鼓励的话，却使我心中暗自下定决心，一定要加倍努力，把以前落下的补回来。自那以后，我全面、系统地研读了老师所列的中外文书目和文献资料，并开始效仿其他同学，广泛阅读有关经济学、管理学的书籍，特别是制度经济学方面的经典名著。

曲老师的治学严谨、勤勉辛劳在厦大师生中是人所共知的。哪怕她再忙、再辛苦，也不会降低对我们的要求，而是时时刻刻关心着我们的学业。我在校的那几年，曲老师不仅要负责教育部人文社科重点研究基地厦门大学会计发展研究中心的工作，还承担着学校乃至国家众多的学科专业任务以及自己的教学科研任务。当时，她的女儿正在读中学，曲老师每天一大早就要送女儿去厦门外国语学校上学。那时，我们心中都有一个疑问：曲老师的工作效率怎么那么高？！后来我们才知道，其实我们只说对了一半，曲老师的工作效率确实很高，但另一半却被我们忽略了：曲老师一天只休息几个小时。

进校几个月后，我写了第一篇小论文请曲老师把关。没想到，这篇小论文的修改完善过程影响了我一辈子的治学态度和做事风格。那篇论文，是我花了近两个月的时间才费尽心血"熬"出来的。我记得稿子发给曲老师时，已是深夜十二点。发给老师的那一刻，我长舒了一口气，觉得终于可以放松一会儿了。毕竟我对自己的那篇"大作"还是十分满意的。我在宿舍里一边听音乐，一边整理地上散乱的各种书籍和资料，临近睡觉时已经凌晨三点了，正准备关电脑，突然发现老师已经回邮件了。打开邮件一看，曲老师已经对我的论文提出了系统的修改意见，并用 word 修订格式对我的论文逐字逐句进行了审阅和修改，每一页都是密密麻麻的红字。在我听着音乐自鸣得意的三个小时里，老师对题目、框架、语句、格式，乃至进一步还要看哪几篇文献都一一提出意见。那一刻，我在为老师治学的严谨而深深折服的同时，也为自己的轻狂而感到羞愧！自那以后，曲老师治学的严谨态度深

深地影响了我。耳濡目染，我在为人处世时，不自觉地以曲老师为榜样，以至于我现在的治学态度、做事风格已经深深地打上了曲老师的印记。记得我刚去南京审计大学工作不久，当时的系领导就交给我一项课题任务，说这个课题前期一直有人在做，已经延续了很多年，模型和参数都是固定的，每年只需要根据最新的数据进行测算更新就可以了，不会花费太多的时间。但受到曲老师做事风格影响的我却想，领导可以这样说，我却不能这样做。要做好这个课题，必须要搞清楚这个课题的来龙去脉，特别是为什么选择这个模型、为什么要这样选取参数，等等。于是我对国内外有关研究文献进行了系统梳理，并进一步对测算模型的构建和参数的选取进行了改进。两个星期后，我做了一次汇报，汇报 PPT 有八十七页。当时，在场的老师都非常吃惊：在他们看来，这个课题一直是延续前期的工作，只要根据新数据重新测算一下就可以了，不用大动干戈，更不用质疑原来的模型和参数选取。惊讶之余，几位老教师又转而称赞说："厦大会计系的学生做事确实严谨!"其实我的内心很清楚，在老师门下，我学到的仅仅是皮毛而已。

曲老师不仅治学严谨，而且对每位同学关爱备至。在知道我当时的经济状况后，为了资助我，同时又能照顾我的面子，她经常让我参与一些课题，这不仅训练了我的科研能力，也在很大程度上解决了我的经济困难。其实那时候曲老师并没有在外面兼职，仅靠学校的工资生活，除了自己，还要供养女儿读书，经济并不宽裕。2002 年夏天，老师还安排我利用暑假去一家公司兼职，以缓解我学习期间经济上的窘迫，并特别叮嘱我，除了挣钱，还要注意多观察、多思考，了解企业实务。

曲老师的正直善良、淡泊名利、风趣幽默、乐天达观影响了我们每一位学生。我的"三观"就是在曲老师的熏陶下逐渐形成的。说实话，刚入校的一年多，我心中一直有一个想法，毕业后一定要去高薪的金融机构工作，如基金公司、证券公司。进校后，曲老师经常给我们讲她的奋斗历程、关于事业的看法，以及人生的道理。在曲老师春风化雨的影响下，我的"三观"慢慢地发生了转变。2002 年秋天，曲老师在一次国际学术会议上的风采让我做出了人生职业选择的一个重大决定。那天，我提前二十分钟到报告厅，但仍然去晚了，里面一个空座位也没有了，我只在过道中间勉强找到一个位置站着。由于听报告的人太多，很多专家学者也只能席地而坐，仰着头听曲老师报告。曲老师用流利的英语做了整场学术报告，还和国内外学者做了积极的互动。作为老师的学生，我在敬仰、自豪之余，特别留意了一下整个会场听众的表情，发现许多人和我一样，眼神中充满着对曲老师的崇拜、敬仰之情。那一刻，我突然想，如果能够像老师一样这么有学问，影响那么多人的心灵，指引他们的人生，那该是一项多么伟大的成就啊！那一刻起，我改变了未来的职业选择方向，开始按照一名大学老师的职业素养要求规划后面的学习生活。

2004年毕业时，曲老师曾经劝我留校，我知道，老师是想在学术上继续好好培养我。但由于家庭原因，我辜负了老师的期望，最终选择了离安徽老家相对较近的南京审计大学，当时叫南京审计学院。这中间还有一段当时我根本不知道的故事。进入南京审计大学工作不到两周时，当时学校的一位分管领导专门与我们几位新进校的博士进行座谈，谈到我时，他专门把我介绍给大家说，这是学校从他最敬仰的大姐——曲老师那边专门要过来的，并勉励我一定要像曲老师一样，严谨治学，踏实做人。会后我才知道，自从我决定来南京审计大学后，曲老师早就和相关领导打过招呼了。那时，我格外感动：自己从未要求老师给相关领导"打招呼"，可她却默默地做了，她的"舐犊之情"，虽然无声，却那么深沉！

工作后，我开始忙碌起来了，去母校看望老师的机会也慢慢少了，只能在一些学术研讨会上见到老师。一有机会，曲老师就会利用会议间隙带着我去拜见各位专家和学术前辈，并特别叮嘱他们说："这是我的学生，现在在南京审计大学工作，以后请多多关照。"正是由于曲老师的引领、呵护和关照，进入南京审计大学工作的十六年来，我一切都非常顺利，事业上小有所成，家庭也非常幸福。

2016年前后，有一段时间，我产生了一个困惑：究竟是按照当初的梦想，辞掉所有的行政职务，做一名单纯的教师；还是辞掉各类外部兼职，一边开展教学科研，一边从事管理工作？我之所以选择做大学老师，是源于心中的一个梦想——就是要成为一位像曲老师那样学识渊博、备受尊敬的学者。但是在进入南京审计大学工作十几年后，我的人生轨迹似乎渐渐跑偏了方向，逐渐走上了管理岗位。几次和老师见面，我都详细汇报了我的心态和困惑。曲老师纠正了我的错误观点，他认为参与学科专业建设也是每位学者

不可推卸的责任。在学校做管理工作，特别是学科专业的管理工作，可以直接推动学校的学科专业发展，提高人才培养质量，更好地为社会服务。她特别叮嘱我："人生不易，有机会、有能力为社会、为他人多做一些，实乃幸事。一定要好好珍惜。"并用她的人生感悟和智慧开导我："钱财乃身外之物，只要衣食住行尚可，还是应当把时间花在更有意义的事情上。"在老师的引领下，我再一次做出了一个重要选择——一边从事管理工作，一边开展教学科研。

这些年，我先后带了几十名研究生。每年新生入校的第一堂课，我都会把自己在厦大的学习经历讲给他们听，把曲老师对我们的教导讲给他们听，偶尔也会请曲老师给我们的年轻老师和学生做专题讲座，让他们直接聆听恩师的教诲，感受名家的风采。今年我又将有六位研究生毕业，我把当年曲老师送给我的话"做人要正直正派，做事要严谨认真，待人要真诚友善，生活要乐观豁达"送给了他们。

作者简介

董必荣，男，2001—2004年就读于厦门大学会计系，获管理学（会计学）博士学位。现为南京审计大学党委常委、副校长、教授。

弦歌不辍，砥砺前行

——记黄星民老师

◎ 李辉

博士毕业后，在微信上与黄星民老师闲聊已是我日常生活的一部分。我们微信聊天频繁，或随手相互转发些有趣的文章，或突然严肃聊起关于我读书作文的进展。我们都是夜猫子，深夜时有互诉衷肠，也有论学上的耳提面命。网络空间制造出的随时随地的在场感，会让人忘记我们已相隔千里且有两年未见。

黄老师重情，生活有趣，平时爱拍些照片。我亦有心，留下了一些值得记忆的好时光。深夜，给他发去一张十年前的合影。黄老师回复："恍如隔夜，韶光易逝，望君惜时如金！"我们有很多的相似之处，对职称和钱财都很淡泊。我的天马行空更胜一筹，多凭兴趣读书，对发论文和评职称有些迟钝和畏难。黄老师时常催促我评副教授成果准备得怎么样了？他太了解我这个人稀里糊涂，竟要求我把学校的人事政策和科研成果认定方面的规定交由他把握，并给我列出了投稿和发表时间表，且不时发来微信督促。

其实黄老师自己是个事事讲求随缘、随性的随和人，他对自己的职称和福利没有上过心。黄老师对学生有期待，但也不会强求。他常和我说的一句话就是："人生要happy，人生要lucky。"他一辈子受了很多苦，做了很多事，

帮过很多人，也大大方方地放过了很多良机，但很少自夸表功，更不居功自傲。他偶尔也会谈及有过的委屈，但顶多是语焉不详，然后潇洒地笑笑，摆摆手不再多说。我还记得他谈到这些时的潇洒和平淡，其情态、形状绝不是那种人生迟暮已觉机会无多时发出的怅然若失的遗憾和自我安慰。

黄老师有支撑自己度过艰难岁月和保持乐观的坚定价值观。出身于地方名望煊赫的中医家庭，作为家中独子，他的青少年时代过得意气风发。中年一家三口星散中美和"两岸三地"，期间颠沛流离，自己一贫如洗。研究生毕业十四年，他还是个讲师。黄老师为自己的"不成器"而揪心自责过，尤其是为他母亲晚年与自己身居陋室而抱恨。记得他说起过，老人家精神不好的时候，嘴里会念叨："我不要吵，让阿民快把书写出来。"

黄老师有他自信的东西支撑他度过那些艰难岁月。他一辈子有"中庸"就够了，人生之阴晴圆缺，悲欢离合，尽在其中。用他自己的话说，"一生命运为'四君子汤中和义'所咒"。这是"文革"休学时期，他跟随自己父亲学中医时父亲教给他的第一句话。"文革"时期，他躲进中医文化孤岛，得窥洋洋华夏文化一斑。他开始反思中国近现代政治中的左右、中西、常易之辩，从医儒相通治国治病中揣得"中"道，并穷其一生，披卷摩册，仰思俯读，揣摩出"中—和—庸"的内在逻辑和"中庸方法论体系"。

奈何人生磨难接踵而至，学术盛年为家庭耽误、身体耽误、公事耽误。我读博士期间，师母在美接受大型手术，又数次出现严重并发症，次次在鬼门关徘徊。已是花甲之年的黄老师床前案后，昼坐夜立，手足软，心身瘁。这一年一老一病在医院度过，他两眼一花，生怕自己闯不过来。在绝望之余，给我发来几十条一分钟的微信，口述"中庸"之道，并打算将生活后事交代给儿子，学术后事交代给我。所幸，千辛万苦，老师到底还是闯过来了。以黄老师这一生历经的境遇，让他真正在意的东西不过是一个"中"字和一个"情"字，远不是个人得失和不堪的境遇。

对待学生，他爱以"兄弟"相称。我们师生之间，没有辈分层面的交往礼仪。他又是个十分重情、心思敏感的人。学生提一袋水果去看老师，实乃走亲访友的日常礼节，而我们的黄老师竟会为这种常礼而感动掉泪，总会挠着头皮提高语调说一句"你真是太客气了！"他的口语生动传神，致谢之礼也很真诚感人。黄老师的重情又易动情，是他最大的性格特质。很多次偶尔谈及自己的母亲，六十来岁的人还是旁若无人地在众人面前突然眼泪夺眶而出。我已记不清在我们的闲聊中，他谈及某些人和事时，有过多少次突然感动掉泪。他常说自己老了，记性不好。其实他记性很好，记得每一个毕业的研究生，还悄悄收集了许多毕业学生的照片，放在他电脑旁的电子相框里。我在他那个会循环播放照片的电子相框中，看到过一张我自己都不知来处的好看的照片。

我没有走入他心爱的华夏古典世界，一直是他的遗憾。他也知道，缘分的事强求不来，亦如他自己的人生，事不遂人。在博士论文选题上，我们的学术道路在冲突中分道扬镳。他穷其一生都在玩味“中”字，我当时则执迷于英美自由主义的传播哲学和传播思想史。这么多年来，每次听他神采飞扬地讲“中”的哲学方法论，我们都觉得舒服又精彩极了。那情景真有如切如磋如琢如磨的样子。无奈，我毫无中国哲学和儒学功底，当时对他的“中”道懵懵懂懂。时至今日，我在逐渐熟悉西方自由主义的思想历程中，开始对他的“中庸”之道有了一些感觉。

我读博士期间，正值黄老师人生境遇最为窘迫的时候。除受家庭事务拖累之外，作为常务副院长，他的大部分时间都放在学院学科建设上，完成了一级学科博士点和博士后流动站建设。不过我们师生二人倒也还能经常周末坐在一起聊聊读书写作的事。通常是上午我带上读书报告，买好勤业食堂的馒头去他家，中午就着红烧肉罐头和泡上他不知过期了多久的烂茶叶，我们在一起度过了很多这样的愉快时光。此后，我去美国访学两年，与黄老师的交流少了很多。趁他赴美探亲，我曾带上博士论文开题报告去他的新家。那一次，我没想到黄老师做了充足的工作，仅看我列的参考文献就指出了很多硬伤。当时被他痛批的心境至今依然历历在目，好在也留下了最美好的记忆。黄老师开车带我在他家所在的加尔维斯敦(Galveston)岛上观光，饱览了墨西哥湾的壮丽日落日出和海边悠闲的垂钓风光。两年访学结束后，我回厦大继续完成学业，黄老师却因家事去美国待了两年多。其实我们一直通过电话、邮件有很多交流，但黄老师似乎还是觉得遗憾，认为没有从一开始就在学业上好好磨砺和塑造我。

黄老师对人对事严厉而不刻薄。对我的学术志趣选择保持了宽容和鼓励，以及时时刻刻的鞭策。在我博士论文写作最后阶段，已接近学校规定的

最长就读期限，我必须要毕业了。当时我租住在校外的民宿里，黄老师几乎每周都会来看我，路上会给我买几包烟，也会时常塞给我一些生活费。每次来的时候，还是典型的黄星民性格。先嘻嘻哈哈嘘寒问暖一通，然后往我床上一躺，从不抽烟的他也给自己点上一支烟，先聊点娱乐话题释压，然后开始在我电脑上一段一段地看论文、提修改意见。我的文字拖沓、概念漂移，他的思维抽象、概念清晰、语言简洁，他帮我修改论文写作方法的过程让我受益终身。

因为学术兴趣各有偏好，相较于具体知识对我的影响而言，黄老师在学术品味和学术志向这些深层次的东西上对我的影响更为深远。他常告诉我，一流的学问是受纯粹的兴趣和强烈的使命感驱动的。他多次要我去读司马迁的《报任安书》，再读《史记》，让我去体会点点皆是血的文字背后的使命感。在这个学术界生存和做学问更多是个饭碗的世俗时代，太史公这样的抱负和使命感对我也只是审美体验而已，但多少能让我体会到一点做学问还有超越饭碗的价值所在。也许是黄老师对我有所期待，也许是我们不仅投缘而且趣味相投，黄老师真心爱惜我这个读书种子，期望我能持之以恒，真诚对待学问并能学有所成。感谢业师黄星民教授对我知识与人生的磨砺，导师给学生最好的训练莫过于为学生想得长远、想得周全。

毕业后我没能留在厦大，我们师生少了常常见面聊天的机会，是我人生很大的一个遗憾。我特别喜欢这个山海为舞、四季花香的城市，还有这所拥有一流图书、数据资源的大学。我时常会想念读书的时候，一个人深夜坐在芙蓉湖边听虫鸣蛙叫的情境。黄老师的晚年终于风平浪静，不再有人生磨难。在这个他青年时代开始玩味“中庸”的美好地方，重归寂然凝虑、思接千载、视通万里，完成他一生念兹在兹的中庸方法论体系。

作者简介

李辉，男，2001 年入学，2019 年毕业于厦门大学新闻传播学院。现为中山大学传播与设计学院博士后、副研究员。

先生之风　山高水长

——我的导师廖泉文教授

◎ 孙武

先生虽为女性，但实为真先生！其性极豪爽，善饮酒，喜交友，谈笑之间鸿儒白丁皆为之倾倒，当得为人之真，其苦心孤诣开创奠基新学科，知行合一，身体力行，当得做真学问！其门下学子数千，皆悉心培育倾心以待，俊才良多，当为大师之风范。

我与先生的缘分始于2003年，时逢管理学院安排导师们和硕士新生见面。她步履沉稳地走上讲台，笑容可掬，气场十足，给人感觉似御风而来。她话语少而精准，声音铿锵有力，论及人力资源学术研究“南厦大，北人大”，人才需要“四个必备”：耐得住寂寞、经得起委屈、永远的平常心、恒久的理想追求。正是因为这短短几分钟的发言，我当即便决定在廖老师门下求学。回头看来，这次流光一瞥的决定也成就了今天的我。两年后，我又被保送提前攻读廖老师人力资源管理方向的博士学位。在校期间，我有幸参与并见证了廖老师“人力资源管理”国家级精品课程的申报及成功获批、从教三十五周年庆祝活动、十余项纵向和横向课题研究，或许我也是吃到先生亲自下厨做的炒米粉、炒面线最多的学生吧！更为幸运的，是攻读博士学位期间，我一直都有非常多的机会和先生信步美丽的环岛路木栈道或厦大上弦场，时常伴着海风、海浪，和先生一起畅谈人生经历，启迪智

慧。先生娓娓道来的故事和日常生活中的感悟,总让我感觉头皮发热,身体也似乎被微微电击,但心头却有股热流在激荡着。这是一种"醍醐灌顶"、直击灵魂的感觉。博士毕业后十余年间,几乎每年我都有机会与先生把酒言欢、欢乐畅谈,共度一段美好的时光。我与廖老师虽为师生,实则情同母子。于我,先生既有培育教导再造之恩,亦有关爱体贴舐犊之情。

先生是用自己一生的"四历"(学历、经历、阅历、心历)做真学问。她的学问最难能可贵的是心手合一:心之所想,乃口中所说,口中所说,乃身体力行。她最早界定人力资源的相关概念、原理及理论研究框架,最早提出招聘与录用的能岗匹配原理,创造性地提出提高职业成功概率的"廖氏九论",是中国人力资源本土研究的奠基人和拓荒者。先生的学养从数学到经济学,从经济学到管理学,再辐射系统工程学、情商研究、预测学研究,进而聚焦人力资源管理研究。她带领硕、博士为福建移动、云南邮政、福建新华发行集团、平安保险、路桥集团、建发集团、厦门航空港集团等几十家大型企业做人力资源项目咨询,理论联系实际,既培养了学生又服务了企业,最终沉淀酝酿出学术大作《人力资源管理》。作为中共中央组织部面试题库出题专家、福建省委组织部全省大中型国有企业高层招聘面试总负责人、几十家优秀企业的人力资源高级顾问及独立董事的经历,无数场高端人才招聘录用实践的积累,内化为独具特色和开创性的著作《招聘与录用》,作为十五、十一五、十二五国家级规划教材一再出版。她独创了职业生涯规划的"三三三理论",她是这样研究创建理论的,自己的职业生涯也是如此实践的。"廖氏九论"用小生活演绎大智慧,以小事件感悟大哲理,进而惠及无数学子的成长和成熟。这些平实生动的故事都来自先生的亲身经历。譬如"烧开水理论"来自全国大炼钢铁时代,她和同学们一起上山砍柴被分配去烧开水,向深山野地里种植香菇的菇农学习烧开水的经历。廖老师的先生——厦门大学杨友庭教授曾对我说过:"她要写一本书,可以把自己关几个月,吃最简单的饭菜,什么人都不见,守着寂寞,一天工作十几个小时。她的烧开水理论,我读过,耐得住寂寞就是写她自己,夜夜挑灯对她来说真是家常便饭。"而"绣花理论"大约是在廖老师的初中年代,她认识邻居的一位绣花大娘为了学得一技之长,主动要求为出嫁的姑娘免费绣花,积累数十年的经验,最终拥有了高超的绣花技艺和良好口碑的生活经历。这就是我所理解的先生的真学问，因为真实生动，虽朴实无华却意蕴深刻，能引起人们的共鸣而富有学术生命力。会计学泰斗余绪缨教授曾评述廖老师的专著《人力资源管理》，用了“博”“新”“深”三个字，并称“其理论成功从王谢堂前，飞入寻常百姓家，成功实现了从经院式向大众化转化，而极大地增强了其理论之树常青的无限生机”，我认为其背后就是这个“真”字酝酿出的。

学高为师，身正为范，先生是真导师！先生待学生有古仁人君子之风，不但做到了传道授业解惑，甚至在工作生活、婚姻家庭等诸多方面都给予我们很多实质性的帮助和启迪。记得即将毕业离校的前一晚，陪先生在上弦场散步后，她牵着我的手走过厦大西校门，走到大学城楼下的烧烤小摊位边对我说：“我们再吃点儿烧烤，再聊一聊。”无酒助兴，先生就点了几瓶矿泉水就着几串烧烤，那天我记得虽然四下喧闹，但星星很亮，先生最后给了我三点建议：“到了企业以后，虽然你是博士，但千万不要以博士自居，实干出成绩才能有好的发展；要站在一把手角度考虑问题，提高格局，不要以员工视角看问题；要有傲骨和坚持，但不能有傲气和任性。”离开学校后，在社会的红尘波浪中沉浮翻滚了这么多年，有时回味先生的临别赠言，如果能早有感悟，我人生的道路会走得更顺畅一些。2019 年 6 月 14 日至 16 日，先生专门邀请我与博士同门们一起参加她组织的庭院烧烤聚会，我和在深圳工作的国梁师兄及在广州工作的艳萍师姐也一起去她位于漳州角美的乡居度过了美好的三天两晚。我们一同赏花、逛商场、室外烧烤、酒中高谈、茶里阔论。有一晚，先生居然牵着我们的手一路在角美的集市街道里穿行，遇见有特色的小吃就坐下来吃一点。记得我们还在一家水果店里买了一只大榴梿，就坐在水果店门口吃，吃罢携手兴尽而返。用先生曾唱和学生的一首词《渔家傲》来表达她和学生的感情最合适不过了：

物换星移漫漫路，灯下苦读育新树。
两鬓花白志如故。
虽迟暮，
古稀未至怎虚度？
东海拍浪花甲至，亦教亦研总相顾。
岁月无情春难驻，
见新著，英才辈出何须妒。

名校出名师，廖老师乃厦门大学孕育而出的名师。正因为一代代厦大人赓续传承嘉庚精神、囊萤映雪精神、自强至善精神，厦门大学才能成为一所名校，培养出一代又一代的精英才俊。

云山苍苍，江水泱泱，先生之风，山高水长！

作者简介

孙武，男，厦门大学管理学院 2003 级硕士，2005 级企业管理博士。现任宏珏国际控股副总经理/衣臻时装有限公司董事、总经理。

师者如兰，香远益清

——记我的研究生导师王备战老师

◎ 郑银环

“清明雨，知几许？悄悄来，轻轻去。洒落人家无觅处，但见新绿。清明雨，些些许。牵梦魂，惹思绪。家国情怀天下矣，岁岁追叙。”这是2010年易中天教授在建南大会堂朗诵的他为厦门大学校庆写的一首诗。厦门大学校庆定在清明节，许是希望厦大学子都能知恩、感恩吧！转眼我从厦门大学毕业已有十年，前半生发生的许多事情都已经慢慢消逝在记忆的长河中，可在厦大发生的一些事、遇到的一些人，却令我至今难忘。特别是工作后，同样作为一名教师，站在讲台上总会想起那个对我影响至深的老师——(原)软件学院教授王备战老师。

早在漳州校区，就已久闻王备战老师的大名。到大三时，听了王老师的“高级软件体系结构”课程，便被王老师渊博的学识和幽默风趣的讲授风格深深吸引。他是我见过的讲课最富有活力的老师，每一节课都十分充实，内容丰富，一些枯燥无味的专业词汇经他一讲解，顿时变得具有立体感，更难得的是他总能将专业知识和为人处事相关联，每堂课不仅在讲专业知识，更在教授我们如何做人。至今仍记得他用大量生动有趣的例子讲述的二十三个设计模式，我也经常在课堂上讲给我的学生听。他不仅是我学习上的导师，更是我生活上的朋友、工作上的伯乐。

大三快结束时，我内心忐忑，作为一名贫困生，四年大学学费靠的是助学贷款，生活费靠的是助学金和勤工俭学，而软件学院大三、大四的学费超出助学贷款金额许多，按照管理规定，毕业答辩前交不齐学费，会影响论文答辩无法按期毕业。当时的我感到茫然无助。那时班上一个同学帮我发邮件咨询王老师，王老师很快就回复了。邮件中的一句话我至今记忆犹新："人生总有些艰苦要面对，但艰苦总会成为历史，而且今天的艰苦是我们明天的精神财富。没有过不去的河，好好学习，明天一定会更好。"直至答辩前一刻，我的学费仍然没有着落，正在我焦急万分时，王老师主动联系我，并亲自驾车载我到财务处缴清学费，之后又把我送到答辩现场，为我顺利完成本科学业提供了关键性帮助。

在获得保送研究生的资格后，我果断申请了王老师当我的硕士导师，王老师爽快地答应了。有幸能继续和王老师延续师生情分，在研究生三年的学习过程中，我对王老师的为人师表有了更多、更深的了解。他常说：年长者看着青春活泼的年幼者，总是希望将自己的已知尽可能地告诉年幼者，衷心希望年幼者具有好的品质，成为更优秀的人，他希望自己既有海纳百川的胸怀，又有悲天悯人的灵魂。老师身体力行地践行着他的承诺，在课堂上讲授专业知识的同时，还会穿插为人处事之道，培养我们良好的道德品质；生活中他"守道义、存真心"的观念也在潜移默化地影响着我们，引领着我们不断走向成熟。

2008 年夏天的一个晚上，在实验室忙完后，我像往常一样骑着自行车回寝室，路上突然被一辆疾驰而过的出租车撞倒在地。这一幕恰好被路过的师姐看到，她拦下了出租车。当时我整个人都是懵的，还好师姐第一时间联系了王老师。王老师在接到电话五分钟后就赶到现场，亲自开车带我去第一医院拍片，并与司机交涉，处理其他善后事宜。远在老家的父母得知此事后大为感动，对老师的恩情感念于心。那一刻，我深刻地体会了"一日为师，终身为父"的真谛，感受到王老师对学生那种无微不至的关爱。

王老师治学严谨，工作极度认真负责。他每节课能那么生动地娓娓道来靠的是数小时的精心细致准备，细致到 PPT 上每个页面的标题样式、字体、行距等都完全统一。他对学生论文的指正也同样细致认真，不只限于内容，对字体、页眉、页脚格式等细节也不放过，他认为只有格式统一了才能让评审专家将注意力集中放在内容上。在我们毕业答辩前，老师还特意把我们几个学生请到他的办公室，给我们设置模拟答辩情景，使惴惴不安的学生提前适应答辩氛围，让我们在后续的答辩中展现出最佳状态和风采。记得有一次做项目时，我因为参数设置错误，把一块实验电路板烧坏了，王老师知道后，不是先批评我，而是先安慰我，我宁愿他当时大发雷霆，狠狠地骂我一顿，那样我的心里也不至于那么内疚。毕竟那是一块价值几万块钱的设备，就因为我的粗心大意把它烧坏了。虽然王老师没有骂我，但他当时说的话却远比任何严厉的批评都更加令人信服、更加令人印象深刻、更加有效果。这何尝不是厦门大学“止于至善”校训的体现！

此外，学院行政工作还有王老师投入的大量精力和心血：规划和建设数字媒体工程中心，邀请人文艺术领域的专家学者开设“人文与科学”系列讲座，开设“国际和国内学科竞赛”专业选修课，在校外知名软件动漫企业建立了十二个实习基地，受学院委派前往新疆、青海、云南等内陆省市拓展专业学位研究生生源，等等。所以他常常是“五加二”“白加黑”，加班加点，每当我和同学们晚上十点多从实验室出来，准备回学生公寓休息，路过行政楼时不出意外总是会看到王老师办公室的灯还亮着。这也正是他得知我发生交通事故后能在五分钟内赶到的原因所在。我感觉王老师已经是以学校为家了。

曾经旁听不少师兄师姐们硕士论文答辩，答辩后感言里听到最多的两句是“王老师亦师亦友亦父亦兄”“王老师不仅是我研究生导师，更将是我一生的导师”。因为王老师，实验室的师兄妹亲如一家、互帮互助。每年教师节，这帮兄弟姐妹都会不约而同地给王老师致以节日问候。

经师易得，人师难求；师者如兰，香远益清。这都是对王老师的写照。得遇这样的好老师，是我今生莫大的幸运！

作者简介

郑银环，女，2003—2010 年就读于厦门大学软件学院，获工学硕士学位。现为厦门工学院计算机与人工智能学院副教授。

厦大记忆里的珍珠

——记袁华老师

◎ 韩天澍

“岁月不居,时节如流。”不过人生总有一些镜头,是不会随时间的流逝而褪色的,十五年后的今天,与袁老师相识的场景,依然历历在目,仿佛就在今天早上。

袁老师的课安排在我们大一上学期周一上午的第一节课,是“毛泽东思想、邓小平理论和‘三个代表’重要思想概论”。这个课程的名字,对于不谙世事的年轻人来说,显得特别严肃。不过作为进入大学之后的第一节课,我们还是怀着兴奋的心情期待着大学的课堂。

刚开学时,虽然已是秋天,但仍旧很热,作为一个“春城”人,从来没有经历过30 ℃高温的我,顶着满头大汗赶到教室的时候,袁老师已经到了。她站在讲台上,温润儒雅,目光和蔼地看着一张张青涩懵懂的脸庞,等着上课铃响。

“我叫袁华,名字‘又圆又滑’,为人方方正正。”袁老师的一句开场白,就把大家逗笑了,迅速拉近了和学生之间的心理距离,为整门课奠定了一个轻松活泼的基调。既一身正气,又幽默风趣,这样的老师也是稀有。

我们每个人都带了教材过去,但袁老师似乎没有要我们翻开它的意思,而是和我们讲故事。讲了好半天,她才和

我们说"请同学们翻到第××页"，这个时候我们才知道，原来她已经在不知不觉之中，让我们理解透彻了一个核心内容，所谓润物细无声，我想便是如此。虽然有些内容我们高中政治课上也曾讲过，但是这个时候，我们会突然省悟——原来当初为了高考背了忘、忘了再背的枯燥无味的理论，对人生还有那么大的指导作用啊！

从袁老师那里，枯燥的政治理论变成了一个个鲜活的故事，让我们听得津津有味，都不知道时间是怎么流逝的，怎么那么快就到下课时间了，大家都意犹未尽。原来"讲道理"也可以讲得那么有意思，真是刷新了我的认知。

我的朋友常形容我像一座桥，能够旁征博引，通过讲故事、打比方、举例子，把深奥的智慧用很浅显易懂的方式传达到位。我想这得益于袁老师的言传身教。

袁老师的课都排在早上第一节，她也不常点名，但是我们班似乎没有人迟到或者旷课。而我，更是每次都去抢第一排的位置。

可惜那个时候网络不似今天发达，否则袁老师的课绝对可以成为"网红课"。

还记得我申请美国康奈尔大学的硕士时，面试官问了我一个问题：你最喜欢哪一门课程？虽然很多美国人可能会对中国的思政课有偏见，但是我还是忍不住脱口而出：思政课。因为授课老师实在是讲得太好了，又有高度又有深度，还有广度，纵贯上下五千年，横跨万里地平线，辨析诸子百家之言，帮我拓宽了知识视野、国际视野、历史视野，她传递的不仅仅是知识，还有人生的智慧。

"台上十分钟，台下十年功"，在她看似信手拈来的轻松下面，我看得到她渊博的知识积累。和袁老师熟了之后我才知道，《朝闻天下》《今日说法》《新闻联播》《焦点访谈》《对话》《深度国际》这些节目，都是袁老师的"必修课"，难怪她讲课的内容总是那么"接地气"，和热点时事相结合，许多案例都是"新鲜出炉"的。

我现在已经基本忘了袁老师当时上课具体讲了什么内容，但是我相信袁老师传递给我们的正能量，已经深深地融进了我的骨髓里。

更关键的是她激活了我对于哲学的兴趣，哲学不仅完全不像想象中的

那么抽象、枯燥而无味，而且离我们的生活非常近。我们当年为了高考而学的应试内容，因袁老师的点化而被赋予了真信、真懂、真用。

授人以鱼不如授人以渔，我想袁老师做到了。

一位优秀的老师，不仅仅是知识的搬运工，更是兴趣的启发者。四十五分钟的时间有限，但是如果老师能激发学生的内在学习动力，那么学生课后就会投入更多的时间和精力去研究相关课题，从而真正精通。因为袁老师，我后来甚至把马克思、毛泽东、邓小平等伟人的传记和相关著作都看了一遍。这让年纪轻轻的我，站在了巨人的肩膀上，为我后来的人生占据了一个制高点。

除了给我们“鱼”和“渔”，袁老师还给了我们“爱”。我们在她的眼里，不仅仅是一群教书的对象，更是一个个鲜活的灵魂、可爱的宝贝。

在心理咨询里，我们说咨询师与来访者的关系是一切成果的基础。我想，除了袁老师精彩的教学内容和与时俱进的教学方式之外，我们之所以会如此喜欢她，并能够把这门课学得那么好，深层次的基础就是：她爱自己的每一位学生。

阳光从窗外洒进教室，袁老师面带微笑地站在同学中侃侃而谈，这就是我对厦大的课程留下的第一印象：温暖的，渊博的，灵活的，理论与实践结合紧密的，让我忍不住嘴角上扬……在母校留给我的众多美好回忆当中，袁老师占据了很重要的一个部分。

第一学期很快就结束了，我们不得不和袁老师的课说再见，从那时起，我就一直期望着能够再听听袁老师的课。

大二的时候，学校终于给了我一次这样的机会——袁老师要到漳州校区来开一个关于俄罗斯总统普京的讲座。

我早早地就把这讲座记到了日程表上，因为我平时给很多人推荐过袁老师，我喜欢的人也对袁老师的课充满了好奇，那天下午我们就一起去了。

我以为我们到得挺早，但是到会场的时候，我还是被袁老师的人气震惊到了，现场已经座无虚席，我们只能和很多没位置的同学一样，站在教室后面听讲座。

袁老师果然没有让我失望，内容非常精彩，我喜欢的人也听得津津有

味，让我觉得很是得意。

讲到一半的时候，教学屏幕突然开始抖动，教室有些摇晃的感觉，有同学说，地震了！袁老师愣了一下，看情况好像并不严重，就决定继续讲课，不过和同学们说了，如果担心的话，离开讲座也是可以的。有一部分同学就决定先出去躲躲，我眼疾腿快，看第一排有座位空出来了，就很高兴地拉着我喜欢的人的手冲过去坐下，仿佛又回到了大一上袁老师课的时候。

那一天的场景，未曾随着时光的流逝而黯淡，感谢袁老师又给我的人生增加了一个"高光时刻"。

按理说，袁老师是马克思主义学院的老师，而我是管理学院的学生，课程结束后，我想大部分思政课的老师和学生的缘分也就到此为止了。不过作为班长，我相比一般同学有更多的机会可以和袁老师接触，于是我和袁老师又多了一层关系：我把袁老师当作我的人生导师，课余时间向她请教学业、事业、生活等方面的问题，她也都很乐意为我答疑解惑，为我的人生提供了很多宝贵的建设性意见。

虽然那个时候没有微信、微博，但袁老师一直是我的良师益友。我们在漳州校区一起吃烧仙草、在芙蓉湖畔漫步谈心、在鹭江宾馆毕业聚餐，这些都是我与袁老师的美好回忆。

虽然后来我先后在海内外多个城市学习和工作，但当我有机会回厦门的时候，就会约袁老师出来吃饭，袁老师甚至到今天还记得我大学时曾经随口说过的一句"我喜欢吃海鲜"，让我非常感动。

除此之外，袁老师还给我介绍了几个朋友。

我上大学的时候，校内网开始流行，几乎每个大学生都在校内网上有自己的个人主页。有几个小我几届的学弟、学妹加我，我觉得很奇怪，因为他们不是我们系的，我实在想不出来有什么交集。聊起来后他们才说是从袁老师那里听说我的，袁老师说我非常优秀，是个"风云人物"，我很惊讶。后来他们当中有人和我成了很好的朋友。我真的非常感谢袁老师，拓宽了我的人际网络，而且都是很优秀的校友。

我们那个班当时有一百个人左右，袁老师从教三十几年，按一学期教一百多个学生、一年两个学期的速度算，就有六千多个学生师出袁老师，真不

工作后回厦大与袁华老师(左一)相聚芙蓉湖畔

愧是桃李满天下。

我觉得,能够在厦大遇见袁老师,是我的幸运。我想,这也是绝大部分袁老师的学生的共同感受吧!

作者简介

韩天澍,男,2005—2009 年就读于厦门大学旅游与酒店管理系旅游管理专业。杭州一心斋管理咨询有限公司创始人。

千里马与伯乐

——记郑南峰老师

◎ 黄小青　等人

2007年夏天，郑老师婉拒加州大学戴维斯分校的聘用，回到厦门大学化学化工学院任教。郑老师尚未回国之时，就备受无机化学专业诸位教授的推许，是被寄予厚望的青年无机化学家。对当时的我们来说，是未见其人，先闻其名。那一年，我正好准备攻读博士研究生，有幸成为郑老师课题组的第一批成员，也是郑老师培养的第一位博士研究生。那时的我还懵懵懂懂，对尚未谋面的郑老师既敬畏又钦佩。还记得第一次去郑老师办公室时，紧张和忐忑让我有些手足无措。然而，郑老师却是出乎意料地平易近人。那天早上，他停下手中的工作，花了一个多小时向我仔细介绍他这些年涉及的科研领域，讲解他未来几年的科研计划，还细心询问我的学习基础和未来的人生规划。一番交谈让我倍受鼓舞、满怀期待地开始了我的博士研究生学习之路。在课题组的四年时间里，非常幸运和几位同门共同见证了年轻的郑老师作为一名载誉归国的学子扎根厦大展宏图的难忘时光。这段经历，对我们来说弥足珍贵！郑老师甘为人梯、乐于奉献的精神深深烙在我的学术生活中，更是我教导学生开展科研工作的指路明灯。

回想在课题组学习的日子，受益最多的还是养成良好

的学习、工作和生活习惯。郑老师是一位非常纯粹的科学家，有着令人敬佩的自律性和行动力。他平时的生活和工作始终是“两点一线”模式，平日里“家—实验室”，出差时“机场—会场”，生活简单朴素，工作效率很高。多年来，无论前一天工作到多晚，第二天早上他都是早早地来到办公室，我们随时可以找他讨论问题。记得当时我们几位学生赶实验进度时，经常白天做合成实验，晚上紧接着做表征实验。有时候深夜做完表征，回到实验室看见郑老师还在办公室里工作，依旧可以去找他讨论刚得到表征数据。每当这个时候，他总是会多说一句：“晚上实验不要做得那么晚，要注意休息，合理安排实验。”郑老师提倡在勤奋工作的同时要注重工作效率，把身体健康和工作协调好，强调健康的体魄是保持长久科研兴趣的首要基础。拖延症是我们大多数年轻人在工作中经常遇到的问题，郑老师会和每一个学生共同商讨制定课题研究计划，推动学生在制定好的时间节点前完成，培养学生的行动力，这让我们在走向工作岗位后收益颇多。

课题组踏青

如果说潜水运动员喜欢深潜是因为想要探索海底的奥秘，享受五彩缤纷的海底世界，那么郑老师就是科学研究的深潜探索者，遨游在原子、分子层次，感受物质之间的相互作用，享受化学反应本质过程带来的乐趣。老师常说：“做研究要好学、乐学，一定要深潜入自己的课题，不能蜻蜓点水或者做水上浮萍。”无论是在办公室还是在家里，甚至在回家或出差的路上，郑老师都经常沉浸在对科研问题的思考中。时间久了，组里的同学都知道了可以随时发送问题给老师，因为老师总是“在线上”。常听人谈起有关郑老师的一则趣事：有一次，他在回家的路上因为专注地思考科研问题没注意到对面一位老同志的热情招呼，老同志后来打听得知郑老师经常因为专注于思考问题而不能及时看到招呼的人，也就理解了。我想，郑老师今天如此丰富且具有世界影响力的科研成果，正是他十几年如一日乐于探索、勤奋耕耘的结果。那些年，郑老师办公室的灯往往是最后一个关的，每一个人晚上离开院楼时都会有意无意地抬头看一看郑老师办公室的灯是否还亮着。郑老师的勤奋和自律催发了课题组良好的实验室氛围，大多数同学都觉得老师尚且如此拼搏，作为学生又有何理由不努力奋斗呢？有一段时间，课题组甚至出现过学生跟老师暗暗较劲，比谁工作得更晚的情形。有如此科研团队，科学攻关必势如破竹。老师常说：“国外的高校在软硬件方面都比我们有优势，我们不努力拿什么跟别人拼啊？”郑老师的拼搏精神默默影响着我们每一位同学。多年后回想，发现这种努力拼搏的精神已经在我们身子骨里扎下了根，永不磨灭。

在科研的道路上，难题总是无处不在。遇到困难时，郑老师常常会说一句话：“这个问题肯定是可以解决的。”作为科研新手的学生往往会对此有所怀疑，但是经过多年的科研训练，大家也就慢慢明白郑老师这种乐观的态度其实源自他扎实的知识积累和喜欢挑战未知领域的科研态度。在郑老师的课题组建立初期，催化领域的基础相对薄弱。我们几位学生因为无法处理催化设备出现的问题，出现沮丧情绪而影响到课题进度是常有的事。是郑老师亲自带着我们没日没夜地学习和反复调试催化设备。历经各种失败后，实验室成员终于能够快速解决设备出现的问题，从而建立了自信，实验室催化方向得到快速发展。郑老师经常开玩笑说：“解决困难后不要忘记对自己说其实就是这么简单，没什么难的。”以乐观的态度去面对难题、解决难题，是郑老师教给我们最实用的“科研利器”。

郑老师希望自己的每个学生都能成长为参天大树，他对学生的培养总是因材施教。对于基础比较好的学生，郑老师会提出较高的要求，逐步引导，帮助我们向更好的方向发展；对于基础相对薄弱的学生，他会亲力亲为，

手把手地教导我们。记得我刚刚进入实验室时，不会查文献，也不会分析数据，郑老师会来学生办公室或在自己的办公室里教我。他笑称自己要做一个“农民”，对成长比较弱的苗子要多浇浇水、施施肥。还记得博士毕业那年，我面临着留在课题组发展和出国深造的艰难选择，郑老师从我的长远发展着想，暂搁课题组的一个主要研究方向，坚定地支持我走出国门，从而使我有了进一步提升科研思维和打开眼界的宝贵机会。郑老师对学生的支持始终如一，即使是已经毕业的学生要找工作、写申请书或申请项目等，他也会给予倾心指导和支持。

2018 年，郑老师和他的团队一起获得 2018 年国家自然科学奖二等奖，本人和几位同门为共同完成人。作为郑老师的开山弟子，郑老师对我的要求是在自己的研究领域必须超越导师。郑老师的这个思想和风格多少不符合中国人的行为模式，毕竟中国人已经习惯“一日为师，终身为父”的儒家思想，内心深处把导师过分“父亲化”。虽然大多数人在读硕士和博士的时候都已是二十几岁的成年人，但是在科研思想上却仍然是没有断奶的婴儿，内心还是指望导师能手把手地从如何设计第一个反应开始事无巨细地指导。但是作为郑老师的弟子，每个人都被郑老师挖掘出我们自己都不相信的潜能，我们从郑老师身上学会的不仅仅是科研技能，还有如何解决问题的科研思想，这才是长期从事科研所需要练就的“核心力量”。

祝母校蒸蒸日上，愿郑老师的课题组在披荆斩棘之后，能够乘风破浪、更创辉煌！

作者简介

黄小青（主笔），男，2005—2011 年就读于厦门大学化学化工学院，获理学博士学位。现为厦门大学化学化工学院教授、博士生导师。

因为美好，所以相聚

——记我的导师蔡淑惠教授

◎ 沈桂平

看鹭江潮起潮落，望天上云卷云舒。光阴似箭，不知不觉中，这已是我在厦大的第十七个年头了。回顾这美好的十七年，从物理机电工程学院到电子科学与技术学院，从芙蓉湖边的嘉庚楼到珍珠湾畔的物理大楼，我见证了电子科学系的发展，庆幸这一路共同走过。人生之路，每一段路程都会遇到不同的风景，都会遇到不同的人结伴而行，有些人云淡风轻，犹如沿途匆匆而过的迷人风景；而有些人春风化雨，为你点亮人生希望的明灯。我很感恩遇到了我的导师蔡淑惠教授，并幸运地成为蔡教授的学生！

初见——缘起

初见蔡老师是在2004年4月准备申请在职读博时，虽然同属一个学院的教师，但当时我多在漳州校区上课，蔡老师对我并不熟悉。我怀着忐忑的心情给蔡老师发了一封自我介绍的邮件，老师竟在当天就给我回信了。回信的内容大致是欢迎我报考，并询问了我一些更详细的个人情况，还给出了一些关于入学考试复习的建议，她的字里行间充满了关爱和长者之风，这让我很是感动。接着，她还主动约我见面，鉴于我是跨专业报考，她送给我几本核磁共振方面的

书籍和她上课的 PPT，以便我能快速掌握这一学科基础，这让我顿时信心倍增。

入学后，第一次谈话，她便问我："你是在职报考，我想和你说一句，读博士很辛苦，在职更辛苦，除了本职工作外，还要能完成博士阶段的各项科研任务，能坚持吗？"我坚定地回答道："能！"她说："好，只要你肯吃苦，肯学习，哪怕你是零基础，课题组和我都会帮助你的。"她还关切地询问我喜欢做哪方面的研究，让我在她的研究方向中寻找自己感兴趣的方向。她说，只有自己真的感兴趣，才能更加努力，才能更深入地开展研究，将来才能有好的文章、好的成绩。

第一次与蔡老师的深入接触让我倍感亲切，也深深感受到知识带给人的非凡魅力，曾经觉得那么高不可攀的理论离我那么近，我可以获得一个这么好的机会去认识它们。之后谈到了未来三年我的工作该如何进行，感觉一扇通往未来的深奥知识之门就在我的面前，而蔡老师正是那位开门人。

触动——缘深

蔡老师不仅在学术上很有造诣，而且是一位朴素、严谨的导师。蔡老师是当时物理系最年轻的女教授、博士生导师，她学识渊博，总能在关键时刻给予学生极大的学术帮助和指导。

平日里她工作繁忙，除了在校内讲课、申请项目，还要到校外做学术报告、参加会议，所以经常出差，可是她对我们的指导并没有因此而放松。她每周都会轮流安排两三位学生讲解一至两篇经典文献，报告自己在研究工作中的进展与问题，给大家提供了一个相互学习的机会。开组会蔡老师场场必到，似乎只有在组会上她才会表现出对我们严厉的一面，就连我这个在职的博士生也有点压力。每次听完我们的汇报，她都会一针见血地指出问题的所在，并给出指导性建议。经常交流、沟通会让我们的视野变得开阔，从而获得更多的学术灵感。更重要的是在这期间我们学会了如何平衡时间、把握自己的方向。德国教育学家第斯多惠曾说："教育的艺术不在于传授本领，而在于激励、唤醒和鼓舞。导师，是生活的先行者，也是学业的引路人。"

蔡老师是一个极具智慧的人，同时也是一个非常负责、雷厉风行、十分注重效率的导师！她总能迅速看出问题的关键所在，给出最佳的解决方案。记得博士论文开题时，我忙到晚上十一点，然后把 PPT 发给老师，当时老师在国外学习，没想到我发出 PPT 还不到一个小时，老师就总结出了其中的亮点，以及需要继续补充完善之处。在整个开题过程中，预演就进行了好几遍，除专业知识外，还有演讲时要注意的细节，如语言、手势运用等。“你的专业底子薄，不要跟别的同学比，要多看文献，在你自己的基础上前进，不要急于求成。”蔡老师表示如果我有问题，随时可以问她，又给我推荐了许多最新文献和常用软件，使我的心里安定了不少。

“习惯成自然”，蔡老师对学术严格、仔细、认真的态度让我非常佩服。在提交给她我的第一篇论文后，我心里还有点小欣喜，心想自己终于在博士研究阶段有了点小进步。可当我打开她回复给我的修改稿后，看见满屏红色的修改标记犹如熊熊烈火，且已成燎原之势！我一直以为自己是一个注重细节的人，那次我才发现自己有多么粗心。大到文章结构问题，小到每一个标点、空格，就连参考文献中少了一个空格，都被她的火眼金睛看出来了。我知道，她是想告诉我不要害怕麻烦，不要遗漏每一个细节。她很敏锐，在修改学生论文时，除了重点关注理论推演、实验设计与数据分析，她对论文写作、语法表达等也认真把控，甚至文中出现的字体不同、字号不同、线条粗细不同、段落间距不同等问题，都能一一指出来。

蔡老师专注勤勉的科研精神，是她送给学生们最好的礼物。只有阳光和雨露的无尽施舍，才有花红叶绿的生机勃勃。正是有蔡老师这样无私的奉献，才有学生们的不断进步！

感激——缘伴

蔡老师总强调，科研注重两件事，一是要诚信，二是要有创新。做科研如同做人，应该讲诚信，千万不能弄虚作假。她总提醒大家，读研、读博不能仅仅为了一个好工作，而是要通过这几年的学习，培养自己各个方面的能力。她强调，写文章一定要言之有物，要有研究成果的积累，不可随便凑合。而且不能安于现状，要向世界高水平的学术研究看齐，要有自己的想法。

蔡老师为人和蔼,对待其他老师和学生都很真诚。她在所有的学生心目中永远都是好老师。生活中,她对学生的关心也是无微不至的。她总是在课题讨论结束后询问大家的近况、学习和生活中的困难、需不需要帮助等。

我博士毕业后,从物理系转到电子科学系工作,与蔡老师真正成了同事。蔡老师也从蔡教授升任电子科学系副主任和党支部书记,但是她完全没有架子,从来不把自己当成领导。在学生面前,她更喜欢“老师”和“朋友”的角色,她喜欢听取学生的意见,逢年过节总是组织实验室的学生活动,热心地和学生沟通学业和生活问题。蔡教授的平易近人,早就走进了学生的心里。

她也从不给我们这些嫡系学生“特权”,在组织好全系工作的同时,对于我们这些博士毕业后留校的学生,她更注重和关心的是我们的教学与科研工作,要我们求真务实,扎实打下基础,少些功利性,这使我们时时感觉到来自她的“压力”——一种超越师生关系的关怀!这些无不蕴含着蔡教授的初心,这种初心有着时间带来的智慧和对科研学术的尊重,同时拥有最质朴笃定的力量。

她是个好导师,是个好同事。因为美好,所以相聚。

蔡淑惠教授(前排左二)与研究团队成员

作者简介

沈桂平，男，2005 年入学，2011 年毕业于厦门大学物理系无线电物理专业，获博士学位。现为厦门大学电子科学与技术学院副教授、院党委委员、工会主席。

立德树人

——我的老师雷鹰教授

◎ 沈文爱

遇到雷鹰老师，并成为他的第一个硕士生，是我一生的幸运。我们是2005级结构工程专业硕士，也是土木工程系第二届研究生，班上一共七个学生。九月初到校后，我除了陶醉于白城海滩的美景，也为选导师的问题一筹莫展。偶然一个机会，我听了雷老师的讲座，那个时候他刚从美国斯坦福大学回到厦大工作。雷老师的报告很精彩，大厅座无虚席，坐在后排角落的我也深受感染，心生敬仰。当时，报读雷老师研究生的还有另一位本校保研的同学，而雷老师的招生指标只有一个，我心里挺忐忑。经过面试交谈，以为没机会的我，很幸运地被选上了。从那时候算起到现在，我认识老师，已经整整十五载。

雷鹰老师不仅重视"授业、解惑"，更重视"传道"。他既认真教学，也严谨指导研究生的论文，更重视培养学生的全面发展，并通过言传身教潜移默化地影响我们，塑造我们的品格、品行和品味。

雷鹰老师对待教学工作十分负责和用心。我们读研的第一学期，雷老师和张建霖教授共同主讲"结构动力学"，当时采用了加州大学伯克利分校克拉夫教授的教材，内容艰深，不易学会。由于基础薄弱，我们期末考试的成绩不理想。为此，雷老师在第二学期给我们重新讲了这门课，每一

道例题和课后习题都讲解得很透彻,同学们收获巨大。毕业后,我也一直从事结构动力学相关教学与研究工作,那个时候打下的扎实理论基础使我受益至今。这么多年来,雷老师默默践行"有教无类"的教学理念,即使学生基础稍差,也会认真教好。

对每一个学生的培养,雷老师都倾注了心血。读研时,雷老师给我的课题是运用无线传感网络测量桥梁结构的动力特性,并基于测量结果,进一步识别结构的损伤。这个课题是和密歇根大学 J.P. Lynch 教授一起合作的,在当时,这是一个前沿课题。作为一个研究新手,我常遇到问题,几乎每天都会到老师办公室请教,老师都会耐心指导我。有一次深夜讨论,直到一点才结束,至今历历在目。我的毕业课题需采用厦门五缘湾大桥的实测数据进行验证,雷老师不但和我们一起去做实桥实验,而且还和我们一起查看原始数据和讨论数据分析结果,不放过任何一个细节。从细节中发现问题,并在细节中找到解决问题的思路,是老师教会我的研究方法。雷鹰老师以实际行动诠释了师者"传道、授业、解惑"的要旨,他不仅给出问题的答案,也教给我们如何找到答案的方法。

老师常讲,作为研究生,不光要做好课题,多参加学术交流领略大师风采也是至关重要的。在我读研期间,雷老师邀请了数位结构动力学和结构健康监测领域的著名学者来厦大访问,包括美国工程院院士林幼堃教授、斯坦福大学 K.H.Law 教授、卡耐基梅隆大学 Hoon Sohn 教授和休斯敦大学宋钢兵教授等。我不仅聆听了他们的讲座,更在讲座后和他们的交流,获益良多。教授们的数句鼓励之语对一个年轻学生的影响和激励作用是很大的,这或许就是要多领略大师风采的要义所在吧!此外,雷老师很支持学生去参加学术活动,比如师弟、师妹们就去过伊利诺伊大学香槟分校、同济大学和台湾大学等学校参加结构振动控制与健康监测方向的学生夏令营活动。多年后大家提起这些往事,都十分感激老师对我们的栽培之恩。

最令我们感动的,是雷老师对学生就像对自己的孩子一样关心和照顾。老师说过"一日为师,终身为父",我仍记忆犹新,如在耳畔。在厦大读研时,每年生日,雷老师都会请我吃饭,令我至今感动不已。记得 2006 年中秋节,雷老师请我和刘亚辉、林英等师弟、师妹一起去他在集美的家里吃团圆饭。

饭后,他带我们参观了位于集美的陈嘉庚先生故居,领略校主舍小家为大家的高尚情怀。那真是一个难忘的中秋节!

雷老师对学生的关心和栽培,还体现在对学生前途的持续关心和支持上。我硕士毕业后在北京一个设计单位工作,其后不久,雷老师就推荐我去香港理工大学攻读结构工程博士。老师推荐我去香港读博士,是我个人职业发展的重要转折点。其他师弟、师妹毕业后,雷老师也会持续支持和关心,比如推荐董雷霆同学、赖志路师弟去美国加州大学和莱斯大学深造等。此外,雷老师也注重因材施教,有师弟对设计和工程管理感兴趣,他也会布置相关课题,培养他们在工程应用方面的能力,支持他们按照自己的兴趣发展。现在,他们很多都已成为建设新时代的新生力量。

雷老师虽然已是国内结构健康监测与振动控制领域的知名专家,可一直坚持工作在科研一线。2014 年,雷老师来香港参加学术会议,我们在他下榻的旅馆见面。为了节省经费,老师下榻的旅馆房间狭小,仅有两米见方。我十分惊讶,就在这拥挤局促的小房间内,老师还在用手提电脑写程序代码。对于我的惊讶和不解,雷老师回答说:“做研究,不能总是当甩手掌柜,脱离一线;坚持在科研一线工作,才能发现新问题,提出新想法。”或许正是因为雷老师坚持在科研一线工作,才最终取得业内认可的科研成绩吧!雷老师不但首次提出了运用 HHT 算法识别结构的模态参数,建立了基于 Kalman 滤波算法的非线性结构参数识别新方法,还发展了结合实时参数辨识的结构振动控制新理论。老师的学术成就,是他坚持数十年如一日,不忘初心,全身心投入科研所取得的。这种刻苦认真的钻研精神也深刻地影响了我们。

工作后,我和雷老师经常在学术会议上相聚。除了学术上对我不断鼓励和指导,他也会像家人一样关心我的成长。在聚餐闲聊间,倾听师弟、师妹们分享他们在母校的趣事,不仅开心,也勾起了自己对母校的美好回忆。课题组像一个大家庭,每次聚会我们就像回家一样。雷老师常说,最高兴的事是看到学生们都事业有成、家庭幸福。

进入厦大读书,师从雷鹰教授,改变了我的命运。虽已毕业多年,每逢校庆,往事如潮,涌上心头,回忆满满。东海之滨,白城之上,青春岁月,如在昨天。正是在厦大,我接受了最好的小班教学;正是在雷鹰老师的培养下,我的学业取得了不小的进步。无论走到哪里，母校都永远是我最温暖的家；无论离得多远，我心都永远铭记老师的教诲！

作者简介

沈文爱，男，2005—2008 年就读于厦门大学土木工程系，获结构工程工学硕士学位。现为华中科技大学土木工程与力学学院副教授。

朱双一老师二三事

◎ 陈冬梅

(一)

朱双一教授是我在厦大读硕期间的导师。

我感到很骄傲,因为朱老师学术造诣深厚,跟着朱老师学习是一件值得自豪事情。

也因此,我有些许遗憾,因为我没有继续在台湾文学领域学习深造,没有从事专业相关工作,不然会与导师有更多交集。

朱老师是一名真正的学者,做事极严谨认真,为人质朴谦逊。虽然毕业已经十年,与朱老师有关的事情还历历在目。

读书期间,这些事情只是让我印象深刻,没有细想过。走入社会后,接触到形形色色的人,回忆往事,我才认识到朱老师品质的可贵。

(二)

朱老师上课语速较慢,总是用商量的、交谈的语气,对朱老师最初的印象仅停留在和蔼可亲上。

直到硕士论文开始动笔，我才发现另一个朱老师。

记得那段时间，我与朱老师邮件往来很频繁。每写成一小段，或者有任何问题，我都会给朱老师发邮件，朱老师总是秒回(让我一度怀疑朱老师二十四小时都开着邮箱)。

朱老师除了指出一些内容上的问题，给一些学术建议外，还会指出我文字上、格式上的错误，比如引用文字的格式、字体，包括错别字，甚至一个标点符号。

本来我是一个凡事“差不多”的人，但是看到朱老师这么严谨，也不敢掉以轻心，生怕论文被毙掉。所以，每当写成一部分发给朱老师看时，我就比较紧张，反复校对，当然，朱老师还是会发现错误。

最后论文顺利完成，打印装订成册。我做了最后一次校对，又发现了错误。这时大多数的人的想法也许是这样的：“就这样吧，都已经打印出来了。”我把这件事告诉朱老师时，也抱着这样的念头。

万万没想到，朱老师又给了我一个建议：把修改说明写下来夹在论文相关页码，提醒审阅老师哪里有错误。

说实话，朱老师提供的这个“神奇”方法，当时刷新了我的认知。我心服口服地照做了，而朱老师的做事态度也对我产生了巨大的影响。

毕业后我从事编辑工作，我编辑的原稿因为严谨被当作工作范本；后来我离开编校岗位，还会有一些工作室找我做最烦琐的文言文稿件的编审工作。

我一直记得朱老师说过的话：“这篇论文会有答辩老师去读，认真严谨是对这些老师的尊重。”

直到今天，朱老师如果在微信群里转发了别人的言论，总会稍加解释——哪句说得比较好，哪句有失偏颇；如果后来发现有什么内容不准确，还会认真订正。

我默默地在群里潜水，也默默地为朱老师点赞。

(三)

这样一位老师，如果你觉得他很严肃，甚至高高在上，那就大错特错了。

台湾研究院文学所 2009 届硕士毕业生与朱双一老师(左三)合影

朱老师为人质朴，低调谦逊，没有半点架子。

2008 年，台湾研究院承办“台湾文学现代性学术研讨会”。这次研讨会规模很大，院里几乎所有学生都参与了会务工作。

记得研讨会的前一天，我们在希尔顿酒店做接待工作，帮助来宾办理入住、安置行李。没想到朱老师也加入了我们的行列。

当时来宾中很多是朱老师的朋友，朱老师来也在情理之中。但是朱老师不单单是和朋友寒暄，而是实实在在地干“体力活”。一辆车到了，朱老师开车门、搬行李，动作行云流水、一气呵成，看得我们目瞪口呆。

说起这件事，其他专业的同学也印象深刻。在文学所，朱老师年龄最长、资历最老，却和年轻的学生一起做这些琐事，我们更不敢有半点懈怠。

因为中午来宾密集，时间紧张，同学们错时用餐。我、云霞，还有朱老师错过了酒店的用餐时间，便一起到酒店附近的上岛咖啡吃午餐。

当时我和云霞点了米饭套餐，朱老师点了炒饭，等上餐时，我和云霞却感到尴尬：上岛咖啡的餐点做得很有仪式感，虽然是简餐，但是米饭套餐看起来过于“豪华”——主菜、小菜、米饭、汤品一应俱全，还配上了闪闪发光的

餐具。而朱老师那份炒饭，就是孤零零的一份炒饭。对比过于鲜明！当然朱老师不以为意，吃得很香。而我和云霞如坐针毡，事后聊起此事，一直觉得不好意思。

说起这次研讨会，已经过去十几年了，但是很多细节我都记得清清楚楚。并非我“天赋异禀”，唯一合理的解释就是朱老师的言行让我印象太深刻了。

有时，别人会问我：你导师是一个什么样的人？我会把这个研讨会当作八卦聊一聊。心想：你自己细品吧！

（四）

刚毕业那几年，我偶尔会给朱老师发邮件，说一些工作上、生活上的事情，朱老师的回信给了我很多鼓励。

后来有了孩子，整日为生活奔忙，和朱老师的邮件往来渐少，好在朱老师在文学所微信群里较活跃，经常与我们分享一些感想。

离开校园后，因为工作原因，也接触过一些“名作者”“名人”，沽名钓誉者有之，双重标准者有之，趁机敛财者有之……更感觉到朱老师这样的人弥足珍贵。

记忆中的这几件小事，也许朱老师早已经不记得了。因为我心中认为的“最高规范”，不过是朱老师的日常，他不用刻意要求自己，就日复一日地在做，自然不觉得有什么值得说的。但是对于我，却像烙印一样留在脑海中，终生难忘。

作者简介

陈冬梅，女，2006—2009 年就读于厦门大学台湾研究院文学所，获硕士学位。现任湖北丰智源文化传媒有限公司策划总监。

跨越海峡的师生情

——记吾师李非教授

◎ 蔡弼凯

时光荏苒,光阴似箭。初次接触李非老师的场景如同昨日,蓦然发现,这段故事已经是十多年前的事情了。在这十多年的时间里,虽然我不在高校从事教学科研工作,但我与李老师的联系从未中断过。一日为师,终生为师,李老师不仅传授我学问,而且授予我做人的道理,教会我处事的原则,我从他身上学到了太多太多,受用至今!

我于2002年由台湾来大陆工作生活。有感于两岸交流日趋频繁,尤其在经济领域存在很大的合作空间,同时也为了进一步充实个人的学识,2006年,我决定报考厦门大学台湾研究院攻读经济学博士学位。李非教授当时已经是享誉两岸的知名学者,主要从事台湾经济与两岸经贸关系研究,是厦门大学在该领域的学术带头人,而我的兴趣与关注点主要在两岸产业合作及相关议题方面,所以我主动联系了李老师,表达了自己想继续求学深造的想法,得到了李老师极大的鼓励。2007年,我很幸运地通过厦大博士生入学考试,如愿成为李老师的学生。

厦大三年的学习经历充实而难忘。在李老师的倾心指导下,我在区域经济学理论研究方面有了较大提升,尤其是对两岸经贸关系、两岸经济合作等议题有了更深刻的认识。

我来大陆之前在台湾从事医疗行业，李老师充分了解了我的工作经历，在博士论文选题过程中，他特别尊重我的想法，鼓励并支持我选择两岸医疗行业合作的主题，并向我提供了许多建设性意见和启发性观点，坚定了我完成博士论文的信心。正因为有李老师的引导，我较早就明确了研究方向，锚定目标，并且义无反顾、专心致志地走下去，最后我顺利如期毕业，获得博士学位，圆满地结束了在厦大这所中国最美丽大学的研究生活。

我至今都很回味李老师的课堂。他的教学风格务实严谨、语言风趣生动、讲解深入浅出。他时常教导我们在研究两岸关系和台湾问题的过程中，要坚持辩证思维、运用历史眼光、采取多维视角、秉持实事求是的态度。李老师曾表达过一个观点：在两岸关系的发展过程中，要善于运用"妥协"，因为这是一种大智慧。这句话令我感触颇深。他的所谓"妥协"，指的是"妥当地协调"，他认为这是一种寻找问题最佳解决办法的行为。李老师的这些观点和理念改变了我的一些错误认知，引导我更加全面地认识两岸关系，多年来我一直牢记在心，并在日常工作生活中加以实践。

还记得当初我选择来厦门大学台湾研究院攻读博士学位时，有很多台湾朋友表示不理解。他们很困惑，总是问我为什么一个台湾人还要到大陆高校从事台湾问题研究？难道台湾人还不了解台湾吗？我的回答是，我选择来厦门大学台湾研究院读书，不仅仅是为了了解台湾人眼中的两岸关系，也是为了了解大陆人如何看待两岸关系并同他们分享我的观点，如此才能更全面地认识两岸关系，才能够真正懂得如何开展两岸交流合作以及从事相关研究。在厦大台湾研究院的学习实践与体验，也符合甚至大大超出了我预期的效果，印证了我的想法是对的。在校期间，我和同学们都是彼此的研究对象，课堂与课后的沟通交流很多，我们的观点得以交锋、思维得以碰撞、情感得以沟通，从而使我们对很多专业问题的认识更为深刻、理解更为通透。我与许多大陆的老师、同学也因此结下深厚的友谊，至今保持着热络的联系。如今回首那段学习时光，我特别感谢自己当初的选择，当然也特别感谢李老师在那期间对我的信任、包容和理解。我是属于比较早一批来大陆求学的台湾学生，李老师对我与大陆师生的学习交流，一直保持开放、鼓励、支持的态度。

由于背井离乡，加上学业繁重，李非老师对我的生活也非常关心，他经

常主动了解我在大陆的生活情况，帮我排忧解难。考虑到我是台湾人，在大陆朋友较少，每次同门聚餐，李老师都会特意亲自提前打电话通知我，让我倍感温暖。毕业这么多年，每当师门有活动，李老师也都会想起我，从没把我落下。值得一提的是李非老师也是我结婚典礼的证婚人，他的贺词不改其幽默风格，给我的亲朋留下了深刻印象，他说道："弼凯是我学生中最特殊的一位，他不仅学好了两岸交流的理论知识，更是两岸关系发展的践行者！"因为我来自台湾，后来的工作与学习经历都在大陆，并且在大陆完成终身大事，可以算是为两岸交流发展做出了贡献。

李老师不但在学术科研上成就斐然，对家庭也很有责任心。作为学生的我，时常被李老师家里温馨和睦的氛围所感染，我能很明显地感受到李老师对家人的体贴、对家庭的担当。李老师对工作的使命感、对家人的责任感对我产生了潜移默化的影响。让我深刻地认识到一个成功的男人不仅应在工作上兢兢业业、志存高远，对待家庭也应该勇于承担、心系亲缘。

我在厦大读博期间的学术成长离不开李老师所营造的良好科研环境。在李老师身边学习，有压力更有动力。虽然他对我们要求严格，但从不苛责我们。那段时间，我总能保持对学术的热情，神清气爽地开展科研工作。李老师对待学生无私、公平、负责。他有一颗同理心，经常会主动为我们考虑，将心比心，从不舍得让我们感到沮丧和为难。后来我在工作中，对领导、同事和下属，也更懂得换位思考，体认别人的难处，多为别人着想。

一个人遇到好老师是人生的幸运，我很幸运能够跨越海峡与李非老师结下师生缘！

蔡弼凯(右一)与李非教授(右二)及同学合影

作者简介

蔡弼凯,男,台湾人,博士、高级经济师,2007—2010年就读于厦门大学台湾研究院经济所,获经济专业博士学位。现任厦门国贸嘉和企业服务有限公司副总经理。

我的厦大老师王德祥

◎ 欧徽龙

厦门大学海洋与地球学院有这么一位老师,他不是传说中高高在上的大师人才,也没有国家杰出青年、长江学者一类的头衔称号;他为人低调,开着五菱宏光来学校上班,偶尔也会因门禁系统故障被保安误认为是快递员而被拦在校门口。但是每一位和他接触过的人都会被他身上散发的人格魅力所吸引,亦师亦友的亲和力使他总是能和学生们打成一片,待人友善、乐于助人的作风使得他的名声在同事之间也相当好。他就是我已逝的恩师——王德祥老师。他的音容笑貌和严谨的科研作风,是我在厦大求学生涯中最难忘怀的珍贵记忆。

我和王老师的真正相识是在2010年我大三实习那一年。当时我们的实习地点在广东和广西,王老师是其中一位带队老师。在途经广东海洋大学的时候,有一位女学生急性阑尾炎发作,为了不耽误行程,王老师主动要求留下来带女学生去看病,一起留下来的还有我和另外一位男生。记得当时我并没有帮上什么忙,只是在旁边帮忙照看生病的女同学,而王老师则忙前忙后,把住院手续办得妥妥当当。当时我感觉这个老师人挺好的,随着实习的开展,和王老师接触多了发现他一点架子也没有,为人随和,很自然地就能和学生们融洽相处。

在大四选择硕士生导师的时候，凭着实习期间的感觉，我主动联系了王老师，很庆幸没有太多的阻碍，自己顺利进入王老师门下。从那以后，我就一直在王老师门下进行学习研究，直到读完硕士。硕士毕业后，我留校当助理，然后继续攻读博士学位至今，回想起来已经有将近十年的时间了。和王老师相处的时间久了，慢慢发现在他身上有太多令自己敬佩、太多值得自己学习的地方。

不忘初心，是他终生践行的信念

王老师曾经和我提起，他的梦想是让国内的海绵事业登上新时代的舞台，让爱护海洋的理念深入每一个人的心中。这是他的初心，多年来他一直朝着这个目标努力前行。

王老师从 2008 年接触海绵动物开始，便致力于海绵动物的研究。从刚开始的海绵动物基础分类学和海绵动物生物学，到后来的海绵动物养殖以及海绵动物的应用，王老师在多个方面都取得了不俗的成绩。通过科研和宣传，海绵动物从不被人所知，到经由厦大海绵动物课题组被业界所熟知。课题组不仅成功实现了全球领先的海绵动物规模养殖，还成功协助开发了利用海绵骨针作为辅助材料应用于护肤品的产品。王老师一路坚持，也吸引了很多志同道合的伙伴，他作为科研团队主心骨，怀着赤诚初心，将国内的海绵动物研究推进了一大步。

在做研究的同时，王老师也从未忘记过坚持做海洋科普的信念。每到一个新的地方，他总会很小心地带回来一些海洋生物样本，费尽心思地做成生物标本保存起来。在适当的时机，他会毫不吝啬地将各种海洋生物标本拿出来进行展示和教学。只要有机会宣传海洋科普知识，他绝不会缺席，如每年的海洋开放日和学生大创项目，等等。自从当了王老师的学生以后，每次海洋科普活动我都或多或少地参与其中，王老师对海洋生物的热情在无形之中不断感染着我，也为我未来的奋斗道路指引了方向。

以身作则,是他教书育人的原则

海洋系的学生在大三的时候,都要进行一次关于海洋生物的野外实习,包括海上调查和潮间带调查两部分内容。其中潮间带调查比较辛苦,需要冒着炎炎夏日带着学生在地形复杂的潮间带进行采泥调查。当双脚陷入潮间带的泥巴里时,光是正常行走都要费很大劲。但每次潮间带调查实习,王老师总是以身作则,亲力亲为。无论泥巴多么难走,他永远走在前面为学生们讲解、指导,哪怕再脏再累,他永远最后一个上岸。有一次,我看到他累得满头大汗,就对他说:"下次您不要下来了,在岸上指导就好,我负责下去带学生。"他看着我微笑着说:"现在的学生,很多都没怎么吃过苦,这个锻炼对于他们而言确实是辛苦了点,但是没办法,这是学这行必须要学会的基本功。我下去主要是想给他们一个榜样,让他们觉得没那么苦,最后不至于个个都转行,顺便再看看有什么好苗子,好好培养,哈哈。"王老师就是这样一个人,为了能够吸引更多的人投身海洋事业,为了能够发掘更多的好苗子,他从未缺席过任何一届学生的实习。

关怀学生,是他为人师表的慈爱

关怀学生、常为学生考虑是王老师生活的日常习惯。第一次有这种感觉是在我大四的时候,由于实验需要,我需要通宵一整夜在实验室里观察养殖缸的生物排卵习惯。那一晚,实验室就我一个人在做实验记录,大约深夜十二点半的时候,王老师突然出现在实验室里,手里还拿着两个热乎乎的面包。后来我才知道,他怕我饿着,特意带夜宵过来给我。还有一次,晚上需要挑选完几十瓶生物样品,当时就只有我一个人在处理,处理完估计凌晨两三点了。老师担心我一个人忙到太晚,因此留下来和我一起完成了所有的任务。即便如此,我们还是忙到了深夜十二点。结束后,王老师带我去吃了夜宵,边吃边聊,记忆中的福鼎肉片格外美味……自从我进入王老师的课题组后,我的课题方向一直都是关于海绵动物的生物生态学,因此很多时候我会前往野外的鱼排进行实验。记得有一次,需要留在鱼排上过夜,研究海绵动物的幼体释放，我和另外一名研究生已经做好了在鱼排上过夜的准备。鱼排上很安全，就是条件简陋。正当我们安排妥当时，已经坐船上岸的王老师却突然折返，说怕我们晚上比较辛苦，所以留下来和我们一起。他总是这样，心里惦记着学生，在学生需要的时候总能出现。在留宿鱼排的那个条件艰苦的晚上，我心里却暖暖的，有这么一位和学生共进退的老师一起奋斗，哪怕再辛苦，也会觉得很开心。

欧徽龙和王德祥老师合力将沉甸甸的网拉上来

心灵手巧、善于思考，是他的闪光点

心灵手巧，在一般人的印象中似乎与男老师不沾边，但是这个词用在王老师身上却很贴切。他是一个发明小能手，很多看似无用的东西，经他改造后又能恰到好处地应用到其他地方。很多实验室现在还用着王老师制备的各种小仪器，例如电风扇改造的PCR震荡仪、废弃的加热器改造的PCR恒温消化仪等。善于变废为宝的他还申请并被授权了很多专利，对一个生物学老师而言，这是极其高产的。或许，更难能可贵的是他善于思考的品质，

无论对人还是对物,他总能发现其中的闪光点,并将其安排、使用在最恰当的地方。

与导师的相识,就像珍藏的一瓶酒,越陈越香,越久情越真。慢慢接触,越来越能体会到王老师的优点和个人魅力。然而,美好的事物总是如此短暂,2018 年 9 月 29 日,病魔夺走了导师的生命,他彻底离开了我们,离开了他所热爱的事业。逝者已逝,但是他留给我的那一份坚持,那一份对海洋事业的热爱,那一份为教育事业付出、为社会贡献的赤诚之心,一直在鼓舞着我。我们一定会传承王老师对海洋生物的理想,他未竟的事业将由我们继续拼搏并发扬光大。如果王老师能听得到,我想对老师说:您放心,我们会一直替您守护您热爱的海洋。

作者简介

欧徽龙,男,2007—2014 年本硕就读于厦门大学海洋与地球学院海洋生物学专业,2016 至今在海洋生物专业攻读博士。

哲坛嘉采，师者明表

——记恩师陈嘉明教授

◎ 王奇琦

厦园花开四季，春有硕红木棉，夏有火红凤凰，秋有沁白丹桂，冬有梅红三角，灿烂了一整个厦园。正如厦大的学生，风华正茂，百舸争流；亦如厦大恩师，诲人不倦，育人如烛！而我，一个在厦园中汲取了十多年养分的“厦大制造”，亦时常感念我的恩师陈嘉明教授。

春风化作雨，润物细无声

初识陈老师，是在大三小学期陈老师给我们开的一堂讲座中。闷热的仲夏夜晚，带有闽南口音的陈老师娓娓道来，从康德讲到胡塞尔，一堂课下来，我们顿时觉得耳目一新。我跟室友感慨，原来哲学课可以讲得这么清晰！这刷新了我们对西方哲学的认识。西方哲学对彼时的我们来说是如梦魇般的存在，不仅流派、人名、概念众多，而且思想晦涩难懂，常常觉得认识所有汉字，却根本不解其意。但经陈老师讲解之后，我们颇有醍醐灌顶之感。而课堂上亦获知陈老师研究当代西方哲学中的知识论，使用英语做研究，这让被德国古典哲学“虐”得不浅的我颇有好感。于是在大四上学期获得推免资格后，我第一时间联系了陈老师，并有幸

成为他的学生。

读研伊始，陈老师就跟我提了几点要求：第一是多读原著，就是要多读西方哲学家的原著；第二是学好外语，要能够做到与英美学者进行学术交流；第三是变换气质，就是要敢于立德立言，不能仅仅跟在西方人后面亦步亦趋。我虽认真记下笔记，却不甚明白其中真谛，于是大胆问读什么原著，哪知竟然是德国古典哲学代表人物康德的《纯粹理性批判》。回去寻来此书，异常艰涩，心中颇为畏难，遂放下书本参加各种校园活动。

陈老师察觉我的心思没有放在学术上，并没有严加苛责，而是在课余亲自开车送我回学生公寓，跟我聊起他的读书时光。原来陈老师作为当时的"知识青年"，被下放到福建山区插队整整五年，外加在工厂工作三年，直到1977年恢复高考，才一举考上厦大，从此与哲学结缘。陈老师在厦大获得硕士学位后，又考入中国社科院哲学所读博，之后才回厦大任教。陈老师告诉我，他一开始接触康德时，也如王国维所说，"几全不可解"，云里雾里不知所云。但终究不肯轻易放弃，慢慢也就品出了其中三昧。连续下来，他的硕士论文、博士论文皆是康德研究，并且博士论文《建构与范导——康德哲学的方法论》还得到当时作为答辩委员的一些权威学者的高度评价，被誉为"近年来研究康德的博士论文中最值得注意的一篇"，从此开始在学界产生影响。也正是以康德哲学作为起点，他得以摸到哲学研究的"命门"，之后研究现代性、知识论等领域，就颇有一通百通之感。

那段时间常听陈老师聊起过去，让我颇有感慨。我们"80后""90后"是幸运的一代，生逢改革开放后市场经济蓬勃发展的时代，从小未经历过大的挫折，只是听家人忆苦思甜，却从未真切理解求学的可贵。及至在厦大学习几年，才发现校友中佼佼者不少都是年轻时经历过动荡和挫折，不断奋发图强才取得今日成就的。就拿哲学系举例，系里很多教授都是厦大自己培养的学生，他们考入厦大读本科或硕士，在外完成学位后又回校任教，可以说是从厦大起航，又反哺厦大。他们或出任高校领导，或在学界经营多年，造诣颇深，为厦大在哲学界挣得了一席之地，陈老师也是其中的代表之一。后来我随陈老师参加国际国内学术会议，每每看到陈老师坐在主席台上，都颇为他自豪，殊不知这背后是他多年坚持不懈的付出。

在陈老师的循循善诱下，我也逐渐洗去浮躁、功利的心气，获得硕博连

读资格，逐渐走上学术研究道路。

若许轻捐便轻得，古来创业岂云艰

这几年在外参加学术会议，也常有学友知道我的教育背景后称赞："你是'厦大制造'啊，你们那边知识论很强嘛！"我虽只是笑笑，但心中却很是明白在"厦大知识论"这块招牌背后，有陈老师及团队所有成员持续数年的艰辛付出。

2011 年，陈老师联合厦门大学智能科学与技术系的周昌乐老师搭建了"厦门大学知识论与认知科学研究中心"，旨在进一步拓展相关领域的跨学科研究。该中心每个月都会举办学术沙龙和工作坊，两个系所的老师和研究生常聚在一起交流彼此的学术研究成果，我也时常参与其中。当时我有一好友即为智能科学与技术系的研究生，我有时去海韵的实验室看她做认知实验，她有时亦来图书馆与我讨论知识论问题。这种跨学科的研究火花在校园中时时碰撞，颇能体现一所综合性大学的文理皆长与兼收并蓄。

2012—2013 学年的第一学期，知识论中心举办了"知识论与认知科学"学术研讨会，来自全国各高校、研究机构的近四十位知识论学者出席了会议。我作为研究生也参与了会务工作。席间，听到中国现代外国哲学学会会长江怡教授对陈老师及厦大知识论团队的高度认可。原来，彼时在中国高校中，对知识论的研究仍是星火之势，而陈老师所带领的知识论团队则在多个方面走在了前列。这次会议后，国内哲学研究界诸多重要学者都认可厦大知识论中心的科研实力和组织能力，把厦大知识论中心当作承建现代外国哲学学会"知识论专业委员会"的最佳选择。

2014 年 6 月，筹备多时的厦门大学"知识论与认知科学"国际学术研讨会在学校科学艺术中心举行。这次会议吸引了来自美国、英国、日本、韩国等多地的八十多位知识论学者，世界著名知识论学者 Timothy Williamson 教授、Alvin Goldman 教授和 Richard Feldman 教授也应邀出席了会议。我由于口语还算流利，便担任陪同兼翻译。英国科学院院士、牛津大学 Timothy Williamson 教授在了解到厦大知识论学科的建设情况后，颇加赞赏，对陈老师多年的努力也给予了高度肯定。会议期间还召开了中国知识

论学会成立会议,陈老师顺理成章当选为学会会长。

陈老师这十几年所带的博士生主要集中在知识论方向,其中有一些已经成为教授、博导,积累下来已成气候,在哲学界颇有显示度;师兄、师姐们撰写的博士论文作为丛书出版,翻译的知识论经典文献也成为系列,这对国内知识论研究水平的提升有很大帮助;此外,陈老师牵头成立的知识论与认知科学研究中心也促进了知识论与其他实证学科之间的跨学科研究。正是由于陈老师多年的点滴经营和付出,才使得厦大知识论成为国内哲学界的一块招牌,并赢得了国内外同行的交口相赞。

高山安可仰,徒此揖清芬

陈老师温文尔雅,有谦谦君子之风。对学生,他循循善诱;对青年学者,他勖勉有加;对同辈,他亦是不矜不伐。因此若论人格品行,陈老师实为高山,我辈值得学习和效仿一生。

陈老师对待学生,总以勉励为主。陈老师在厦门时,常组织知识论团队聚餐。席间陈老师常与我们谈论研究近况,我们也会带着读书报告去讨论,这种讨论较之在办公室里更为轻松,陈老师总是鼓励我们继续深入研究,从未轻易否定我们的研究思路。陈老师退休后又被上海交通大学聘任,担任特聘教授与哲学系主任,我们见面次数少了许多,但每年都有二至三场中国知识论学会组织的学术活动,师门常借此机会相聚。会议期间,陈老师常问及师门弟兄的研究近况,或就报告主题继续深入交流,他总能在三两句中击中要害,并提炼出问题帮助我们进一步思考,让我们获益匪浅,常有茅塞顿开之感。跟随陈老师多年,我从未见他对学生有过任何谴责和批评,相反总是正面肯定与鼓励支持。

陈老师与同行在一起,也总是谦和儒雅。中国知识论学会以中青年学者为主,而陈老师作为会长本可以"摆摆姿态",但他却从未流露出任何"官腔"。参加学术会议时,学友同仁的问题,他都认真回答;而对待善意的意见,他也从未有过红脸不悦的时刻。陈老师也常鼓励年轻学者迎难而上,认为他们虽然资历尚浅,但学术训练扎实。陈老师擅长书法,其笔力苍劲,又行云流水。或许,这也正是他涵养如此之深的原因之一吧!

陈嘉明老师(前排居中)携夫人(前排左二)与他的学生们

陈老师在学术上的热情，是纯粹又持久的。他每年都坚持出国参会，用英文写作，用英文做报告。2018 年，陈老师、郑伟平老师与我一同赴美参加美中知识论会议，郑老师与我都感慨倒时差不易，而且纽约温度太低以致感冒头疼。而在连续三天高密度的学术会议中，六十六岁的陈老师精神抖擞，抛出的问题一个比一个精彩，对问题的回答也令在场的美国专家佩服不已。陈老师论文的评论人，美国知名的知识论学者 John Greco 教授对该论文的评价是：它关于“理解论”的说明是非常可信与引人入胜的。

陈老师的家国担当，亦体现在他对中国文化浓厚的兴趣上。他虽然研究领域在西学，却并未局限于此，相反，还颇为关心中国哲学的现代化问题。他发表过多篇文章讨论此问题，并提出自己的主张与见解，可见其对中国哲学的思考之深。最近他的《中国现代化视角下的儒家义务论伦理》一文，还获得教育部第八届高等学校科学研究优秀成果奖。

此外，他也时常跟我们讲，对于西方人的思想，不能仅仅“照着讲”，而要能够“接着讲”，让中国学者研究的问题和国际同行达到同步性，甚至中国学者提出的问题要能够成为国际同行关心的问题。因此在多个场合，他都提

到要有自己的见解和思想，特别是要开拓知识论的中国话语，在国际学术界发出中国声音。

“所谓大学者，非谓有大楼之谓也，有大师之谓也。”常有人说厦大是“中国最美大学”，我想，厦大之美，不仅在于花香四溢，楼宇威严，山海相连，更在于其师者风范，为人表率。常有人誉厦大为“南方之强”，我想，厦大之强，不仅在于学子们自强不息，心系祖国，更在于其师者明明德，亲民，止于至善。成长于20世纪七八十年代的厦大中的陈老师，培育了“70后”“80后”的我们；而成长于21世纪初的厦大中的我们，也站上三尺讲台，学着前辈的样子，去教育“00后”的厦大学子。这种代代相承、薪火相传，正是校训“自强不息、止于至善”的真实写照，也是厦大得以硕果累累、人才辈出的内在原因。2020年寒假，我着一袭白衣去看望陈老师，陈老师夸我“气质不错”，我心中虽雀跃，但也深知此“气质”非彼“气质”。犹记起读书时他时时勉励我们要变换气质，敢于立德立言，亦期待我能早日如他所愿，承其衣钵，以哲思智慧点亮华夏，让学术之声走向世界。

作者简介

王奇琦，女，2007—2016年就读于厦门大学人文学院哲学系，获哲学博士学位。现为厦门大学马克思主义学院副教授。

学高为人师，身正为人范
——我印象中的石奕龙老师

◎ 陈兴贵

2008年，我有幸考入厦门大学，师从石奕龙教授攻读人类学博士研究生。至今，我从厦大毕业已近九年。回首在厦大的求学历程，虽然短暂，但厦大优美的校园风光依然如在眼前，浓厚的学术氛围始终难以忘怀，“自强不息、止于至善”的校训铭记于心，导师对我的影响更是长久深远。

中国应用人类学的奠基者和拓荒者，有教无类的大师风范

我与导师之缘始于1999年，那时我正在云南大学人类学与社会工作系人类学专业读本科。那一午，我们专业开设了“应用人类学”课程，任课老师给我们提供的教材就是石老师撰写的《应用人类学》一书，此书是我四年本科所学的三十门专业课程中唯一的一本专业课教材。从那时起，石老师的名字，就一直铭记在我心中。我仔细拜读完此书后，对人类学的应用价值有了更深刻的理解，对人类学的兴趣和爱好也更加浓厚。

2008年，对我来说，是人生中重要的转折。这一年，我决定报考厦门大学人类学博士研究生，报考的导师就是石老师。是年，我的本科同学毛伟正在厦门大学攻读博士研

究生学位，在他的引荐下，我在厦门大学的群贤楼拜会了仰慕多年的石老师。初见老师时，心里忐忑不安，毕竟那时的我只是一个工作了六年的本科生，没有攻读硕士研究生的经历。我心里一直担心，石老师会因为我没有硕士学位而嫌弃我吗？会不会不欢迎我报考？然而，他在简单地了解了我的专业背景、教学工作和科研情况后，竟欣然同意我报考。研究生考试结束后，离开厦大时，我再次拜会石老师。他对我说："面试时有些紧张，专业基础比较扎实，回去后静待结果。"几天后，我得到了石老师的信息，他说正在为我们申请破格录取的机会，让我静待消息。经过石老师的努力争取，我最终被破格录取。当我拿到厦门大学博士研究生录取通知书的那一刻，心情激动万分，感恩之情难以言表。可以说，正是老师"有教无类"的师者风范，成全了我攻读博士学位的心愿，延续了我的人类学梦想，开启了我的学术生涯，也改变了我一生的命运。

开放式自主教学，培养学生教学能力和独立研究能力

2008 年秋季学期，石老师为博士生开设了"文化人类学名著研读""当代文化人类学理论与方法"两门专业学位课程。这两门课程的教学，与我自己读本科以及给我的本科生上课时采取的教学方式完全不同。石老师采取的是开放式自主学习教学方式。他开学第一次课就给我们提供了一份长达五页的阅读书目，然后每周指定阅读著作，让学生自主学习，撰写读书报告，上课时由学生轮流在课堂上讲述，老师逐一点评。今日看来，此种教学方式有三大优点：一是夯实了博士生的专业基础理论。当时我们年级共有九名博士生，此前的学科专业背景大多非民族学与人类学，通过学生自主研读西方人类学原著，围绕著作撰写读书报告或论文，提升了博士生的专业理论基础和问题意识，为从事学术研究奠定了扎实的专业基础。二是提高了博士生的语言表达能力。通过一次又一次的课堂讲述，训练了博士生的陈述能力和讲课技巧，尤其对未上过讲台的应届硕士生来说，锻炼价值很高，为今后开展课堂教学奠定了基础。三是课堂上师生互评，增进了学术交流和创新思维，点燃了学术思想火花。石老师的两门课程并没有采取传统的"灌输

式教学”，而是由学生主导课堂，学生讲述完后老师在课堂上进行点评，学生之间互评，帮助学生进一步完善观点，形成学术论文，再公开发表。就我本人而言，这两门课程的收获颇丰。

2009年寒假，我留在厦大过春节，期间抽空拜访石老师，闲谈中，老师提醒我，可以把我的读书报告修改后拿去发表，并对几篇论文提出了详细的修改意见。在老师的指点下，我以课程读书报告为基础，撰写了几篇论文，先后发表在中文核心和CSSCI刊物上，为后来评聘副教授职称奠定了坚实基础。

点石成金的大师水平，开启学生的学术新生命

石老师是我国改革开放后最早从历史学转向人类学的学者之一。在特殊的教育背景下，石老师先后接受或自学了历史学、考古学、人类学、民族学、宗教学、语言学、民俗学等学科知识，并在学术研究中融会贯通，成为“百科全书式的人类学者”。广博的历史文化视野，精深的人类学基础，丰富的民俗知识，成就了老师点石成金的大师水平。

2009年春季学期，我与石老师讨论毕业论文选题事宜。当我向他汇报一些想法后，他提醒我，可以关注一下四川的宗族现象。当时的我才疏学浅，未能马上领悟此选题的价值。随后一段时间里，我开始关注汉族宗族的研究成果，发现此选题在人类学与民族学领域算得上是一个“学术空白”，于是以此为主题完成博士论文开题报告。最终，我以重庆的一个罗氏宗族为个案，遵循老师一贯倡导的“人类学首要目标是反映社会事实”的学术思想，扎实开展田野调查，认真阅读考证文献，实事求是地进行评述，按期完成博士论文，并顺利通过答辩，获得博士学位，开始了新的学术生涯。石老师为我选择的论文主题，不仅让我顺利完成了博士学业，更为我日后的学术研究开辟了一个新的领域，开启了一扇广阔的学术之门。回顾我这几年取得的些许成果，大多与石老师提点的汉族宗族研究有关。

宽严相济、严谨细致、实事求是的师者典范

师从石老师三年的求学生涯，让我感触最深、受益最多的，是老师实事求是、严谨细致、宽严相济的治学风格和处世之道，为学生日后的教学工作和学术研究树立了典范。石老师对学生的“宽”，不是“放纵”或“放养”，而是尊重学生的学术兴趣，给其学术研究取向上的自由，从不将自己的观点强加于学生，鼓励学生基于自身的专业基础、学术水平和现实处境，选择更合适的研究主题和学术道路。石老师不是“老板式”的博导，三年时间里从没要求我们帮他做课题、写报告、写论文，这在当下“浮躁”的学术环境下，尤其可贵。老师的“严”在于恪守学术之道，始终强调学术研究容不得半点马虎和耍滑头。在读博士以前，我就听闻石老师做田野调查和评阅论文非常仔细认真、事无巨细。我至今记忆深刻的还是他对我博士论文的评阅。在博士论文完成后，我将初稿打印成册，呈交给老师。一个月后，石老师让我去他家里拿论文。翻阅了几页论文后，我心里顿时紧张起来。一本三十多万字、三百六十多页的论文，每一页都有红色或黑色笔迹标注的横线、问号、波浪线、星号、三角符号等，涵盖论文的前言、后记、正文、注释、参考文献，甚至参考文献的序号、书目版次、标点符号等细节，而论文中的结论、观点、概念等核心内容，老师更是无一放过，都在空白处注明了修改意见和建议。翻完整本论文后，我很忐忑地问：“老师，是不是您在文中标记的地方都是有问题的?”他的回答却让我很意外：“那倒不是，只是阅读的习惯，凡是我觉得重要的观点或内容，都习惯标记一下。当然，有些错别字、标点之类的也顺便标出来，便于你修改。”听完后，我忐忑的心终于踏实了一些，同时也被老师如此细致、认真、严谨的治学风格震撼了。随后，他又拿出一页 A4 纸，上面密密麻麻地写满了文字。他把纸递给我后说：“这张纸上写的内容还需要重点改一改，能补充的就补充一些，尽量完善一下。注意一下答辩时可能碰到的问题。”回到宿舍后，我逐一对照老师的批注，对论文做了一次全面校改，再次感受到了石老师严谨认真的治学风范和对学生高度负责的学者情怀。

更难能可贵的是，石老师从无门第之见，凡是请他审阅论文，历来都是

“来者不拒”，厦大人类学与民族学专业的许多博士生都曾受惠于老师的点拨、指正，避免了博士论文中出现低级错误和常识性错误。石老师不仅对厦大的博士生有严格要求，对其他高校的博士论文也一视同仁。在读博期间和毕业后的短暂会面中，多次听老师提起，在评阅他校的博士论文时，他始终坚持一个原则，“只有在自己仔细、全部阅读完整本论文后，才会给出相应的评语和结论，如果有的论文要求完成的时间太紧或与自己正在做的事情发生冲突，就婉言谢绝”。

受老师治学风格的影响，我在博士毕业后的从教生涯中，一直秉承老师的作风，对本科生和硕士研究生的论文均仔细阅读，逐一批改，并勉励学生养成认真负责、求真务实、踏实勤奋的为人处世作风。2018 年，我有幸成为国家社科基金项目结项成果鉴定专家，每次都仔细全面地阅读每项成果，竭尽所能地给出修改意见，实事求是地指出问题，客观公正地评价成果价值，先后两次被全国哲学社会科学办公室评选为“认真负责的鉴定专家”。我能获此殊荣，是老师治学精神“潜移默化”的结果。我相信，这种精神定会成为我取之不竭、用之不尽、受益终生的宝贵财富。

作者简介

陈兴贵，男，2008—2011 年就读于厦门大学人类学与民族学系人类学专业，获博士学位。现为重庆三峡学院公共管理学院民族学系教师、教授、硕士生导师。

心里的种子

——纪念恩师叶陈春教授

◎ 程辉辉

转眼间,恩师叶陈春教授去世已经有七个年头了。我也从刚接触科研的学生变成了研究生的导师。在我科研的启蒙阶段,叶老师的高尚品格和治学精神如同一颗颗种子散落在我心里。驻足回望,发现它们早已在我体内生根发芽,积极而又热烈地影响着我的成长。

我对叶老师的初印象,是他那绅士般的和蔼可亲。那时我走到叶老师办公室门口,看到他在电脑前工作,便小心翼翼地敲敲门框,他抬起头看到是我,脸上立刻露出慈祥的笑容,接着放下工作从桌子后面站起来,嘴上重复着"来来来,快来,快请坐,来来来",我每次都不好意思回应老师的热情,心底的温暖亦不知如何表达,内心却深深感念能成为这样老师的学生是我的幸运!只有亲身经历,方能感同身受。因为被如此对待过,我才懂得如此待人,并把尊重学生的种子播撒和传递给我的学生们。

2011年年底,我的实验取得一些进展,有机会发表我科研生涯的第一篇学术论文。当时光学方向的主流期刊是英文版,这篇拟投到中文期刊。因为熟知整个实验过程,且多次修改论文,我满怀信心地把初稿发给了叶老师。而当我收到修改稿时可谓十分震惊:文稿上全是密密麻麻的红色字体的修订,几乎深入文章的每一个细节,哪怕是参考文

叶陈春老师(左三)在2012年亚洲通信与光子学国际会议会场上

献中一个小小的标点符号。震惊之余,我认真研究了这些修订,从皱眉到点头,从接受到信服,从敬佩到感动……那一次我被上了深刻的一课,被叶老师科学严谨的精神深深触动。此外,他亦曾告诉我们:即使一个人再认真,也会有自己难以注意到的笔误,所以一定要请旁人从第三者的角度来给你提意见。叶老师身体力行地将这颗严谨治学的种子种在我的心里,无时无刻不影响着我。

叶老师指导的另一位与我同届的博士生、目前在航空工业集团某飞机设计研究所工作的刘纯时常和我回忆:叶老师每次到实验室,如果看到实验台前没人,就会对他说:"一定要先动起来。"是的,"纸上得来终觉浅,绝知此事要躬行",行动起来才可以发现问题,针对问题阅读文献,找原因、找方法,在这个过程中又会产生新的想法,再回去优化实验,如此往复。他在现在的工作岗位上始终遵循叶老师当时的教诲,这颗行动的种子伴随着他走在科研的第一线。

课题组刚组建时,我们会在休息日组织爬山或者打球等课外活动,叶老师都会积极参加。记得有一次,我们爬山时恰好赶上杨梅成熟的季节,沿路有不少杨梅树,我们都兴奋地采摘杨梅,叶老师则劝说我们够吃就好了,不必贪多。路上,叶老师与我们分享他在海外工作、学习的经历及对人生的看法,我们也同他分享生活中遇到的挫折与喜悦,又一起找地方洗杨梅吃……

叶老师就像大家长一样，和我们的距离越来越近。多年之后，再回想那条山间小路，老师和学生每人背一个双肩包徒步而行，畅所欲言，没有距离的师生情谊在山林中流淌，我的思绪也在那里定格，平静而安宁。

我一直不愿称他为老人，因为他精神矍铄，身体健朗。有次周末下午，课题组在曾厝垵书法广场的沙滩上散步，叶老师提议大家做个比力量的游戏：双方各伸一只脚扣在一起，身体站稳，看谁先把对方拉得挪动位置，就说明这个人力量大。意外的是即便我们更年轻、即便我们没有放水，依然只有一人赢了叶老师。我玩累了坐在沙滩上，望着夕阳余晖下海浪拍打着沙子，看着叶老师那真诚爽朗的笑容，师生一体，毫无隔阂。此刻忆起这个场景，依然如此清晰。

2012 年年底，我去办公室找叶老师，得知他生病住院了。我们到医院探望，才知道他已罹患晚期癌症。2013 年年初，叶老师去世的噩耗传来。病魔夺走了他的生命，一切来得那么突然！他才五十六岁，本应为学术巅峰之际，没曾想却溘然离世！得知这一消息后，正读博士二年级的我，坐在窗前久久不能平复心情，悲痛之情无以言表。

叶老师的追思会结束之后，师母说他在去世之前仍惦记着我们几个学生，说他非常感念跟我们一起在厦大度过的美好时光……

如今，我也已为人师。叶老师为我埋下的这些爱国爱校、无私奉献、科学严谨、热爱生活、尊重学生的种子，已经融化于我的血液。2018 年 6 月，我也光荣地加入叶老师和我共同的母校工作，继续探索叶老师坚持的研究方向，继续上叶老师上过的研究生课程，继续在叶老师曾经深爱并为之无私奉献的大学努力奋斗。有时候，我会再次回到叶老师曾经工作的办公室门口驻足一会儿，往日时光清晰浮现。多年后，再跟曾和他一起工作过的同事谈起，大家都纷纷感叹：“叶老师是厦大式的黄大年，这种为公而忘私的精神一直值得我们铭记。”而再跟叶老师当年的学生相遇，我们都会有一种莫名的亲近感，可能是因为彼此身上的种子互有交集。我坚信，这些种子早已扎根并将一直伴随着我们的足迹。我们亦会将其传递给更多的人，驱逐黑暗与迷惘，播撒在探索理想的路上。

再一次面对大海，叶老师那爽朗的笑脸、和蔼可亲的神情、不服输的精

气神儿、可爱的形象，一直浮现，不曾离去。

再次感念我的恩师叶陈春教授！

作者简介

程辉辉，男，2009—2015 年就读于厦门大学电子工程系（硕博连读），获工学博士学位。现为厦门大学电子工程系助理教授。

学问从君有

——记厦门大学叶本兰教授

◎ 郭凡

我的大学，那里有我的恩师，我的旧时光。生活日复一日，流年暗中偷换，毕业良久，校园生活也久久未褪，但就像是封存在心口的宝箱，大概是“明月如霜，好风如水，清景无限”，偶然打开，即是光芒闪烁，温暖、璀璨、热烈。

第一次走进厦门大学是在2009年，我惊叹于它联排的校舍、红火的花开、主楼群的魅力、阳光的炙热。那时跨海坐船到达漳州校区，所有师生往返交通的校车—轮渡—校车模式，大概不是轻易就可以实现的！如今再细细回想，难掩对青春的感怀，熟悉的味道扑面而来，洋溢、稚嫩、多彩，更深刻记得老师们的殷切笑容、热情关怀。那年九月，我考入厦门大学医学院护理系，初次相识叶本兰老师。开学伊始，叶老师作为系主任，与我们相见、彻谈。对于专业、对于未来，迷茫的我们有困惑、有疑虑、有担忧，叶老师静静地坐在那里，聆听、思考、关注。她说话的时候言语关切，见解深刻，她那样不紧不慢，娓娓道来，我至今还清晰地记得，她告诉我们：“先有为，后有位。”不得不说，在我之后的学习、工作生涯中，叶老师的话对我影响深远。想要达到自己所想的目标，必须先付出不懈的努力并不断提升自己的能力，不论身处何种环境，磨炼心智、钻研才学、完善自我始终是第一位的。所谓“是非不入松风耳，花落花开只读书”，就这样，我完成了大学四年的沉淀，并有幸继续师从叶老师完成了三年研究生学业，而我自觉学识浅薄，对于叶老师倒是有些许惭愧。

从漳州校区到思明本部，再到翔安校区，一路跟随医学院踏遍厦大。自由仁爱的校园充满文艺浪漫的气息，深沉厚重的历史载着浓香醉人的文墨，完备多样的资源彰显广博包容的大气。细雨湿衣，闲花落地，在厦大读书，“自是悠悠者”啊！已办学数年的马来西亚分校，想必也是如此吧！回忆本科期间叶老师讲授的“生理学”课程，氛围自由、轻快、明朗，讲解从容、睿智、犀利，启发式的教学总是让同学们自觉融入，谦逊幽默的风格也颇受欢迎。那些晦涩难懂的生理结构和功能机制一经点拨，画面立刻清晰起来。学生对课程自然是很多疑问，而叶老师好像有更多问题，所以一定要聚精会神，因为时不时你就得争相抢答。大概每位教师对教学育人的热忱，是如何都掩盖不了的，而叶老师自身便体现着尊为师者的涵养底蕴，她的教之慎、责之重、德之正，不止在心间，更在点滴日常，溢于言表，她对教学的热爱是发自心底的啊！叶老师曾获评厦门大学“我最喜爱的十位老师”，这一点也不让人意外。

在厦大，时间很慢，慢到每天都会等校园敲响的钟声，听芙蓉湖黑天鹅私语，看凤凰花静静盛开，数上下课经过的石板路。时间当然也很快，“流光容易把人抛”，七年的校园生涯一不留神就溜走，不免物是人非，庆幸的是敬爱的叶老师一直都在。研究生三年期间，与导师叶老师的接触更为频繁，自认为也更了解她了。专业领域的高度自是不必说，在医学院身兼数职，政务繁忙，工作辛苦，各类学术奖项和成就也不少。而日常生活情趣也并不比旁人少，旅行摄影、插花园艺、晚间小酌、文学书画、户外运动，叶老师可都是爱的！我们课题组时常小聚，攀植物园，登普陀山，沙滩烧烤，户外踏青，平日严谨的女教授也洒脱起来，风趣幽默，笑脸盈盈，与大家打成一片，我们眼中的女神，在她那就自称“女神经”，是教授但不古板，是长辈但不拘谨，是良师，亦是益友。

红顶白墙映衬碧树蓝天，依山傍海一年皆是好景，靓丽的校园从不会让人厌倦。回顾三年的研究生求学生涯，每天面对复杂的科研课题和繁重的实验任务，经常觉得力不从心、无从下手，可叶老师从来都是谆谆教诲、谦谦

引导，从不厉声厉色，更从未大动肝火。课题需要指导，她总是有求必应，事必躬亲，先听我的想法和思路，再细致点评，鞭辟入里，每每谈完之后便令我如同醍醐灌顶，方向感更加明朗。不论在何种学习场合，我若有进步，她都从不吝啬夸奖，句句勉励，让我信心倍增；若有失误，她不是耳提面命，而是倾情相助，善意提醒，我自己反倒心虚慌乱，不知如何是好了。我想如此温馨的教师，大概只在这般和煦的校园里。其实叶老师何尝不是众多厦大教育工作者的缩影：言传身教，修身世世诗书业；才智英敏，宜以学问摄其躁。因工作需要，老师们需常年奔波于各校区之间，但仍然乐在其中，诲人不倦。“玉在山中辉润，兰在林下芬芳”，能在这样的环境中求学，耳濡目染，潜移默化，为学日益，别有一番天地。

“平生无尽用，学问在吾身”，作为厦大学子，自身所有的成长都在这里酝酿，心智也在这里走向成熟，生命更因此而丰满。初见时只是不识愁滋味的年少，离开时蜕变到自信、饱满、轩昂地走向社会，身后的厦大总能带给人无穷的力量。2016 年，我毕业离校之后有机会回母校，再次拜访叶老师，叶老师很是开心。与叶老师谈工作、谈今后，叶老师对我的工作去向表示满意，她很是高兴，也很放心。在大家眼里，想必作为导师更期待的是学生在学术上更有造诣，或者寄望于“新竹高于旧竹枝”，我自知缺乏这等潜力，就甘于平凡吧！但叶老师发自内心的祝福让我很感动，师生情谊是难得的缘分，亦促成了相互之间的理解。一直以来，我对叶老师的敬仰其实也不乏几分畏惧，担心自己不够优秀，恐慌不受老师青睐，而叶老师从未厚此薄彼，从不冷漠，始终温暖、淡泊、风雅。

说起来与叶老师的缘分，到此也没有终止。想来甚巧，工作之后在单位遇到一位前辈，在我刚来单位时便问道：“你导师的名字是叶本兰吗？”我初来乍到尚还陌生，局促得连连点头，“我们是大学同学”，他说道。我听完一愣，顿时惊喜交集，这太出乎意外了，天下之大，这等机缘巧合怕是微乎其微，不由得心生亲切，对工作的好感度也增加了不少。

“学问从君有”，得益于叶老师的指导，我顺利毕业、称心工作，奈何时间太匆匆，离校亦越来越久，而脑海中的母校仍然是燕子飞，绿水绕，处处芳草。在厦大的日子，好春长在，好花长见，求学的每一天都是享受，想来古人的“杏花疏影里，吹笛到天明”，意境也不过如此吧！埋头苦学是“枕上诗书

闲处好”，仰头凝望便是“门前风景雨来佳”，典藏云集的图书馆是“晴也须来，雨也须来”，在这天气无常的城市，风雨中骑车奔走是常事，也颇是“笑而不答心自闲”。如此种种，宁静致远，修身养性，陶冶品行，怎能不喜欢？在这悠闲静谧的城市和校园，自己的锋芒棱角也沉静下来，柔和、沉稳，“且喜无拘无碍”啊！

春日正好，枝丫都在发芽，阳光明媚得像花，杨柳在摇曳挥洒。落花风雨时节，这年的满目春光，注定特殊而伤感。我在这疫情笼罩过的城市，倾诉对恩师的念想和对母校的深情，相信涓涓流走的时光会让一切都变好。而你始终闪耀，我的百年厦大。

作者简介

郭凡，女，2009—2016年就读于厦门大学医学院，获医学硕士学位。现就职于武汉市医疗保障局。

那位教我做绝对“大鱼”的韩家淮老师

◎ 马欢

我不是一个优秀的学生，我只能从一粒尘埃的角度去看太阳。

（一）

那位教我做绝对“大鱼”的老师是韩家淮老师。

“韩老师，做小池塘里的大鱼和大海里的小鱼，您更推崇哪个呢？”

“在小池塘里也好，大海里也好，要争取做绝对值不断增大的鱼。”

这是许多年前，我大二时，在厦大漳州校区的一场讲座上第一次见到韩老师，充满稚气地向他提的问题。没想到有幸得到了他中肯的回答。我敬佩这句关于绝对值的教导，实干、不功利，以及扎扎实实的自我成长。那场讲座之后，我多希望有机会成为韩老师的学生。

很幸运，第二年，我进入韩老师的实验室，本科毕业后又保送读研，继续在韩老师实验室学习。

从本科到研究生，那么多年来，我很遗憾自己一直是一条“小鱼”，在实验室里看着身边的“大鱼”游来游去。我似乎长得特别慢，特别难养，可韩老师还是一视同仁地倾注了

同样多的精力，在我陷入困境时还给了我更多的包容和帮助。他施予的教育润物无声，让我在毕业离开实验室之后仍然能够获得持续不断的福泽。

教育的力量，不止在于完成一篇论文，它带来的影响远超所有人眼中所见。

他让一条似乎多年长不大的“小鱼”，今后无论去往何处，都会努力成长，并自信总有一天会成为真正的“大鱼”。

（二）

那位教我做绝对“大鱼”的老师，会像兄弟一样拍拍我的肩膀。

“不错，好好干。”“吸取教训，继续努力。”韩老师会用他厚实的手轻轻搭在学生的肩膀上，语重心长地说每一句话，无论褒贬。你通过他的眼睛会发现，那一刻，你不是学生，而是他的合作者，你是他从智慧和行动上都寄予信赖的高标准科研工作者。于是你在一瞬间肯定地告诉自己：“是的，我是。”

他在实验室各技术领域设内部专家，有的是硕士，有的是博士，全是货真价实的一线专家，全是他信任并引以为豪的专家。

他在组会上对所有学生说，他要的不是听话的学生，而是会独立思考并与实验室有共同追求的做科学的人，是致力于解决科学问题造福社会的人，实验室里的成员之间是合作关系，不分上下级。

他爱说逆耳真话，但也会顾及学生感受。他曾在组会上真诚地对我们说：“有的人能接受直白的批评，有的人需要缓和的方式，你们要告诉我各自的心理承受范围，好让我知道怎么批评。”这般坦诚，正直又仁厚。

他和学生之间有很多有趣的梗和暖心的沟通方式。他对学生中流行的东西饶有兴趣，猝不及防就见他信手拈几句来打趣，在新鲜事物面前总展现出他卓越的接受能力。他会给学生挑选书籍以启迪学生，他会讲述他的亲身经历来开导和激励学生，他会从精神上促进学生成长。我觉得和这样的师长交流，内心就像朋友一样自然、明亮。

韩老师相信学生，比学生相信自己更多。他对学生，如对战友般真挚。

我从走进韩老师的实验室起，就意识到自己长大了，我不再是一个等待老师教学的学生，我可以去创造和改变。韩老师给足了力量和信任，让他的

学生自我成长。

现在，我已为人母，我也常拍拍我孩子的肩膀，看着他的眼睛，把这小小的人儿当作我的伙伴，对他说："不错，好好做。""很好，你再努力试试。"

（三）

那位教我做绝对"大鱼"的老师，"直辖"每一位学生。

六十来号人的实验室，韩老师一直不设"小老板"。很多外校的老师和学生听说这个操作时，会吃惊不已地问我核实："韩老师不是副校长吗，还是实验动物中心的主任，他那么大规模的实验室，不设'小老板'怎么顾得过来？"

是的，韩老师真的没有设"小老板"。实验室之所以能够有条不紊地运行，是因为韩老师的责任心超出所有人的想象，是因为韩老师的勤奋也超出所有人的想象。

大约七名博士后、二十名博士、十名硕士、十几名培养人才，还有本校的本科生，再加上工作人员，一共六十来号人的实验室，每一位成员韩老师都十分熟悉。

我大三刚进实验室，还没认全实验室的师兄、师姐时，韩老师就已经叫得出我的名字，还可以回忆起他给我布置过的任务和讨论过的问题了。

每日的午餐和晚餐，韩老师都与几名不同的学生一起用餐，很接地气地和学生交流，聊科学问题，也聊社会、聊人生、聊日常琐事。这个惯例一直保持，多年未变，实验室里大家戏称之为"陪饭"。有多少老师愿意像他这样把自己所有的非工作时间都给学生呢？

韩老师规定所有成员或课题组每个月都必须单独和他面谈讨论各自的课题，并严格要求签到，不能有缺漏。很多时候，面谈都只能见缝插针地安排在韩老师的各种行政日程之间，或者在他刚结束一天的忙碌事务之后。

他简单的小浴室在实验室的一个角落里，他的办公室里有张略旧的长沙发，工作太忙就昼夜不分地在实验室里过。虽然他的宿舍就在校园里，但沙发离办公桌更近吧！

（四）

那位教我做绝对“大鱼”的老师，教我把每一件事都做到极致。

他是我见过的最高级的完美主义兼强迫症版本，课题设计、实验习惯、技术操作、语言逻辑、书写表达、行为举止、环境卫生、规章制度……无一不在韩老师敏锐的感知范围内，他对万事万物的高标准在实验室里人尽皆知。

课题是要按 CNS 的标准去开的，实验桌面是不能凌乱的，两百微升管里进枪头能否接触管壁都得依操作内容而定，刚才讲的那句话里有个词需要揪出来解释意思，PPT 上有个单词不地道得改，使用仪器时和仪器室管理员沟通要礼貌和体谅对方，实验垃圾一定要分类投放否则他会常掀垃圾桶盖子检查，实验室里的条例对应的赏罚都必须落实得清清楚楚……

完美和高追求是韩老师实验室运行的永恒基调，所有成员都受到潜移默化的影响，并不知不觉地默契践行并维持着这种对自我的高要求。这使得实验室高效且有活力地运行以及每个人都突破性成长。

保持缜密的思维，按最高的标准，想更好的方法，不能容忍糊弄、随意和懒惰。我曾是韩老师实验室里极普通的一员，在大环境里感觉不到自己有多少突出技能，但出了实验室，我惊喜地发现这些良好习惯的养成使我在生活中凡事游刃有余。

（五）

那位教我做绝对“大鱼”的老师，带给我重新审视世界的视角。

进了韩老师的实验室，这个世界就再无绝对的权威。他时时刻刻叮嘱我们握紧批判性思维利器，敢于审视断言，不被大流卷走淹没。

从哪里听说的？可信度有多高？怎样证明？证据足以推出这样的结论吗？这是最好的吗？有没有漏洞？那个噱头是哪里来的？这真的合理吗？等等。

批判性思维，是职业习惯，也是科学精神，更是这个社会普遍缺乏的品质。但对于韩老师的学生，这样的批判性思维早已如呼吸般贯彻始终。这

是我从韩老师的长期教导中获得的受益终生的能力之一。

（六）

那位教我做绝对"大鱼"的老师，让我有勇气努力去做人生的每一个选择。

韩老师始终相信天道酬勤。他和我们聊天时说，能做成事的人，做什么事都能成。很多人难以成功，不是因为无路可走，反而是因为有太多选择，没有尽全力去做好任何一件事。

这些关于勤奋和执着的信念，随着时间增长扎根进我的心底。

硕士毕业后，我逐渐学会反思过往辜负韶华的一事无成，全心全意去做好眼下不被他人看好的选择。

我在人生的低谷里潜心做了三年全职妈妈，学习并陪孩子度过他人生中亲子关系最重要的三年。同时运营育儿公众号，见到了更大的世界。

如今，机缘巧合，我重回科研之路，开启迟来的博士生涯。

我一度不知道该怎样答谢韩老师对我人生的指引和帮助，在过去的几个教师节里，我曾苦思冥想能送什么给他。我想，或许他什么也不缺，无数人给他的鲜花、掌声、感谢一定络绎不绝。我能做的，应该是努力成为一条绝对值很大的鱼，在将来取得成就时，赤诚地看着他的眼睛，与他握手，对他说感谢。

就让我从一粒渺小的尘埃开始，追逐太阳的光辉。

作者简介

马欢，女，厦门大学生物系 2009 级本科生，本科毕业后保送至本校生物医学系读研，现为在读博士研究生。

游于艺　志于道

——记我的导师黄鸣奋

◎ 谭雪芳

我的导师黄鸣奋是以学术为志业的。在 20 世纪 90 年代，数码艺术研究不算“正统学问”，但黄老师毅然闯入这一领域，而后纵横驰骋，为中国新媒体艺术理论研究开疆拓土，建构了新的范畴、观念和话语体系，将不入流的“瓦缶”变成受尊敬的“编钟”。

但我今天想谈的是他的另一面：以学术为个性。

学术之于黄老师的快乐，只需从他将个人微信公众号命名为“厦门游于艺”就可看出。游，首先是遨游，而后乐在其中。学者做学问，一般会给自己“圈”个地，以便深耕；但黄老师却是个“另类”，这从师门弟子的“来源”可见一斑。我们一堂课五六个博士生坐在一起，来自中文系、计算机系、传播系和艺术系相关专业，因为数码艺术就是信息技术、艺术理论、媒介文化和社会思潮的汇聚点。黄老师在 20 世纪就敏锐地捕捉到文艺学在新媒介时代的转型冲动，从古代文论“华丽转身”投入“电脑艺术”，其研究沟通科学艺术，且横跨中西，被我的师兄比作“中国的麦克卢汉”。如此高难度的跨学科研究，对黄老师而言是“游于艺”的如鱼在水般自得之乐，却给当时作为学生的我带来了“痛苦”的体验。我至今仍记得 2010 年夏天从厦大图书馆走出来时的焦躁，原因是“读不懂”。黄老师的《西方数码艺术理论

史》是我们其中一门课程的参考书,因为要付梓出版,他便把校读任务交给我和同门林苒。这部书分别从数码编程、数码文本、数码媒体、数码文化、数码现实、数码进化六个取向梳理西方数码艺术理论,而我在读第一部分时就"卡"住了。一个文科生对计算机编程的陌生可想而知,书里遍是诸如赛伯文本性、遍历诗学、马赛克诗学、计算表现主义等全新的艺术观念,更有全书随处引证的语种复杂、数以千计的外文文献资料。这种"河伯遇见北海神"的感觉强烈到使我一度怀疑自己是否适合走学术这条路,两周一次的导师见面会可以想见我的"痛苦"。当然,我也有读得好的时候,这时候老师就会奖励我,奖品是"再送你一本很好的书"。

他有大量的西方数码艺术理论的英文原著,博尔特的"媒介补救"、瑞安的"赛博文本"、劳雷尔的"作为剧院的计算机"、曼诺维奇的"新媒体的语言"、李维斯的"新媒体批判",等等。它们很多年后才被国内学者关注或翻译过来,而我比别人更早"含泪啃完"。现在想来,正是这些"含泪的""痛苦的"阅读滋养着我现在的研究。如今基于互联网和计算机的新媒体艺术研究已然成为显学,无数学者转入这个领域,可是黄老师又开始研究基于LBS的位置媒介、后人类、人工智能等新技术对艺术的冲击与想象。老师"一骑绝尘",留给学术后辈和弟子们一片"学术焦虑"。

我以为一个学者关注的问题反映了他的品位和学识,其学术生命力取决于他提出的问题以及看问题的角度,以及影响学界后进的能力。在此意义上,黄老师毋庸置疑是旗帜性的存在。在产出高质量的研究成果的同时,黄老师还涉猎二维码小说、动漫脚本、电影剧本、报告文学等各种文类,自称"快乐写作"。在2019年年底回顾总结的时候,黄老师笑称自己从老年迈向"陈年"。可我却觉得他一直是"少年"。在学术研究中,少年精神和不断突破的勇气使他思想不滞、青春不老。

孔子讲"游于艺",最终还是要归于"道"的。就个体而言,这个"道"显示于人的个性之中。学者的个性既关乎学问,又关乎雅韵,我以为黄老师的"雅"在于他将做学问的"智性的诚实"作为他待人处事的方法论。中国人民大学的许鹏教授对黄老师的第一眼评价是"在一大群光鲜的衣着中,他的朴素异常醒目;在满目轩昂的气宇中,他的'木讷'格外养眼"。黄老师的"朴素"和"木讷"是相对于那些光鲜的世俗而言的,他一直在喧嚣之外。记得当年我想要报考黄老师的博士，按理要先拜访一下导师，结果老师电话里很不讲情面地说为了确保公平，“不接待任何拜访”，以至于一直到考试结束被录取后，我才得以第一次见到他。后来跟谭华孚院长说起这件事，他说黄老师最让他尊敬的正是这种对“边界的谨守”。还有一次，黄老师带我们去厦门软件园调研，顺便带上他的书赠予要拜访的各个动漫公司。路上我们要帮黄老师拎书（在我们想来，自己既是学生又是年轻人，帮老师拎书是理所当然的事），但黄老师坚决不肯，因为他觉得我们都是女生——严谨、自律，黄老师的修身理念是如此古典，以至于使他显得“木讷”，更显得“格外不同”。

然而谨守并不意味着古板。黄老师对学生非常“纵容”，他穷二十年时间构筑的新媒体艺术观念、范畴、体系已然成为数码艺术理论的一个高峰，弟子遍及全国各地。理论上他和弟子们完全可以建立一个学术团体，或者建构一个学术高地。然而，黄老师却认为新媒体艺术本身就是“超师承性”的，需要的不是传统意义上的师承，而是文艺研究者应当多与技术科学工作者交流，特别是与人工智能开发者协作。因而，他鼓励学生的博士论文做自己喜欢的、跨界的选题。每次见面，他都坐在沙发上静静地听学生讲自己的看法，即使是幼稚的、不成熟的想法也从不会贸然打断，更不会强制学生照他的意见办。作为“纵容型”导师，他从不对学生说重话，只是做得比学生都认真、都快，这样学生就不好意思不努力了。记得我博士期间的第一篇论文就是这样“被”生产出来的。当时课堂上我提出艺术正在被新媒体技术“微”化，如动漫不再叙事、只有人设（动漫表情），影视时间变短，成为微电影、手机电影等，我们可以提出一个“微艺术”概念。第二天，我就收到老师的邮件，提醒我不仅要从信息媒介维度，还要从材料维度考虑艺术的“微”化，并找出其中的关联和趋势；然后又用邮件发给我非常多材料，还用邮件提出思路……在无数次的邮件往复之后，我拿出了第一稿。不料刚发给他没多久，他的修改意见就回过来了，上面是满满的批注，甚至细致到格式修改。至今想来我仍然很汗颜，但从此再不敢“怠慢”，这种从发现问题、表述、写作到修改和投稿的反复磨炼对学术研究入门的重要性是不言而喻的（我后来查了一下，博士期间跟导师的邮件往来达两百多封）。黄老师不善言辞，因此见面几乎不聊学术以外的事，但他对弟子其实是非常细心关注的。那年师兄毕业找工作忙得团团转，老师就默默地帮他向有关单位做了推荐，事后很

久，在一次聊天中师兄才得知此事。他感慨道："黄老师亦师亦父，无以为报。"这亦是我的心声。

2005 年，我第一次因朋友之邀走进厦门大学的时候，被红墙白石条的南方建筑惊艳，心中升腾起的愿望是一定要来厦大来读书。如今已经从厦大毕业六年了，回望时它不仅还是那么明丽，而且分外温暖，因为有老师的地方，就是学生的精神故乡。

作者简介

谭雪芳，2010—2014 年就读于厦门大学传播学新媒体艺术专业，获博士学位。现为福建师范大学传播学院副教授，传播学系主任。

师恩涓涓淌过心底的河

——记王彦晖教授

◎ 王玉洁

回首在厦大求学的日子，许许多多不同的片段涌现脑海，王彦晖教授当属众多老师里对我影响最大的一位。

初识，"敬而远之"

记忆拉到十年前，初入大学，就有学长、学姐告诉我们，在中医系有位神级别的老师，但当时还没机会见到。初见王老师是在一场中医讲座中，恰如多数同学所感受到的，王老师具有不怒自威的气场，令人敬畏，但正是这次讲座，让我感受到了他传递给我的中医学术思维。

怀着敬畏之心，一直到大五实习那年，在那段忙碌时间里的某个下午，原本我跟另一位同学被安排去王老师那儿跟诊，然而我俩都没有出现，也没跟其他同学换，负责签到的阿姨说："你们这群实习的同学都到哪儿去了？王院长好像生气了！"消息传到我们这儿，我俩就一边碎碎念，一边给自己壮胆，惴惴然地进了诊室，整个下午都有点儿提心吊胆，生怕王老师突然提问，更怕答不上来。

即使后来考研复试确定导师是王老师，我仍觉内心颤颤，不敢多主动交流，一直到本科毕业。

渐熟，尊重敬佩

一直以来，虽然觉得有点阴差阳错，但是十分幸运能够成为王老师指导的硕士研究生之一。新学期开学后，内心再怎么颤抖也要渐渐平复，一周之中不算其他时间，有四天要临床学习，所以与王老师见面交流的机会渐多，对王老师也算是越来越了解。

一次跟诊结束，在等车的间隙，师兄问："知道跟王老师门诊主要学习什么吗?"至今清晰记得师兄给的"答案"。他说："跟王老师一起坐门诊，除了学习临床辨证施治，很重要的一点是要学习他怎么跟病患交流。"说到与病患的交流，除了语言沟通之外，还有几个细节让我印象深刻。

其中有两个细节都与指引患者落座有关。一次，我对病患说："坐，坐在这儿。"就在这等待病患坐好的间隙，老师轻轻地跟我说了声："让病人坐下时，要说请坐。"只是这小小的一个"请"字，瞬时让我感受到老师与病患交流时的温度。还有一次，我在诊室里帮忙给病患换座时，没多想就搬了个凳子过去，老师半开玩笑地说："别让病人坐凳子，赶紧换一把有靠背的椅子，别不注意的时候摔了。"此后的日子里，在跟诊或看诊时，我总会注意到相关细节。

前面用了"半开玩笑"这个词，可以感受到当时相对轻松的氛围，但氛围不会总是轻松的。在与不同的病患交流时，会感受到不同的氛围，有些不听话的病人，也会被王老师狠狠"教育"一番。记得有位中晚期结肠癌的病患来就诊，结合他的病症与生活方式，王老师给了他很严肃的告诫，同时给予适合他的生活方式建议，并且劝他不要过于在意工作成果，否则他的身体情况只会更加糟糕。依照患者当时的神情，估计他没有听进去，尔后他再来复诊时，情况的确更糟糕了一些。我之所以对这位病患印象深刻，是因为他是众多就诊病患中极少数情况变得更糟的人，大部分患者复诊时都有好的反馈。

好的反馈结果来自哪里呢？除了我们中医常说的精准的辨证论治，更重要的一点是病患的生活方式。王老师一直以来致力于良好生活方式的传播，他经常分享相关知识，也要求学生能够力所能及地多做相关科普。同

时，他自己的生活也是有讲究的，所以我们看到的他总是精力充沛的样子，说话也总是中气十足。

除了分享良好的生活方式，他坚持长期分享传递给我们的还包括以下三个方面：

第一，辨证思维。他总是谆谆告诫我们："中医的生命在于疗效！"日后一定不能偏废临床，所以跟诊学习是必不可少的。在看诊时，他看重的是分析疾病发生的机理，抓住了病机就是抓住了核心，这样面对不同疾病，才能够在辨证治疗时游刃有余。若不是十分忙碌，有时他也会详细地给我们讲解诊病时抓住的信息是哪些，又要从哪些角度来整合这些信息，从而进行辨证治疗。

第二，中医思维。其实前面说到第一次听中医讲座，他就已经在给我们灌输中医思维了。给硕士研究生讲课时，大多数时候他也是分享、交流对一些中医问题的思考，培养大家形成中医思维。其中之一，他思考中医难学的原因，提出中医要用现代化的语言来更简洁易懂地讲给大家听。所以他做大众讲座时，总用受众所能接受的最容易理解的语言来解说，把中医思维渗透、传播到生活中。

第三，医学思维。在王老师的思想中，从来不划分中医和西医的界线，他认为医学发展至今，中医和西医是可以高度整合的，只是目前还没有达到这种完全和谐。他之前也说过，学好中医一定要先学好西医。对于医学，不管是哪方面的知识，只要是对生命有益的知识、方法，他都一直心怀包容。

熟识，影响深远

渐渐地，除了专业上的交流越来越多，我和王老师在生活上的交流也多了起来，可以称为熟识了。不过，这相熟的过程还得益于一位来自台湾的师弟。方言有种神奇的力量，自然而然地跨越了某道屏障。在越来越多的沟通交流中，有时我们看到了老师的可爱，比如可以看到他在掌握了一些小小新技能后开心的样子，如语音转译文字器的使用、微信多人视讯等。

时间久了，也了解到他长期保持的几个好习惯，首先是一直学习，有好的内容也会分享给我们。有时候，若跟诊时发现某天用了平时没用过的某

味药，就知道是老师最近学习来的。还有时候，去外地交流学习，他也会分享学习到的新知识。此外，王老师还有一个很好的习惯，就是时常做笔记，也常常收集各种材料，所以在需要用到素材时可以很快找到所需内容。

王彦晖老师（左二）与学生们合影

久而久之，老师的形象在我们心中越来越立体，有几个方面的影响也是最为深远的。

第一，身体一定要健康。还是那句老话，“身体是革命的本钱”，在学医之后对身体健康有了更深层次的认识，在老师的影响下，也正确认识了睡眠、运动、饮食等各个方面的一些小讲究。这些讲究不是要束缚自己，而是以一种大的方向引导生活，不致偏离太远。

第二，不断学习的习惯。在现代信息的快速传播下，可能给人一种医学已经高度发达的错觉，但是越深入了解，就越知道我们对生命的了解是多么有限。生活在不断前进，时时处处都可以学习，不论你达到了什么高度，生命不止，学习不断。

第三，对生命保持热忱。医生除了要保持专业要求的冷静之外，一名大医还应对生命保持热忱，并真心热爱自己的事业，热爱可抵岁月漫长。老师行医已近四十年，在这逝去的以及未来的时间里，能够一直保持对病患有帮助，应该少不了对生命的热忱之心。

行文至此，恍觉老师对我的影响已经如此深远。他给我指引正确的人生方向，树立学习榜样，让我在迷茫时仍不会偏离大方向。他为人处世的方式与为医、行医的准则也渐渐融化在我的生活与工作中。面对生活时的心态，面对工作时的态度，在某个瞬间会觉得这画面似曾相识，原来我老师曾经也是这样来面对的。

我想，这些记忆与影响便是老师给我们的恩情，它们如流水，涓涓流淌过我们的心底，融入我们生命的河！

作者简介

王玉洁，女，2010—2018 年就读于厦门大学中医系，获医学学士和医学硕士学位。现为厦门大学附属翔安医院中医科医师。

仰望星空

——忆导师卢炬甫教授

◎ 方陶陶　顾为民　刘彤

2000年，卢炬甫老师加盟厦门大学，致力于厦大天文学科的发展。2006年，他联合物理学系理论物理方向，创办厦门大学理论物理与天体物理研究所，并担任首任所长。2012年，天文学系复办，卢老师担任首任系主任，在中国东南一隅播下天文事业的火种。

（一）

我于1991年秋天进入中国科学技术大学基础物理中心读研。基础物理中心是中国科学技术大学天文系的前身，主要负责全校的基础物理课程教学任务。当时卢炬甫老师刚回国不久。

卢老师当时教我们一门关于黑洞吸积理论的基础课。我本科的专业是物理学，没有太多关于天文及天体物理的前沿知识，只是凭满腔热情选择了天体物理这个方向。记得有一天晚上，卢老师与我长谈了一次。我们在科大静谧的校园里边走边聊，卢老师详细介绍了天文研究的热点和前沿，我也认真向卢老师谈了我的看法和对今后的一些考虑。和卢老师的这次长谈，让我初步了解了天文前沿，也感受到卢老师认真严谨的科研态度，使我对今后从事天文研

究充满了信心。

这次长谈后不久我就加入了卢老师的课题组。卢老师给我的第一个课题是研究在黑洞周围非常有意思的一类天文现象——喷流。现代天文学认为,在星系中心普遍存在超大质量黑洞,其中一些星系的中心黑洞处于活跃期,这些星系被统称为活动星系。活动星系中心的黑洞吸积周边物质,形成所谓的吸积盘;同时也向外喷出大量物质,形成喷流。喷流的速度可接近光速,而距离跨度可达到数百万光年。观测时有一个有意思的现象,是并非所有位于活动星系中心的黑洞周围都存在大尺度的喷流。卢老师敏锐地意识到,也许黑洞周围的星际介质会阻碍部分活动星系形成大尺度的喷流。在卢老师的指导下,我掌握了喷流的流体力学处理方法,以及如何推广到相对论的情形。我们的理论计算表明,当星际介质分布达到一定的临界条件,喷流的确会被停止。令人高兴的是我们在观测中找到一类特殊天体—赛弗特星系,的确在很小尺度上存在没能发射出去的喷流,验证了我们的理论工作。

这个工作结束后,我们转向黑洞吸积理论研究的另外一个方向,把现有的流体力学方法推广到含磁场的情况。黑洞吸积的磁流体力学现今已成为一个主流方向,但在近三十年前相关研究还非常稀少,特别是考虑加上对相对论流体力学的处理。我在卢老师的指导下,做了大量的前期文献阅读及准备工作,也取得了一定的进展。遗憾的是这项工作随着我出国而暂停。

1995 年,我出国后由于忙于学习、工作,和卢老师及国内联系较少,期间也听说了卢老师离开科大加入厦门大学。2009 年,借回国参加国际三十米望远镜会议的机会和卢老师取得联系,并随后来厦门拜访了卢老师和李静师母。卢老师向我详细介绍了厦大天文学的发展,并勾勒了复办天文学系的美好愿景。我被卢老师深深打动,也非常喜欢厦门的人文、自然环境。经过一番认真考虑,我于 2011 年年底回国加入厦大。

在卢老师的精心培育下,厦大天文学科在我加入前已初具规模,成立了理论物理及天体物理研究所,引进了包括顾为民、刘彤等在内的一批年轻老师,打造了积极向上的科研氛围。2012 年,经过卢老师及各位老师的精心准备,厦大天文学系终于复办了。厦大天文学科在短短数年内成为国内天文研究的主要单位之一,卢老师无疑是最重要的贡献者和领路人。

卢老师是我国最早开展黑洞研究的专家之一，在他的推动和栽培下，我国涌现了一批在国际黑洞研究领域崭露头角的年轻人。国内目前从事黑洞研究的中坚骨干大都聆听过卢老师黑洞方面的课程。卢老师作为一位从事理论研究的天体物理学家，深感我国在天文实测方面和国际前沿的差距，多次在各种场合利用自己的影响力呼吁、支持我国研制大型观测设备，同时也多次强调我们需要加入国际观测设备合作的行列。

和卢老师认识近三十年，前一段时间卢老师是我的导师，后面则亦师亦友。卢老师从学识到为人，都给了我很大的启发和帮助。我想，我们继续把厦大天文学系办好，同时也积极为我国天文事业的发展做出贡献，就是对卢老师最大的慰藉和最好的怀念。（方陶陶）

（二）

卢炬甫老师是我在中国科学技术大学天体物理中心攻读博士时的导师。在我获得博士学位的前一年，卢老师调至厦门大学物理学系工作。当我在法国完成博士后研究准备回国时，受卢老师的邀请来到厦门大学物理学系继续博士后研究，卢老师是我的合作导师。算上在厦大的共事期，我与卢老师相处了二十年。卢老师既是我学术生涯的领路人，也是对我的科研工作影响最为深远的学者。卢老师留给我最深的印象是他严谨治学、注重育人、勤奋努力、乐于助人。

2002 年 10 月，我第一次来到厦门。对我来说，厦门是一座美丽而又完全陌生的城市，仅有的熟人就是卢老师夫妇。我到的第二天，即入住了西校门斜对面成伟楼的一套公寓，是一个很温馨的住所。后来我才知道，为了能让我顺利入住且能住得舒适，卢老师在我抵达厦门之前就亲自去看过分布在校园各个位置的六七套公寓，让我非常感动。

卢老师对待科研工作的严谨态度，也让我感触很深。2007 年，我们有一篇论文被天文学权威期刊接受发表。在校对清样之时，我与合作者对文章中的公式、图、摘要、结论等主体部分都仔细校对过，没发现问题。而卢老师却认认真真地看了两三个小时，后来很高兴地告诉我们，他发现了清样中的三处小错误。虽然仅是文字方面的小问题，卢老师还是郑重地告诫我们，对待论文务必仔细再仔细，一旦正式发表就不能再做改动了，因此要努力做到“止于至善”。回想起来，卢老师这种严谨的治学态度真是值得我好好学习。

此外，卢老师也非常勤奋。我与卢老师多年来有个默契，就是每逢大年初一，我都会到办公室给卢老师拜年。卢老师特别喜欢过年那段时间，他说可以非常安静地在办公室里工作，效率很高。卢老师平时在物理馆时也常工作到晚上九点左右，然后在白城校门外乘坐最后一班 29 路公交车回家。卢老师的勤勉也激励着我们努力工作。

2014 年夏天至 2017 年秋天，卢老师饱受病痛的折磨。让我非常感动的是，2017 年春天，当卢老师听说我正在给本科生讲授“简明天文学”校选课时，他主动提出要与学生们交流，希望来讲授其中一堂课。当时因为病痛，卢老师已不便行走，是我扶着他上讲台的，这也是我聆听卢老师讲授的最后一堂课。卢老师在课堂上谈笑风生，将他的渊博才学和丰富阅历传授、分享给听众，在座的同学们既兴奋又感动，那一幕深深印刻在我的脑海中。

卢老师常对我们说，人生中能完成一两件有意义的事就很值得了。我想，卢老师在厦大工作的十七年，复办天文学系无疑是他辛勤付出所完成的最重要的一件事。目前厦大已成为国内天文领域的一个重镇，厦大天文学科也处于蒸蒸日上的发展进程中。我们都会铭记卢老师对厦大天文学科发展做出的重要贡献，并以此激励自己不断前行。（顾为民）

（三）

我在中学、大学期间读过一些天文和物理方面的科普读物，卢老师翻译的《黑洞》一书是当时的至爱。2003 年，我辞掉曲阜师范大学的教职，来到厦门大学攻读研究生，非常有幸成为卢老师的学生，从此真正踏上了科研道路。

第一次见面，卢老师在办公室里非常亲切地与我交谈，并亲自给我安排研究生办公室的位置，还很快给我配置了电脑，同级的研究生无不羡慕。卢老师每周会召集课题组会议，仔细聆听每个学生的课题进展情况，指导我们的研究工作，他的点拨总能让我们茅塞顿开。他对待科研的严谨态度、深厚

的理论功底和敏锐的直觉让我们仰慕不已，且受益匪浅。

2005年年初，卢老师受邀在中科院高能所讲授“黑洞吸积理论”课程，吸引了大批年轻学者和在读研究生前来听课，其中不少人是从南京、合肥等地远道而来的。窗外寒风凛凛，室内座无虚席，有人只得坐在阶梯走廊上听讲、记录。卢老师每天讲授八个小时以上，使用透明片板书投影，非常辛苦。可看到大家求知若渴，他没有半点疲累。那些天，为了抢占最好的听课位置，早晨七点就有人来到教室；每天中午休息或傍晚下课后，都有很多人围着卢老师求教解惑。我深切感受到卢老师的学术和人格魅力。他对学生的问题总是第一时间耐心讲解，常常囫囵几口午饭就去准备下午的课程；针对学生的天文基础差异，不断调整讲授内容和进度，保证每个学生都能最好地获取知识。据说这次讲座催生了多篇学术论文。此后，卢老师不辞辛苦在多地举办类似的系列讲座，开启了一大批青年天文工作者的学术生涯。

2010年2月，我在南京大学天文学系的博士后工作即将结束。卢老师在去南京开会前，约我到时谈谈返回厦大工作事宜。虽然那时我已发表几篇论文，但学术上仍有不少欠缺。卢老师非常亲切地鼓励我，还特别强调厦大天文学系复办已提上日程。2010年7月，我正式到厦门大学工作。在天文学系复办前夕，卢老师已多方邀请和选拔了近十名涉及多个天文热点前沿领域的优秀年轻教师。卢老师奔走劳碌，殚精竭虑，亲自起草复办论证报告，广邀国内天文同行共襄盛举。2014年初夏，卢老师亲自带领我们赴翔安校区勘看天文台址，即使走进树丛后被蚂蚁叮咬，仍坚持走完全程，并落实了台址。年逾花甲的卢老师对中国天文事业的强烈责任感、使命感深深感动了我们这些年轻人。

卢老师患病期间仍坚持学术工作，只要身体允许，照旧出席各类学术会议。晚上疼痛难眠，便通宵彻夜笔耕不倦，翻译了著名天体物理学家钱德拉塞卡一生中最后一本专著——《黑洞的数学理论》。卢老师总说，趁着还能工作，就要为钟爱的事业做点实事。2016年10月，我从海外访学归来后，卢老师和师母勉强答应让我陪同去广州复查。得知治疗结果很不理想，卢老师仍强撑着，与师母和我笑谈退休后希望游历的山水人文，唯恐我们伤心。我只记得，我们久久地坐在医院中庭的长椅上，周围的一切嘈杂渐渐归于平静……卢老师在治疗期间仍惦念着我们这些学生。每次互通电话或邮件，卢老师第一句话总要询问我们的工作、生活情况。尤其是我们撰写的基金申请或学术论文，卢老师也总是第一时间给予详细建议或指导。

卢老师离开了我们，留下了值得我们永远铭记的伟大与平凡。仰望星空，一定有颗属于您的星，指引我们前行。（刘彤）

作者简介

方陶陶，男，1991—1994 年就读中国科学技术大学天体物理专业研究生，师从卢炬甫教授。2011 年回国后入职厦门大学。现为厦门大学物理科学与技术学院教授、博士生导师、院长，天文学系主任。

顾为民，男，1996—2001 年在中国科学技术大学天体物理中心硕博连读，师从卢炬甫教授；2002—2004 年在厦门大学物理学系从事博士后研究工作。现为厦门大学物理科学与技术学院教授、博士生导师、副院长。

刘彤，男，2003—2008 年就读厦门大学物理学系理论物理专业研究生。现为厦门大学物理科学与技术学院教授、博士生导师，天文学系副主任。

夏花落尽生林木，秋菊重添经久香

——记外文学院陈端端教授

◎ 胡文海

“绿野堂开占物华，路人指道令公家。令公桃李满天下，何用堂前更种花。”裴度依清溪古木而居，传文学之道。陈端端教授亦如是，探学海之深邃，授业于厦，事必躬行，汲渠水之清澄，馈人之以琼浆。蓼彼萧斯，零露湑兮，受其恩惠者众多，每每私下论及恩师，感激之心难以言尽。

陈老师长年致力于比较文化学、社会语言学、应用语言学等方面的研究，从中日文学、文化、语言等方面入手，以国际视点，对中日两国的语言表达、意识形态等进行了系统地研究与论证，其成果丰硕，见解深刻，于海内外知名期刊发表论文四十余篇，编写教程两部，撰写学术著作三部，并获得多项荣誉及奖励。

陈老师常说语言离不开滋养及支撑其存在的文化，而文化的存在决定意识的产生，意识又影响着语言表达习惯。因此，我们学习外语者须深究其文化，体会词句中的细微差异。古语云“师者，传道授业解惑者也”，然解惑方式千差万别。陈老师总能用简洁明了的语言阐明这些艰深晦涩的理论概念，而且运用大量与我们生活紧密相关的语言现象和文化现象实例来加以佐证。虽然时隔数年，我至今仍然清晰地记得陈老师曾经为我们开展的关于中日大学校徽图案的讲座。她将中日诸多高校的校徽图案结合各个学校的办

学理念、培养方式共同进行探究，进而深度探讨校徽图案背后所蕴含的文化含义，并且从中日大学校徽在设计方面的差异为大家详述了中日两国人民的文化差异。从中足见其研究之深度，学识之渊博，更可以看到陈老师之于研究的热情，以小见大，以微见广。

陈老师曾经指导我，人文研究需与社会实际相结合才可以窥见其光华。陈老师在进行人文科学研究的同时，紧密地将研究内容与企业文化、企业管理等关联起来，探究人文科学研究的本质意义。这对我们而言也是受益匪浅的。除去视点新颖之外，这样的视角更是我们人文学科研究者所必须努力实现的终极目标。陈老师率先将文人的风花雪月与现实世界连接起来，用以寻求人文科学研究的目的和发展方向。

陈老师曾担任厦门大学外文学院副院长，需要管理的事务颇为繁杂。自 2004 年至 2016 年，陈老师一直协助厦门大学的对日交流工作，不仅在口笔译工作中积累了实践经历，丰富了翻译课程的内容，而且为厦门大学日语学科的建设与发展起到了极大的推进作用。正是由于陈老师的不断努力，越来越多的厦大学子获得了赴日本交流、学习的机会。在妥善完成所有事务及教学任务的同时，陈老师对学生的教育和指导工作也毫不懈怠。我在厦大求学期间，陈老师每周都会抽出时间听取我的阶段性研究进展，并加以指导。我记得厦门大学举办中日大学校长论坛时，琐事颇多，陈老师全面统筹，甚为繁忙。即便如此，午休时间陈老师仍细心地给我们分析会场中同传翻译的可借鉴之处，指导我们今后担任同传翻译时应该如何应对一些突发状况，足见其对工作的认真，以及对教育的热忱。所谓经师易遇，人师难遇，陈老师对研究的一丝不苟、对教育的认真负责、对学生的奉献关怀，皆可谓之“人师”。

记得我在申请博士院校前感到迷惘、犹豫，于是陈老师带我去她来厦门大学前工作过的地方华侨大学参加学术讲座。路上陈老师用自身经历教导我凡事皆需坚定信心，年轻人要敢于挑战自我。而后在申请时还给予我诸多指导，更推荐和介绍了很多业内名师给我。甚至在我于东京交换留学期间，还亲自赶来为我引荐东京工业大学的教授。在我赴日本攻读博士之后，陈老师依旧会定期询问我的研究近况以及生活状况，很多时候陈老师之于我更有如母亲般的温暖关怀。“一日为师，终身为父”，虽是耳熟能详之言，

但是在遇见陈老师之后才深刻体会到这并非只是一种作为学生的责任和尊师重道的态度，而是一种内心深处自然而然产生的情感。这种情感以教导为媒介，以知识为基调，却是坚固的、持久的，且难以割舍与忘怀。动人以言者，其感不深；动人以行者，其应必速。正因为陈老师事必躬亲的指导教育，我才能顺利实现一些自己的研究目标；也是陈老师无微不至的关怀，才使得如今同样加入教育行业的我真正懂得责任之意。

陈老师在其几十年的教学生涯中，始终孜孜不倦地为学生解惑答疑。同时其高尚品德也影响和教导了不计其数的人。善之本在教，教之本在师。而陈老师的品德言行，不仅仅是"授业"，更可谓之"育人"。

与陈端端老师（右一）夫妇合影

写此文前，昔日之景历历在目，心内感激之情奔涌，却不知寄托以何字。正所谓而今识尽恩情重，欲说还休。求学三载，得陈老师谆谆教诲，此乃吾之幸。非芝兰玉树，亦无孟氏芳邻，若无陈老师引导训诫，则必无为无用。述数理精伦、论时事褒弊之教诲，问求学千里辛劳、身体康安之情谊，永铭难忘。情谊深长，一语难表，唯寄此粗笔拙言，拜谢师恩！

作者简介

胡文海，男，2011—2014 年就读于厦门大学外文学院，获硕士学位。现为浙江大学百人计划研究员，日本语言文学系副教授，博士生导师。

我的厦大老师
——记戴民汉教授

◎ 张周凌

时光的河入海流/终于我们分头走/没有哪个港口是永远的停留/脑海之中又一个凤凰花开的路口/有我最珍惜的朋友

对每个人来说，都会有那样一个地方，才刚离别，就开始想念。于我而言，这个地方便是厦大。2011 年 7 月至 2020 年 2 月，从硕士到博士再到助理研究员，我在厦大近海海洋环境科学国家重点实验室（MEL-State Key Lab of Marine Environmental Science），度过了八余载春秋。

在这段成长历程中，有一个对我来说最重要的人，他便是我的导师戴民汉教授。师恩重如山，师德唯玉比，在戴老师的引导下，我的成长是无法量化的。仍记得当年戴老师毫不犹豫地收我为徒，带我走进海洋化学之门，开启我人生的新篇章，引领我从硕士到博士不断成长。在我充满好奇时，老师为我创造机会并鼓励我大胆尝试；在我遇到困难时，老师向我提供最有力的支持与帮助；在我犯错时，老师对我谆谆教诲；在我迷失方向时，老师依然给予我信任，鼓励我重新出发。戴老师为学生搭建了最前沿的科研平台，创造了资源丰富、自由开放的学术环境，使我们能在这样的环境中不断学习、吸收和成长。也正是从他身上，我领略到何为责任、何为眼界、何为大局观。

人的记忆库是由无数碎片堆叠而成的，这些碎片或耀眼或暗淡，但每一片都有各自的主题和留存的意义。忆起戴老师，很多碎片立刻浮现在脑海中，勾勒出我研究生生涯宝贵的成长曲线。

初识

2011年春，我初到厦门参加保研面试，那是我第一次见到戴老师。初识戴老师，他的儒雅、从容和绅士风度让我印象深刻，而且他还有一种浑然天成的强大气场，让人对他产生充分的信任。获悉我本科阶段从未接触过海洋科学，戴老师告诉我，厦大将承办一个海洋科学研究生暑期学校，并建议我可以旁听感受一下。那个夏天，我得以目睹很多领域内知名学者的风采，也见识到很多优秀的师兄、师姐。虽然报告内容听得懵懵懂懂，但我对海洋科学研究的强烈兴趣却在那个夏天被激发。就这样，在戴老师的引导下，我懵懂却饱含激情地开始了对海洋的探索，成为海洋碳循环研究组(Ocean Carbon Group，简称OCG)的一员。

培养

现场调查是海洋研究的生命线，我们课题组每年都有三至四次航次任务，每次通常半个月至一个月不等。入学前，我一直以为，每年的硕士新生实验任务较轻，理应是出海的主力军。入学后才发现我们组通常不安排一年级硕士生参与航次，这主要出于戴老师的考虑：他认为掌握专业知识，把学科基础打牢，对新生来说是至关重要的事。学生的个人成长和收获以及未来的职业规划，是他所看重的。

在戴老师的培养理念中，学生独立自主的科研思考能力尤为重要，而科研交流能力和组织协调能力同样不可或缺。正因如此，戴老师特别注重为我们提供良好的科研平台，让我们有独立思考的机会和源源不断的养分，以实现成长与突破。作为厦大近海海洋环境科学国家重点实验室(英文简称MEL)的主任，他一直致力于在全平台范围内为所有学生创造更多机会。

我刚加入OCG时，戴老师便鼓励我多参与学术交流活动，如一些高水平的国内、国际会议等，引导我通过多次讨论获得启发，并通过不断展示自我获得自信。在课题组内，他鼓励我们创办学生委员会，由学生自发组织学术交流活动，如培训课、英语角、讨论会等。在MEL，他同样鼓励学生自发组织各种形式的活动，促进不同学科间的交叉交流，也因此才有了今天的MEL研究生学术论坛——一个完全由研究生主导的年度学术论坛。

鼓励

对于学生，戴老师从来不吝肯定与激励之言。印象最深的一次是在夏威夷开会时，我在去会场的路上偶遇戴老师，便与他结伴同行。路上他关切地问起我对会议的感受、我的博士课题以及接下去的项目计划。其间，老师跟我说了一句话，让我铭记至今。他对我说："周凌，我非常欣赏你对学术的激情和你工作的冲劲，加油，你一定会做得很好。"能够受到我无比敬佩的导师的肯定，我顿时获得了前所未有的信心。很多次在面临困难或者丧失斗志时，只要想起这句话，我就又重新找到方向，继续前进。因为这句话一直提醒着我当初投身科研的初心。

博士二年级时，戴老师推荐我到瑞典进行联合培养。但在第一次申请基金委公派留学名额时，因准备不充分，我的申请失败了，那是我读研以来遭遇的最大一次挫败。还记得当我在系统中看到申请失败的消息时对自己特别失望，甚至想要放弃与瑞典的合作计划。于是我给戴老师发了封邮件，邮件里写道："悲伤的过程通常分为五个阶段：否认、愤怒、迷茫、绝望、接受。我觉得我已经全部经历并到达最后一个阶段了，所以希望能与您共同探讨一下接下来的计划。"邮件发出后，我立刻接到了戴老师的电话，在电话里，他鼓励我不要气馁，也不要质疑自己的能力，更不要轻易放弃已联系好的合作和制定的计划。在戴老师的建议下，我通过学校国际交流奖学金及课题组项目经费联合资助的方式，按原计划赴瑞典开展研究。第二年，我再次申请基金委公派留学成功，得以在瑞典继续学习一年，最后顺利完成在瑞典的项目。我想，当时若没有戴老师的鼓励和支持，我或许早已放弃了。

信任

博士期间，有段时间，我曾陷入迷茫，丧失了开展科研工作的兴趣和动力。或许很多博士生，尤其是女博士，都会有类似的经历。那时，正是我即将赴瑞典交流之际，在一次组会中，我的项目没有任何进展，报告也不具往日的激情，细心的戴老师觉察出我的状态不对。会后，他找我谈话，询问我是否遇到任何困难，是否需要帮助。当时的我特别慌张，害怕我糟糕的状态会让戴老师失望，让他对我到瑞典是否能顺利完成合作项目产生怀疑。然而，戴老师并没有因此调整我出国交流的计划。在我抵达瑞典当天，收到了他的一条信息，里面写道：You just need to restart. I trust you. 于是我获得了一个新机会，在一个全新的环境里重新感受科研的魅力，思考我未来的方向，找回我以往的激情。正是戴老师的这份信任，给予了我充分的动力，使我获得力量重新出发。

格局

很多认识戴老师的人，每每提到他的格局和眼界，都充满敬佩。从首席科学家到 MEL 主任再到厦大海洋化学的领头人，戴老师总能从大局出发，站高望远，带领我们向着远方不断前进。

在此，不得不提的便是“嘉庚”号科考船的建成。在“嘉庚”号建设启动前，我便常听戴老师说：“厦大海洋科学的发展，一定要不断向前推进，从河口到边缘海再到大洋，这是必然之势。我们不只要关注家门口，更要放眼全球，只有这样，我们的学科发展才能走向世界前沿，在国际同领域掌握话语权。要从南海走向大洋，厦大就必须要有一艘属于自己的船。”我想，大概是因为这份理念一直根植于戴老师心里，他才会有足够的动力带头完成这一壮举。

然而，建成一艘先进的科考船并不能一蹴而就，船上科考设备的预算远超预期。作为牵头的科学家，戴老师承受的巨大压力，我们或许很难完全体会。为了促成“嘉庚”号的顺利建成，戴老师个人带头捐赠，同时也不遗余

力，四处募捐。在他的感召下，不仅 MEL、学院里的师生积极捐赠，全国各地校友以及国际校友也纷纷解囊相助，就连厦大幼儿园的小朋友都开展了义卖活动……点点滴滴，汇成细流，在多方的支持与帮助下，“嘉庚”号终于在 2017 年建好并启用——这是所有厦大海洋人的骄傲。在观看《嘉庚号》纪录片的时候，我内心无比激动，着实敬佩戴老师的眼界和格局。有了这艘船，厦大的海洋科学便有了自身坚实的基础，也有了充足的底气。

此外，戴老师还致力于公众教育，关注海洋科技对海洋健康和可持续发展的支撑作用。他与国内外学者共同发起并推动成立了“中国海洋科学卓越教育伙伴计划”，以推广海洋科学与文化教育，向公众普及海洋知识，提高全民的海洋意识，进而推动海洋研究与教育的可持续发展。2012 年起，在他的倡议下，MEL 每年向公众开放，举办形式多样、内容丰富的海洋科普活动，让公众在活动中找到乐趣、认识海洋、爱上海洋，并了解个人应该如何从“我”做起，保护海洋。2019 年 11 月 1 日，在厦门国际海洋周举办之际，戴老师带领 MEL 同仁，联合新浪媒体创立了“70.8 海洋媒体实验室”，推动海洋科学大众化传播实践与理论的创新，以逐步提升中国乃至全世界公民的海洋意识再上新台阶。

告别

博士毕业后，我留在 MEL 短暂工作了一段时间，后因家庭原因来到德国工作。在离职前的年会上，我唱了一首《追梦赤子心》献给戴老师，但当时我并未提及选择这首歌的意义。

回想我刚开始攻读博士那一年，在戴老师的建议和鼓励下，我在课题组里成立了学术委员会，负责组织学生之间的学术交流活动。有一段时间，我的实验进展特别不顺利，那段时间组里另一些学生也遇到类似的问题，强烈的挫败感不免让我们垂头丧气。为了击退这份沮丧，我在一次通知学术交流活动的群发邮件中，附上了这首歌的歌词：

向前跑/迎着冷眼和嘲笑/生命的广阔不历经磨难怎能感到

命运它无法让我们跪地求饶/就算鲜血洒满了怀抱

继续跑/带着赤子的骄傲/生命的闪耀不坚持到底怎能看到

与其苟延残喘不如纵情燃烧/为了心中的美好/不妥协直到变老

应该说，这是我进入戴老师的课题组后，感受到的一种精神，一种科研工作者不屈不挠的探索、求知精神，以及海洋人奋勇向前的拼搏精神。因为这份精神和信念来自戴老师，因此，在告别之际，我再次唱起这首歌，以表达多年以来对他的感谢。

我在厦大度过的几载春秋，有幸师承戴老师，感受到“鼓励个性、崇尚协作”的团队精神，学习到“享受生活、忘情工作”的生活和工作方式，于我而言，这将是一生的财富。

作者简介

张周凌，女，2011—2019 年就读于厦门大学环境科学系、海洋化学系，获理学博士学位。现就职于德国亥姆霍茨基尔海洋研究中心。

我的“中国母亲”韩臻老师

◎ MUHAMMAD RAUF

2012年秋，怀着对中国广阔山河的向往，对厦门无限美景的憧憬和对高深科研知识的追求，我从巴基斯坦来到厦门大学，有幸在中国的第一堂课便遇见了一生的恩师——韩臻老师。在韩老师的帮助和潜移默化的影响下，我度过了丰富而多彩的博士生活，从此结下了深厚的中国情缘。

韩老师是一位非常尽职尽责的老师。每次讲完课，她都会走到每位同学身边，轻声询问我们是否听懂了此次课的内容以及存在的疑问，随后耐心地一一解答。她的课堂氛围非常活跃，她总能结合生活中的例子，让我们积极参与到场景对话中。当时，我每周最期待的事就是上韩老师的课，不仅可以见到和蔼、美丽的韩老师，快速提升我的汉语水平，让我在厦大的日常生活更加便利，还可以让我结识更多国际友人，丰富阅历。快乐的时光总是那么短暂，一学期很快就结束了，我们迎来了最后一堂课。课上，大家为了表达自己对韩老师的不舍与感恩，纷纷尽可能地展示自己所会不多的汉语。虽然大家的汉语都磕磕巴巴的，但韩老师给了我们很大的鼓励，她建议我们多参加一些活动，多结交中国朋友，给我们留下了详细的联系方式，让我们以后在汉语或生活上有问题可以随时联系她。感谢韩老师的尽责和

与韩臻老师(右一)合影

寓教于乐的课堂,使汉语零基础的我竟然在期末考试拿到了最高分九十八分,再次证明了韩老师高超的教学能力。

韩老师是一位和蔼可敬的老师。在撰写博士毕业论文期间,我终于可以自由支配时间,出于对进一步提升汉语的渴望和对韩老师的敬仰,我找到了韩老师并提出希望能在她的课堂上继续学习汉语的期望。没想到,她毫不犹豫地答应了。至此我又多了一个在韩老师的指导下学习汉语的机会。一天,课程结束后,韩老师亲切地对我说:“Rauf,如果你有时间的话,一起喝杯茶吧!”我非常欣喜,这是我在中国第一次收到老师的邀请,我马上答应了。“你想喝什么呢?咖啡?红茶?绿茶?我这儿什么都有。”韩老师说。我回答想喝红茶,随后韩老师便认真地为我煮了红茶,清洗杯子后盛好。“你想要多少糖呢?一勺够吗?”听到这句话,我非常惊讶,韩老师竟能如此细心地关心她的学生,像照顾自己的孩子一样,她是多么和蔼可亲啊!

韩老师是一位亲切可人的老师。我们常常在互动之后,有幸得到韩老师的晚餐邀请。本以为是去饭店吃饭,没想到是有幸受邀到韩老师家里吃饭。我们来到韩老师家,映入眼帘的是各种盆栽和绽放的鲜花,屋内芳香四溢。席间,韩老师得知我们品尝过的中国美食种类较少,特地向我们介绍了各种家乡美食,并强烈推荐我们多尝试中国的美食,特别是勤业餐厅的早点。之后,我们聊到了各自的家人、朋友和见闻,当韩老师讲述自己在海外的工作经历时,我们似乎身临其境,不仅感受到了世界之美,也为我们开启了世界的大门。

韩老师是一位品德高尚的老师。课堂上,她总是告诉我们遇事应冷静分析,特别是在跨文化情景下,很多时候是不同环境和文化的影响造成了人们行为的差异,我们应结合当时的文化背景和环境进行判断。韩老师的话让身处文化差异中的我们受益匪浅,使我们在面对不同文化和行为时,不再诧异或愤怒,而是能够更为冷静地分析和对待。韩老师能一视同仁地对待海外学子,不管我们来自哪里、何种皮肤、何种信仰、有何种爱好,对韩老师而言,我们都是她可爱的学生。

韩老师是一位温柔体贴的老师。临近博士毕业时,我在厦门举办了婚礼,也邀请了韩老师。婚礼当天,由于交通拥堵,我和爱人来晚了。一进大厅,韩老师便走出来给我们献上了一束美丽的鲜花。正当我要表达歉意时,韩老师却让我们先招呼客人。婚宴过后,年轻人都在宴会厅内跳起了舞,韩老师就坐在一旁微笑地看着我们。尽兴的我们完全忘记了时间,直到酒店通知要关门了才想起韩老师来。欣喜的是,韩老师竟然还在这里陪着大家,直到我们和她拍照留念后才离去。当时,我感觉韩老师似乎是我在中国的一位母亲,开心地、静静地看着、欣赏着我的欢乐。

韩老师是一位乐于助人的老师。博士毕业后,我到深圳工作。来到深圳的第一天,便收到一位陌生人发来的信息:如果你们在深圳有任何困难或问题,可以随时联系我,我在……收到信息的瞬间,欣喜与诧异同时涌上心头。当时我和爱人在深圳并没有认识的朋友和亲人,询问后才知道原来那位陌生人是韩老师的好朋友,韩老师托他尽可能地关照我们。顿时,感恩与感动之情无以言表。还记得在厦门与韩老师道别时,她告诉我们在深圳有问题就联系她,她可以找她的朋友帮忙。然而万万没想到,韩老师竟提前帮我们安排好了，让身处异地的我们倍感温暖。

韩老师于我亦师亦母，是我汉语乃至中华文化的启蒙老师，是开启我人生路上社会认知和结交良友的引导者，是可以倾心述说生活琐事并为我提供解决方法的恩师。韩老师，是您的建议让我在厦大生活变得更加丰富多彩；是您的身影让我认识了中国之美；是您的教诲让我一辈子感恩我的母校厦门大学，感恩您！

青山不改，绿水长流，愿与您一辈子相知！

作者简介

MUHAMMAD RAUF，女，2012—2016年就读于厦门大学化学化工学院，博士。现为深圳大学化学与环境工程学院副研究员。

“蛋炒饭男神”姚荣迁老师

◎ 廖亮

毕业半年后，我因工作安排只身来到位于美国硅谷的公司总部出差。由于仍习惯于吃中餐，便时常下厨做饭，但一人食往往会留下一碗米饭，于是第二天的蛋炒饭就成了它最好的归宿：在热油中倒入生鸡蛋液，小火快速划散至凝固成鸡蛋碎，而后加入隔夜的米饭，耐心将米饭翻炒至粒粒分明，再加入事先炒好的肉末、适量的调味料和葱花，颠锅、炒匀，一份香喷喷的蛋炒饭就此完成，忍不住让人想要大快朵颐。这样一道不需要太多食材、耗时仅十分钟但却美味可口的蛋炒饭，做法正是我的导师姚荣迁老师所授。

姚老师的蛋炒饭在学校里可是出了名的，几乎每一位材料学院的学生都会以在毕业时吃到一口姚老师的蛋炒饭为荣，也许正因为如此，不知从哪一年开始，姚老师就被同学们亲切地称为“蛋炒饭男神”。当然，这和姚老师经常把“蛋炒饭”元素融入教学中也是密不可分的。对大一新生，他承诺给“机械制图”课期末考试前三名的学生奖励蛋炒饭。在大三的“金属材料与热处理”实验课上，他将蛋炒饭的烹制类比金属热处理的“四把火”，让学生们对“热”更有感觉。2012 年，我刚进厦门大学时在“机械制图”课上认识了姚老师。那段时间我对绘画颇感兴趣，便在课上用铅笔画了一张老师的侧脸线条图，下课时得意地拿给老师看，没

想到直接被他“没收”了。五年后，在我担任“机械制图”课助教时，竟然在他用的教材中翻到了我当年的“杰作”——原来姚老师当时就将它收藏了起来，一直夹在书里。如今，这门由姚老师主讲的“机械制图”课，已入选厦门大学首批本科教学示范岗、厦门大学一流本科课程、厦门大学“课程思政”示范课程。

大二时，我加入姚老师的课题组做起了和碳化硅相关的科研项目，后来也拿着取得的成果参加过诸如“互联网＋”“挑战杯”等多项科创比赛并获奖，记忆最深的当属2016年在台北参加的东元国际创意竞赛。那年夏天，姚老师带着我和另外两位学生闫静怡和陈增，代表厦门大学以参赛作品“High-Power LED Devices Based on SiC Heat Dissipation Ceramic Substrate”（基于连续碳化硅自由薄膜陶瓷散热基板的大功率LED半导体器件）与来自世界各地的二十支知名高校代表队同台竞技。比赛前夜，姚老师和我们一起修改和演练英文讲稿，并为评委可能提出的问题做了充分准备，一直到凌晨两点多才休息。比赛中，我们用精美的幻灯片和流利的英语向评委们详细介绍我们的作品，既展现出厦大师生追求绿色环保的人文理念，又和海内外高校的代表队以及台湾知名企业热情交流，得到了多方肯定和称赞，最终脱颖而出获得“Humanism”（人文奖）。从台湾回到厦门后，姚老师和我们一同聚餐。他端着一盆从家里炒好的蛋炒饭过来，说道：“你们人多，担心你们吃不饱，这一盆蛋炒饭分了三锅才炒出来的。”那是我第一次吃到姚老师的蛋炒饭，外香里嫩，不油不腻，一口气吃了两大碗。

姚老师一直是学院里带领本科生做科创项目的主力军，所带学生获奖无数，他本人也屡次被评为优秀指导教师，在2018年更是获评厦门大学本科生科创竞赛指导教师“突出贡献奖”。他之所以能带领这么多本科生参与到科创项目中，得益于他扎实的科研基础。我还在读大三的时候，就看到厦门大学微信公众号在“厦大身边人”栏目中这样评价姚老师：“处女座”加“工作狂”。读研后，我才亲眼见证这位“处女座”的“工作狂”是如何做到“止于至善”的。科学楼417是姚老师的办公室，他喜欢和学生坐在一间办公室里，方便日常交流和科研讨论。通常在夜里十一点，办公室的灯依然亮着，有时候是在指导学生分析数据和修改论文，有时候是在撰写项目书或者其他文案，有时候还会留下来陪学生一起做实验。我记得很清楚，研一暑假，

姚荣迁老师带来亲自制作的蛋炒饭与课题组学生聚餐

姚老师通宵了七个夜晚，有两个夜晚和我一起改论文投稿，另外五个夜晚都是专门留下来和师弟们一起做实验、分析实验数据。他说，一定要确保实验结果的准确性，最好是同一天在同一台仪器同一个条件下出的结果，而且必须是可重复的，这样的原始数据才够严谨，才能发表论文。在写项目书或者改论文的时候，他对细节的把控更是到了“吹毛求疵”的地步，每一个词、每一个字，甚至每一个标点符号，都必须做到最为准确，绝不允许有任何错误。这样“止于至善”的态度帮助他成功申报并主持国家重点研发计划项目（主体单位）和福建省高校产学合作科技重大项目等多个科研项目，为学校引进了数百万项目资金。

起初，我不理解他为什么总要到了夜里才开始科研工作，相处久了才发现这是一种无奈的选择——只有到了晚上才能专心于学术，不受其他事情干扰。作为学院材料科学教工党支部书记和材料科学与工程系副主任的他，几乎每个白天都有忙不完的相关事务要做。他常说，能做的就尽量多做一些，做不了的也尽量微笑，才能多给别人机会。正是他的辛勤付出，让材料科学教工党支部于 2019 年入选首批福建省党建工作样板支部。每当他好不容易可以稍微歇口气时，“扣扣”的敲门声便响起，是某位学生前来向他请教问题、寻求帮助，姚老师总会倾囊相授，正如在厦大主页上发表的文章《“顶天立地”做学问——专访材料学院姚荣迁老师》里描述的那样：“‘有问题找老姚'是学生们有困难时默认的第一解决方案。姚荣迁老师喜欢和学生们进行各种交流,从学业到生活,从课堂到课外,无所不聊,甚至有外系的同学慕名要到了姚老师的微信号,想找姚老师谈谈心。"姚老师把白天的时间奉献给了别人,只有晚上的加班才是自己的时间,他说"要一天工作十五个小时才能活出两个人的样子"。这样的姚老师,又怎么能不受学生们的喜爱呢?果不其然,他荣膺厦门大学"我最喜爱的十位老师",2019 年还被评为厦门市优秀教师。用一句时下流行的话就是"为姚老师打 call",能成为他的学生实在是幸运之至。

于我而言,姚老师不仅仅是我在厦大的导师,同时也是我生命中的贵人。他教育我们要"胸怀家国砥砺前行,志存高远成就梦想",指引我们"要用有限的时间做有意义的事,方能天生我'材'尽其用,'料'定苍穹铸人生"。毕业后,我和他仍保持着联系,经常一通电话就讲上一个多小时。最近的一次电话,是他打给我的,他在电视上看到新冠肺炎在美国大爆发,开口便关心地问我在美国还好吗?有没有口罩?要我少出门,多注意防护。我告诉他,现在我们都在家工作,平时也都不出门,就在酒店房间里待着,自己做蛋炒饭吃。听到"蛋炒饭"三个字,姚老师笑了。

作者简介

廖亮,男,厦门大学材料学院材料科学与工程系 2012 级本科生,材料物理与化学专业 2016 级硕士研究生。现为应用材料(中国)有限公司工艺支持工程师。

春风化雨，桃李芬芳

——记欧阳通老师

◎ 林岚

“又到凤凰花朵开放的时候，想起某个好久不见老朋友……”，每次听到这首熟悉的《凤凰花开的路口》，就会想起我在厦门大学的七年时光。时光匆匆，回忆难忘。而最难忘的，便是我学习路上乃至人生路上的重要引路人欧阳通老师。

与欧阳老师的结识，是在 2012 年秋天。我有幸考入厦大环境与生态学院的环境科学专业，很荣幸地成为翔安校区建成之后第一批新生中的一员。当时，欧阳通老师是环境工程专业的一名教授，也是我们专业课的授课老师之一。老师长得细高挑儿，天气冷的时候，总是穿着一身长款驼色风衣，留着一头较长的黑发，走起路来风度翩翩。但是在这看似“高冷”的外表下，老师却有着可爱的性格。老师的教学风格很有亲和力，对学生总是和蔼可亲，循循善诱，上课的时候偶尔还会添加几段“冷”笑话，因此在当时的我与同学心中，他是一个自带“萌点”的老师。

与欧阳通老师的真正结缘，要从 2015 年夏天说起。即将进入大四的我，已经站在一个新的人生转折点上。当时的我虽然有望获得保研资格，却和这个年纪的其他学生一样，对未来的路感到深深的迷茫。幸运的是，我在学院的大

家庭里，有欧阳老师一样的长辈为我的学业与人生指引方向。2016 年，我如愿进入欧阳老师的水污染控制课题组攻读硕士研究生，也开始对老师有了更深的了解。

在研究室里，无论是研究还是生活，欧阳老师总是给予学生充分的自主选择空间，尊重学生的观点，考虑学生的感受。关于个人的研究课题，老师会主动与学生讨论研究热点，一起规划研究方向，还常常会虚心请教学生问题。而关于就业，老师也会询问学生的个人规划，从学生的偏好出发，尽最大的能力提供建议和帮助。而对我，一个性格内向、交际能力不佳、一直被自己的性格短板困扰的学生，老师给予了我受益终生的教导。老师告诉我，每个人都有长板与短板，人的成功不一定在于填补自身的短板，能发挥自己的长板，在自己擅长的领域把事情做精、做好，也是一种成功。老师的寥寥数语让我茅塞顿开，有时候接受自己存在的不足，在学习、工作中扬长避短，也能够展现自己的才能，获得个人价值的认可。也正是从那时候起，我开始并享受自己的科研生涯。

欧阳老师还时常强调学术交流的重要性，他非常鼓励大家参与学术会议，与其他课题组交流学习。因此，作为他的学生的这几年，大家的研究生活都十分丰富。许多同门都前往台湾大学、宜兰大学等高校交流，还有的参与了大大小小的学术会议。老师在 2018 年为本科生争取到樱花科技计划交流项目，使大家可以利用暑期时间到日本交流学习。而我也有幸参与了这个项目，这次交流为我提供了宝贵的学习机会，不仅开阔了眼界，培养了系统思考问题的能力，同时也促成了我申请并成功入选了国家留学基金委公派留学项目，实现了目前在日本东北大学继续攻读博士学位的目标。

欧阳老师给予我的真诚的教导与帮助，更是使我感动。老师曾在日本有十多年的留学和工作经历，当得知我有意向去日本留学时，便主动提出可以教我日语。于是欧阳老师成为我日语学习的启蒙老师，我获得了每周一节的“1V1 日语教学课程”。老师的日语教学，不只是嘴上说说而已，每节课他都会准备一首日语歌曲，照着歌词给我讲解词语和语法点，每节课下来我都能写满一张纸的笔记。

后来，我确定了去日本继续深造。毕业前，欧阳老师特地拜托从日本来交流的同学带了一本《日本语词典》，因为担心我不会用，老师在交给我时又

花了许久给我讲解如何查词、解词。除此之外，老师还赠送了我一个U盘，里面是他整理的一些可供我学习的日剧。在我收到这些老师的临别赠礼时，心中是满满的感激与感动。更不用说申请留学时需要的几封推荐信了，老师每一封都以真诚的话语书写，甚至还联系其他几位老师帮我推荐，给予了我莫大的帮助。

2018年，欧阳老师获得厦门大学"我最喜爱的十位老师"的荣誉称号，在我看来，这个称号的获得是毋庸置疑的。2015年，学院新建立环境生态工程专业，欧阳老师开始担任系副主任的职位。老师对本科生的教育工作十分重视，也是从那之后，星空下多了一盏明亮的灯火，老师狭窄的办公室里多了一张"床"。2019年，本科一年级的几位学生高等数学没有及格，老师便急着为他们制定"一对一"辅导政策，甚至发动实验室的学长、学姐额外给他们补习。

除了学习和研究上的教导，老师也常常关照学生的课余生活。他总是鼓励学生多参加体育锻炼，增强身体素质。既要搞好研究，也要丰富个人生活，做到学术与娱乐活动劳逸结合。不仅如此，老师在每年中秋节都会组织大家博饼，为即将毕业的学生送旧，为取得成绩的学生庆祝，等等。老师对学生的教导方式，真是充分展现了"爱学生，人性化"的厦大特色。

不仅如此，老师对已经毕业的同学也十分关心，他时刻关注着大家的发展动态。当有同学取得成绩时，他总是比学生本人还开心，喜笑颜开地予以祝贺。而当知道同学们有困难或者有进一步发展的意向时，他便又开始忙活起来，为找工作的同学提供就业资讯和就业机会，为想要深造的同学搜集信息、联系导师，等等，尽一切可能地提供帮助。

欧阳老师对学生的关爱，体现在方方面面。对我们表达的感激与惭愧，他总是说"不用客气，只是做了力所能及的事情"。他从不给学生重压去竭尽全力做科研，他表示心理健康与身体健康同样重要，努力应当是一种主动性的行为。也正是他与学生充满亲和力、充满友爱的相处方式，使得许多学生与他形成了亦师亦友的师生关系，临毕业时都无不再三表示感激与不舍之情。

凤凰花开的路口，有我最珍惜的"朋友"——欧阳通老师。也正如一首歌曲所唱的那样："一条包容承载的河床，扬帆着远航的希望。辛勤为航向，奉献为波浪。港口的灯塔上，闪烁着永恒的光芒。一棵开尽鲜花的树桩，留下了忠实的守望。汗水为土壤，丹心为芬芳。知识的纸张上，蕴藏着求知的力量。老师为河床，老师为树桩。怀抱着碧波荡漾，栖息着鸟儿鸣唱。当我们成为新世纪的太阳，愿回报温情脉脉的阳光。”希望在不久的将来，我也能发散自己的一分热、一分光，为他人、为社会贡献自己的一分力量。

作者简介

林岚，女，2012—2019 年就读于厦门大学环境与生态学院，分别于 2016 年获得环境科学专业理学学士学位、2019 年获得环境工程专业工学硕士学位。现为日本东北大学土木工学专业博士研究生。

亦师亦友　如沐春风

——记我的恩师刘国深教授

◎ 王贞威

一转眼，跟刘国深老师相识已经十年了，投入刘老师门下"拜师学艺"也已将近八年。如何跟刘老师相识如今还历历在目，自己在吉林大学读书期间，对台湾问题研究就颇感兴趣，对国内研究台湾问题的知名学者也多有关注，也偶尔斗胆向学界前辈写邮件汇报自己一些不成熟的观点，回信者寥寥，毕竟我当时还只是一名学生，但刘老师每次都会耐心回复我，这让我由衷感受到来自前辈的亲切关怀，也增加了我对进入厦大台湾研究院深造、师从刘老师的向往。

《礼记》有言："凡学之道，严师为难。师严然后道尊，道尊然后民知敬学。"后来我如愿考入厦门大学台湾研究院攻读博士学位，在三年的博士生研究学习期间，刘老师以其独有的人格魅力、卓越的领导才能、深厚的学术功底和严谨的治学态度，完美地诠释了"师道尊严"的文化内涵。

敢为人先，力促两岸关系研究理论化水平提升

刘国深老师于 1982 年 9 月考入复旦大学国际政治系，先后获得学士、硕士、博士学位。在复旦求学期间，既受到了专业的学术训练，也形成了勇于创新和追求真理的学术

品格。

2009 年 11 月，我还在读大四，正准备写一篇有关两岸政治定位的小文章，在浏览台湾新闻时，看到“两岸一甲子”学术研讨会在台北召开，这是 2008 年两岸恢复协商谈判以来最大的学术会议。在众多的学者发言内容中，刘老师做的报告《试论和平发展背景下的两岸共同治理》让我眼前一亮，他大胆建议双方成立“两岸共同事务委员会”，共同策划、组织、协调、控制和监督两岸共同事务的合作问题。还明确提出“国家球体理论”，诠释两岸政治关系的现状。

这一理论既大胆敢言，又新颖专业，如今台湾研究院政治所的学生对此都耳熟能详。该理论的二十四字精髓“领土主权一体、政权差序并存、存量原则不变、增量平等共商”，对两岸政治关系和所谓的“中华民国”政治符号进行了大胆探索，既符合“一个中国”原则和两岸实际，又尊重台湾同胞的感情，在两岸关系开启交流合作新局面的初期实在难能可贵。

“文章不写半句空”，刘老师常常这样叮嘱我们。他的每一篇科研成果几乎都是具有创新思维的精品：《当代台湾政治分析》是大陆第一部系统分析台湾政治的学术专著，《民进党意识形态研究》是大陆一部研究民进党意识形态的专著；学术论文《两岸政治僵局的概念性解析》《两岸关系不稳态与制度创新》《试论两岸关系的张力与极限》《两岸关系和平发展新课题浅析》《试论和平发展背景下的两岸共同治理》《加强两岸政治互信 ABC》等无不体现出他的创新思维。

改革创新，带领台湾研究院提质升级

自 2001 年刘国深老师任台湾研究院（所）行政负责人以来，在他的带领下，经过全院师生的共同努力，台湾研究院实现了三次大的发展，大幅提升了研究院在学界的影响力、整合力。这也充分体现出刘老师的统筹协调能力、团结协作能力及领导部署能力。

第一次大发展是 2004 年经厦门大学批准由所改制为院前后，优化了厦大台湾研究工作平台，改善了研究对队伍结构，扩大了研究生培养的学科和规模。研究院先后成立了两岸关系研究所、法律研究所，拓宽了学科领域，

进一步落实了“全面地认知台湾”的研究宗旨。

第二次大发展是2013年在学校的支持下，以台湾研究院为核心，组建厦门大学牵头成立的“两岸关系和平发展协同创新中心”。2014年，中心正式获得教育部和财政部的认定，成为台湾研究领域中唯一的国家级协同创新中心，中心成员囊括了大部分海内外一线的涉台权威学者。厦大台湾研究团队的实力和影响力上了个大台阶。

当时还在读博士的我有幸参与了申报认定的过程。刘老师作为中心执行主任，在学校领导下全面协调组建、申报工作，大到中心整体规划，小到人员信息、合同拟定等都亲自参与，事无巨细，其中辛苦自不必言说。我还清晰地记得那是在2014年4月，经过一个多月的努力，在所有申报手续和数据提交的那一刻，他脸上露出了喜悦和欣慰的笑容。

第三次大发展是响应习近平总书记建设国家高端智库的需要，刘老师任内启动国家高端智库申报工作，成功入选国家高端智库建设培育单位。他在卸任院长后仍担任智库首席专家和学术委员会主任职位，继续为国家高端智库建设，以及如何更好为中央提供决策服务出谋划策。

刘老师在担任院领导期间，组织出版了“台湾研究新跨越”等系列丛书，还推动创立了一系列品牌型学术会议，如两岸青年共同参与的“两岸学子论坛”、高校涉台机构协同工作会，等等，为两岸青年学子以及涉台研究机构交流提供了高水准平台。他还积极推动台湾研究院同海内外著名智库建立常态化交流合作机制，每年定期安排研究人员组团出国交流访问，大幅提升了台湾研究院的国际影响力。

服务社会，推动咨政建言及涉台知识的普及

刘国深老师一直向我们强调，涉台学者不仅要进行学术研究，还要当好党和政府的决策参谋，向社会大众普及知识，让海内外受众得到更多准确的信息。他多次受邀参加有中央领导出席的决策咨询会议，参与国台办、外交部、统战部等党和国家有关部委召开的涉台会议，提供了大量有价值的决策咨询意见。他尤为注重对青年学者的培养，经常带领研究团队特别是年轻学者撰写调研报告，积极向各级政府建言献策。

在扩大中国大陆学界涉台话语权方面，刘老师展现了厦大学者应有的担当。多年来，他先后应邀前往美国、日本、泰国、菲律宾、新加坡、韩国、英国、法国、丹麦等国家，以及港澳台等地区演讲，向海外各界宣传解读中国中央政府对台政策，澄清海外各界人士对台湾问题认知的相关误区。他的每次演讲都得到社会各界的热烈响应和广泛赞誉，有力推动了海外侨社以及学界、民众对两岸关系的了解，提升了研究院在海外的影响力。刘老师也以其亲和、友善的为人，在海外各地广结善缘，扩大了研究院的学术人脉资源。

刘老师还多次应邀在中央电视台、凤凰卫视、台湾中天电视、TVBS 等媒体担任嘉宾或作专题演讲，通过大众媒体引领社会舆论，向公众就台海形势进行全面、客观的介绍和解读。每次我随刘老师参加学术会议，都发现即使在会议休息间隙他也很难有时间休息，因为各大媒体常常抓住机会，就最新发生的热点议题对刘老师进行采访。自 2017 年卸任以来，他更是频繁受邀到全国各地涉台机构、高校进行演讲，对从事对台工作的干部队伍和后备人才进行理论提升，拓宽他们对台湾认知的理论视野和政治格局。

儒者风范，深得两岸各界好评

“谦谦君子，温润如玉”，儒雅亲和，这是大家对刘老师的普遍印象。刘老师在日常生活中丝毫没有领导的架子，经常与师生打成一片。无论是每年的中秋博饼还是元旦晚会，他都会高歌一曲，闽南语、日语歌曲信手拈来，往往带起晚会高潮。刘老师精神矍铄，记忆力惊人，连年轻人都很羡慕。他能够在新生报到的短时间内把每个同学的名字记住，让新入学的同学倍感温暖。领导的个人修养对院风、学风、教风的塑造是至关重要的，刘老师在担任院长期间，注重研究院团队建设，将台湾研究院打造成了一个和谐、团结、向上的大家庭。

在繁忙、琐碎的工作事务当中，他仍尽可能抽出时间安排研究生定期聚会，交流各自的学习情况和研究进展，密切师生间的交流和联络。如今刘老师培养的学子遍布全国各地，在涉台部门、高校和研究机构等发光发热。同学们承袭刘老师的为人风范，在各自的岗位上贡献着自己的力量。

在台湾地区，刘老师更是做到与各界人士真诚相待，有容乃大。诚如一

位师兄所言“从政界精英到乡间大佬，他的朋友遍及台湾东西南北”。他不仅与国民党、亲民党、新党等台湾政界的重要人士保持密切的关系，还与立场温和的“绿营”人士颇有交情，如民进党前主席许信良就经常到台湾研究院交流访问，很多台湾人说刘老师非常温和理性，是可以打交道的大陆知台学者之一。

他经常提醒我们在对台研究和交往过程中，要将心比心。几乎每一届研究生都会听到他转述陈孔立教授 1989 年 7 月说的话：“要学会用台湾人的眼睛看问题，用台湾人的心情去感受，然后回到两岸中国人共同的立场去思考。”

一日为师，终身为父。一晃十年过去了，在老师的精心栽培下，我从对台湾知之甚少到如今与刘老师成为研究院同事，可以有更多的机会向刘老师学习请益。但国家完全统一任务仍然艰巨，在民族复兴任务和老师的谆谆教诲之下，前进的道路上我不敢有任何怠惰之心，我将以老师为榜样，更加努力工作，无惧风雨，坚毅前行。在四十周年院庆、百年校庆之际，谨以此文感谢台湾研究院的培养，感谢我的厦大老师刘国深教授的教诲！

作者简介

王贞威，男，2012—2015 年就读于厦门大学台湾研究院政治所，获博士学位。现为厦门大学台湾研究院助理教授。

我的导师方亚教授

◎ 张良文

人生在世，匆匆数年，需要学习的东西不胜枚举，三人行必有我师焉，形形色色的师者曾指引我们一路前行。细想来，以其精湛的专业知识传授他人的“经师”可遇良多，而遇到能以其渊博学识、高尚人格修养去教化他人的“人师”却绝非易事，正可谓“经师易遇，人师难求”。

在我心目中，我的导师——厦门大学公共卫生学院的方亚教授，就是这样一位备受尊敬的“人师”，因为方老师的教导与鼓励，让我与公共卫生结缘，对公共卫生事业从相逢、相知，再到坚守，我的人生轨迹也随之发生重大改变。

相逢

“跨专业考研，文科跨到医学，能行吗？”“厦大人才济济，哪能有幸让你分得一杯羹？”“孩儿，厦门离家太远，背井离乡求学在外，家人如何放心……”2013年春天，当我首次踏上前往厦大参加研究生复试的征程，前途未知的迷茫、跨专业的恐惧和家人、朋友的担忧让我心里充斥着无数问号：我能行吗？

记得那是一个阳光明媚的春日午后，初见心目中的“学术大咖”方老师，不由得深鞠一躬，再颤巍巍地递上简历，开

始背诵早先准备好的自我介绍。在拘谨又磕巴地介绍完自己后，方老师便微笑着跟我聊起天来："来厦门几天了？天气是否适应？对厦大印象如何？毕业论文是做什么课题的？有何特长？……"就这样唠家常般，不知不觉中，我竟然顺利地完成了人生第一次面试。事后想来，正是方老师这种潜移默化、润物细无声的沟通方式，让我变得自信、从容，从而能更好地展示自我，再加之也许上天垂怜，我便突出重围，进入梦寐以求的厦大学习，幸运地成为公共卫生学院卫生统计与卫生管理课题组的一分子。方老师的知遇之恩，让我打消了一切顾虑，重新审视自我潜力，也成为自己日后科研、生活，乃至人生轨迹发生重大变化的关键变量，开启了全新的人生旅程。

"进入厦大，只是开始，等待你的是不断地学习与自我锤炼""你的统计基础比较差，需要加倍付出努力""统计是一门艺术，是为了解决实际问题，而非唯统计论""良文，你先回答一下这个问题……"不管是在课上，还是开组会，方老师除了深入浅出地传授专业知识外，总是言传身教，带给我不断的鞭策与激励。每次看到曾宪梓楼 401 办公室灯火通明，便知方老师不是在挑灯夜烛、通宵达旦地做学术，就是在一丝不苟地帮我们修改论文、批阅材料。神奇的是，哪怕是文章中的一个小数点、一个标点符号，都逃不出她的法眼。她的严谨自律、孜孜不倦，让初入科研之路的我不觉感到有些惭愧，每每想到便默默地关上了电脑上的综艺节目，开始探索那一道道未解的难题。硕博生涯六年有余，数不清的日日夜夜，曾与方老师一起探讨学术、修改论文，让我大为费解的是长达几个小时的讨论，经常是我的眼皮早已开始上下打架、整个人在物我两忘中神游了，然而她却思路清晰、逻辑分明，还经常委婉地提醒我要不要喝咖啡。至今心中一直有些迷思，方老师到底是如何练就的呢？或许，这就是人师的追求与责任感使然。

德国哲学家雅斯贝尔斯曾说："教育是一朵云推动另一朵云，一个灵魂唤醒另一个灵魂。"正是方老师一直以来兢兢业业、一丝不苟地言传身教，慢慢地在我心中种下了一颗从事公共卫生研究的种子。

相知

"经师"是"授业解惑"的知识传授，"人师"则不然，除了"言传"，更有"身

教”，不仅授业解惑，更要以身作则。“你有哪些特长？”“你们要多发挥一下自身特长……”这些话想必对于课题组的学生而言并不陌生，因为每次方老师都会在面试或者日常与学生交流时谈及。当我们看到方老师能歌善舞，小提琴、二胡和乒乓球等更是不在话下时，敬佩之情便油然而生。赞叹之余，方知老师用意颇深。

“身体是革命的本钱，要为祖国健康工作五十年”“从事公共卫生之人，首先要把自己身体搞好，要做自身健康的第一责任人”“谈及健康，除生理健康不得病外，心理健康尤为关键”“提升群体健康素养，普及健康知识，应以身作则，以点带面”“学生要进行素质教育、全面发展……”至今，方老师这些熟悉的话语仍回荡在我的耳畔，刻在心底深处。从那时起，我便在方老师的激励下，开始了人生中新的尝试：作为一名北方来的十足的旱鸭子，第一次学会蛙泳、第一次学会自由泳、第一次成为泳队队长、第一次连续三年斩获校级游泳冠军。同时，作为一条众人眼里话多脸红、说话磕巴的咸鱼，方老师经常鼓励我自信、大胆地表达想法，事事预先准备，做到“手中有粮、心中不慌”。由此，我便在方老师的指导、鼓励与推荐下，第一次获批厦大校级田野基金、第一次加入研究生会并成为研会主席、第一次成为学生党支部书记、第一次成为厦门金砖会晤“厦大防艾大使”、第一次取得首届校区实验室风采冠军……在南方之强的校园里，承载了自己太多的人生第一次，将“谁的青春不迷茫”这句话远远甩到脑后，每当回顾学生岁月，总是一派岁月静好，充实且快乐。

此外，作为一名山东大汉，除在“烟酒罐里泡大”外，更是从小吃盐巴长大，这些不健康的生活行为习惯也使得家乡成为胃癌、肺癌高发区。在方老师的号召下，我便率先成为我们老张家的养生小达人，经常在家族群里辟谣虚假信息，传播健康知识，向大家科普方老师常常提及的健康箴言：“合理膳食、戒烟限酒、适量运动、心理平衡。”每次看到亲朋好友在朋友圈里晒自己的健康餐、运动记录，一种公共卫生人的自豪感与满足感便油然而生。想到这，瞬间感到方老师能量巨大，或许她自己也没想到，因为她的言行，远在千里之外的陌生人，正一起向着“健康中国”的目标，奉献着自己的努力与价值。

坚守

“要立足国际视野，博采众长……”方老师经常以高标准、严要求激励我们，要时刻不忘“走出去”，也要“引进来”，做到目光长远，习百家之长。因此，硕博期间，在方老师的带领下，我有幸前往英国、肯尼亚、香港、台湾等地进行学术交流，拓宽视野，启迪智慧，不断摩擦出科研创新的火花，极大地提高了自身的学术水平。此刻，我的脑海里不断回忆起曾与方老师和学弟、学妹们一同参加国内学术会议交流的场景，不论是在飞机、动车上，还是在宾馆里，总能看到她抽丝剥茧般不放过一丝一毫指导学生论文、讨论课题和答疑解惑的机会，为了让我们能够发挥出最佳的学术汇报水平，几次三番讨论至凌晨一两点，因而这些地方也常被我们戏称为“方老师的移动办公室”。或许，就是通过一件件看似不起眼的小事情、一次次非正式的沟通交流，于无声处完成了她对学生的尽职关怀和学术培养。当得知方老师荣获2017年度“厦门大学最受欢迎的十佳老师”时，大家纷纷表示此乃实至名归，喜悦之情溢于言表。

“实践出真知”“没有调查就没有发言权”“科研要急民生所需，加强成果转化、勇担社会责任……”翻看方老师的科研文献，你会发现很多关键词：老龄化、老年健康、养老、调查研究、大数据、卫生经济、卫生政策等。随着老龄化进程的快速加剧，其带来的健康和养老问题是当前我国面临的重大公共卫生挑战。因此，方老师带领团队长期致力于失能、认知、慢性病、长期照护、医疗与养老服务等老龄化研究、健康医疗大数据挖掘分析、卫生技术评估与卫生经济政策评价等工作，研究成果为国家及地方的民政与老龄、卫生与医保等相关部门决策提供了科学循证参考，在健康老龄化、医院管理、卫生政策实践中得到了良好的应用。

研究成果来之不易，其中不知承载着多少方老师辛勤的汗水与努力。回顾这些年自己参与的众多现场调查，犹记得她带领我们学生十余人，一行前往莆田、三明、泉州、龙岩等地完成国家卫生健康委员会委托调研项目的情形。方老师因意外导致腿部骨折打着钢板、手里拄着木棍，却坚持与我们一同调研的形象，令我记忆犹新。为了使抽样具有代表性，翻山越岭也不放

弃一个样本的严谨科学精神，至今让我们这群毕业生无不一一称道。就在2020年伊始，一场突如其来的新冠肺炎疫情席卷全球，更带给公共卫生人巨大的压力与挑战。在此关键时刻，方老师满载公共卫生人的责任感和使命感再次出发，积极发表时文论著，应邀接受媒体访谈，传播抗击疫情的最新动态和科学举措，呼吁重视个人防护，长鸣警钟。急国家和人民之所需，做事认真负责，或许这就是方老师深受学生爱戴的原因之一吧！

三寸舌，三寸笔，三尺讲台、三千桃李；十载风，十载雨，十年树木、十万栋梁。学生的知识、经验、对世界最初的认识多半都来自老师，而老师的价值感、荣誉感、成就感则全都来自学生。正如方老师所言："我不是在最好的时光遇到了你们，而是遇见了你们我才有了最好的时光。"这种交互磨合出了彼此人生中最难以抹去的印记。

待羽翼丰满可独自面对科研道路上的艰难，任鹰击长空，鱼翔浅底，若干年后，"人师"的角色或将轮到我来扮演。希望自己继续以维护群体健康为己任，甘坐十年冷板凳，不负韶华，不负老师所托，牢记自己是一名厦大公共卫生人。

新竹高于旧竹，全凭老干扶持，千百年来，正是在这种师徒之间的"传帮带"下，德焰联辉，传光匪绝，灯火相续，明终不灭。就像禅师口耳相传的那句话：一朵花盛开，就会有数千数万朵花盛开。

这不仅是教育，更是中华民族千百年来的薪火传承。

作者简介

张良文，男，2013—2019年硕博就读于厦门大学公共卫生学院，获理学博士学位。现为厦门大学公共卫生学院博士后，特任助理研究员。

我的导师,我的楷模

——记我的导师陈振明教授

◎ 柯常达

2017 年 6 月,我在厦门大学取得硕士学位。伴随着又一季凤凰花开,我和同学们离开了美丽的校园,有的走上工作岗位,有的继续求学深造,有的远赴异国他乡……虽然各奔东西,但我们却都怀着相似的心情——那就是对母校的留恋、对师友的不舍。而不管在何时何地,我都十分庆幸自己在研究生期间能够成为陈振明老师的学生。研究生三年,陈老师深厚的学术功底、严谨的治学精神、求真务实的态度和孜孜不倦的教诲等,都深深地震撼并激励着我不懈努力。于我而言,这不仅仅是硕士三年的鞭策,更是自己一生的努力方向。陈老师是我一生师法的楷模!

深厚的学术功底

"桃李满天下"常常被人们用来赞誉教师,而要做到这一点,除了要长时间在教坛耕耘外,教师本身具备扎实深厚的学术功底可谓十分重要,因为这是一名教师让自己的课堂保持水平、具有活力且历久弥新的关键。陈老师的每一堂课、每一次讲座都是一次知识盛宴,都令我收获不小、有所裨益。

陈老师的课堂是专题式的,同学们要先做专题汇报,然

柯常达(右一)与陈振明老师(左一)合影

后陈老师进行点评。课堂上常常出现的情况是：汇报精彩，点评更加震撼，陈老师总是深入浅出、旁征博引，其高屋建瓴的指点更是让同学们对学无止境深有感触。记得有一次，课题小组汇报的专题是"大数据与政府治理变革"，该小组的同学对此下足了功夫，在深度和广度上都精心呈现了这个话题。但是陈老师在点评时忽然追问同学："你们在做这个课题时是否读过里夫金的《第三次工业革命》，巴拉巴西的《爆发》《链接》，凯文凯利的《失控》，阿莱克斯的《智慧社会》……"一下子列出了十几本与专题相关的前沿书籍。这个"突然袭击"让同学们有点"惊慌失措"，没想到陈老师如此深谙每一个专题的学术前沿，甚至是分支学科。

后来，我们偶然听闻陈老师在执教之初的近十年里，几乎天天泡在图书馆里，可以说是坐了十年的冷板凳才打下这么坚实的学术功底。如今，他依然研读不辍，真正展现了紧跟知识前沿、活到老学到老的精神。也许这正是大师炼成的必经之途吧！

严谨的治学精神

对教师来说，严谨治学主要体现为两方面的内容：一是刻苦钻研求知，勇于探求新理论、新知识，做到锲而不舍、学而不厌，掌握渊博的科学文化知识；二是认真细致地向学生传授科学文化知识、学术规范，高标准、严要求，诲人不倦。应当说，严谨治学不仅是学术研究的标配，同时也是教书育人的标配。作为陈老师的学生，我对此深有体会。

陈老师虽然已经年近六旬，但依然笔耕不辍，他对自己的论文或课题的写作表达要求极高，往往要斟字酌句，反复推敲。印象最深的是陈老师跟我们分享过的一个小例子：他担任主编的“公共管理名著译丛”中有一本格林德尔的著作 *Getting Good Government*，前人翻译的书名是“获得好政府”，但陈老师认为这个译名虽没有译错，但不够好，最后几经斟酌磋商，译名定为“打造一个好政府”。显然，“打造”比“获得”更加贴切且形象生动。

而我在学习过程中也切身感受到了陈老师严谨的治学精神。老师对我们论文的指导可以说是精益求精、细致入微，甚至连参考文献、注释中标点符号的使用都不放过。对于这种低级失误，陈老师会在众人面前指出并用提问的语气说道：“这里应该用逗号，还是用一点？你回去查查，确认一下。”这种顾及学生颜面的方式，也让我感受到他在治学严谨之外对学生的那份包容。

陈老师用言行教会我们：做学问，必须一丝不苟！

求真务实的态度

陈老师具有求真务实的科学研究理念与态度，他经常教导我们要真正踏实地去实践、调研，真正了解公共生活、公共问题，理论要结合实际。研究生二年级的时候，我们学习小组做了一个有关福建省汀江流域水环境治理的课题，由于当时调查比较片面、不够深入，陈老师一针见血地指出其中的问题，并指导我们：做流域研究就要做到既对上游有所了解，也不能忽略下游。他还建议我们可以到他的家乡，也就是汀江流域的下游地区去做调研。

虽然承担着十分繁忙的研究任务，同时还担任行政职务，但是陈老师一直把教学放在最主要的位置。他曾跟我们说过，如果上课跟开会有冲突，他都尽量优先安排上课。在陈老师的心目中，教学应该是他自己最看重的本职工作，而教师则是他认为最好的身份。记得有一次，在陈老师在课堂上谈到某个话题时提到，其实他更喜欢学生叫他“陈老师”，而不是行政职务。

习近平总书记曾经指出：“求真务实是共产党人的重要思想和工作方法。”这是一个总结，更是一种要求，而这种要求对于大多数人而言都是适用的。陈老师的求真务实为我树立了一个榜样，让我更加懂得如何面对学习、工作与生活。

孜孜不倦的教诲

研究生三年是我成长的三年，无论在知识层面还是研究方法上，我都收获颇丰。可以说，我的成长离不开导师的悉心教导，这最突出地表现在两个重要阶段。

第一个阶段是在硕士二年级的时候，我成为陈老师的本科生助教，那是一段忙碌但充实的时光。尽管我一开始就清楚，做陈老师的助教不会轻松，但我也明白，收获在很多时候是会跟付出成正比的。事实也确实如此，陈老师对学生的指导总是孜孜不倦，有时候晚上给学生上课和指导甚至超过十点半，在这个过程中，我虽然很累，却受益匪浅。有时候会想，比起陈老师的事务繁重、不辞辛苦、尽职尽责，我这又算得了什么呢，心中对陈老师的敬佩之情顿时油然而生。

第二个阶段是在我的毕业论文写作过程中，大到选题定题、框架构思，小到言语表达、符号使用，陈老师都严格把关。从确定选题到执笔写作，历经反复修改最终定稿，无一不倾注了陈老师的心血。我记得每次改完新的一稿，走进陈老师办公室的时候都自我感觉良好，可是从老师办公室出来的时候，却发现老师指出的不足和问题又往往是一针见血的。就在这样的不断修改、持续完善之下，我的论文在七易其稿之后顺利通过答辩并获得了“优秀”的成绩。这个成绩的背后，凝聚的是陈老师不厌其烦、持之以恒的指点和兢兢业业、不求回报的心血。

宽广博爱的品质

管仲曾言："一年之际，莫如树谷；十年之际，莫如树木；终生之际，莫如树人。""立德树人"是每一名教师的职责与担当。陈老师除了深厚的学术功底、严谨的治学精神、求真务实的态度及对学生孜孜不倦的教诲外，还有着宽广博爱的品质。

在教室里他是老师，要教导学生，表现出来的是严肃和认真的一面，但是在其他地方，陈老师总是面带微笑，慈眉善目，和蔼亲近。有时候我们在食堂里排队打饭碰见他，他总是笑容可掬地谦让着让我们排在前面。

陈老师对学生既严厉又包容，他批评学生永远对事不对人，他也不吝对学生的一点进步或提高给予及时的鼓励与肯定。陈老师对学生的关怀无微不至。哪怕是毕业多年的学生，想起陈老师给予的关心，至今仍会感到十分温暖。我记得有一次师生谈话，陈老师还特地关注了个别延期毕业的博士师兄、师姐的经济情况，他说读博多年不容易。这就是我的导师，我们心目中的"暖男"。

在厦大的硕士三年，是我成长的三年，我在学习、生活和工作上都获得了满满的收获！如今，我依然怀念芙蓉湖的夜景、上弦场的凉风、勤业的沙茶面、成智楼的咖啡厅、海韵的篮球场……当然，还有尊敬的陈老师——我的导师，我的楷模！可能或多或少是受陈老师的影响，毕业之际，我在众多职业当中选择了成为一名中学教师。作为一名普普通通的人民教师，我要把从陈老师身上所学倾囊传授给自己的学生，也许这是我能够呈交给恩师的最好成绩单！

作者简介

柯常达，男，2014—2017 年就读于厦门大学公共政策研究院公共政策专业，获管理学硕士学位。现为福建省厦门第二中学（厦门大学附属第二中学）政治教师、办公室主任助理。

她是一颗散发着璀璨光芒的星球

——致我敬爱的吴乔老师

◎ 孙如月

兰心蕙性，心系国家

第一次见吴老师，是在我本科的课堂上。六十岁的她仍然腰杆笔直，气质出众，有一头俏皮的深红色短发，精致的五官，一双顾盼神飞的眼睛炯炯有神，她带着优雅的笑容讲课，讲到自己实验室的学生时，面露自豪之意和关爱之情。我望着讲台上的她，深深地被她认真的教学态度和独特的人格魅力吸引。我想，这位老师实验室的学生一定都很优秀，如果有朝一日我也能成为其中一员就好了。

决定保研那段时间，我一度对自己的前途感到迷茫，不清楚自己的兴趣和想去的实验室。我立刻想到了吴老师，给她发了一封邮件，表达我想进入她的实验室的心情。很快我便收到了她的回复，而且她还亲自找我聊天，向我介绍实验室的具体情况，就这样，没有丝毫犹豫，我有幸进入吴老师实验室的大家庭。

进入实验室后，我渐渐融入这个大家庭，也更加有机会进一步了解吴老师那些传奇般的优秀过往。她对大家说："我生在厦大，长在厦大，在厦大生活了几十年了，自然而然

就对厦大有了深厚的感情。"每当她面带微笑这样描述她对厦大的情愫时,我明白,不止像她讲的这样简单。曾经赴美作为联合培养博士生的吴老师在一年之内很快就发表了两篇高水平的论文,可以确保她留在美国工作,她的导师也希望她留下来。不过,吴老师却说:"我从未想过要留在美国。"她一心只想赶紧做完课题回国。她认为,科学家只有回到自己的国家,才有当家做主的感受。吴老师这份对国家、对母校的情谊一定比我们想象的更加深厚。正是因为她这样的眼界和胸怀,让知道她、了解她的人不禁心生佩服之情 。她让我深刻明白了:科学无国界,但科学家有祖国。她带着对科学的无限向往和追求,毅然回到祖国,回到母校,不辞劳苦地走上科研的道路。

鞠躬尽瘁,坚韧不拔

我进入实验室后,无论何时,只要见到吴老师,就能感觉得到她那股蓬勃的科研朝气和一丝不苟的科研态度。从学生转变成教师,吴老师到厦大生命科学学院工作已经有二十多年了,她亲身经历了学院从资源相对贫乏、科研力量相对薄弱发展到现在的一片朝气蓬勃,她见证了过去二十多年来厦大生命科学学院的进步,也在一直为学院的发展而努力奋斗。

每一次实验室成员汇报近期研究成果时,吴老师总是既期待又认真,期待有意义、有价值的新发现,认真帮我们分析实验结果和改进方法。由于平时积累丰富,把科研融入生活,她总是能把问题看得很透彻,提出让人眼前一亮的想法,或者巧妙地思考和解答问题,使疑惑的我们豁然开朗、柳暗花明。

她的每一位学生都能清楚地看到,也能体会到吴老师那全心全意为科研献身的热情。吴老师一辈子都在研究一个叫"Nur77"的核受体,它是体内的一种蛋白,但是学界对它的研究不多,充满谜团。理论上,体内的核受体,都会有一个对应的配体,例如人体中的激素,受体要与配体结合才能激活其生物学功能。吴老师曾经说,就像一把钥匙开一把锁,一旦找到开锁的钥匙(配体),就找到了治疗疾病的关键。不过,"Nur77"是个孤独的受体,至今人类仍然无法找到它的体内配体,学术界的权威已经撰文断定它没有配体。吴老师则认为有两种可能,一种是配体不存在,另一种是体内开这把锁的“钥匙”量太少了，凭借现在的技术还无法找到。

但吴老师自始至终没有抛弃对“Nur77”的探究。她说，英国电影《化身博士》的男主角具有双重人格，白日行善，夜间作恶。在她看来，谜一样的“Nur77”核受体在人体多种生理功能调控的过程中，也扮演着“善恶”交叠的角色。吴老师想，她进行的是基础研究的积累，有可能一辈子都找不到配体，但她所做的工作，能为下一代筛选到配体提供帮助。经过二十多年研究，我们实验室最终筛选出了孤独受体“Nur77”的第一个体外配体，并证实了该配体可以抑制肿瘤生长和调控血糖。这一发现在国内外引起了较大反响，国际权威杂志 *Nature Chemical Biology* 配发的编辑部评论指出这是个“令人惊讶”的发现。

由于夜以继日的科研工作，吴老师的身体出现了问题，不幸罹患癌症。但吴老师是个十分坚强的人，她在和癌症作斗争的同时也没有将工作抛下，她战胜了自己，也战胜了病魔，是传奇一般的存在。

先生之风，山高水长

从进入实验室那天起，吴老师就教育我们，不光要养成良好的实验习惯，更要培养优秀的品格和素养。“我只有做出一个榜样来，严格要求自己，那么学生才能看到，才能学习，才能进步，要把学生培养成既有知识，也有很好的道德修养，能与现代社会要求相匹配的人。”吴老师这样说，她对我们既严格又有爱心。进入实验室以来，吴老师会在过节时给我们小礼物，带我们去春游、秋游，还不时组织聚会活动，让我们在紧张的科研工作中感到家的轻松和温暖。

刚进入实验室的一段时间，在实验室积极而紧张的环境下，我曾感到有些力不从心，开始有了退缩的想法。我找吴老师倾诉了内心的想法，吴老师听了后鼓励我、开导我，还建议我休息一段时间，调整好心情。我看着她坚毅而又温柔的眼睛，心里的焦躁和不安顿时都消失了。她平易近人的态度，让我深深感受到身为人师的风度。在工作中，她一丝不苟的工作态度让我们敬畏，使我们不敢有一丝懈怠。但在生活里，她对我们满是关怀和关爱之情，她以身作则，就是我们的榜样。

吴老师得过很多奖项和荣誉。而她仍然保持谦逊严谨的作风,不断开拓,勇攀高峰,这种精神时时刻刻感动着、鼓舞着我们。“随风潜入夜,润物细无声”,这么多年来,作为厦大优秀的老师,她带出了很多十分优秀的学生,都取得了优秀的成绩和成果。她凭借自己认真负责的态度,严格又有爱心的方法,说“桃李满天下”也不为过。其实,与其说吴老师是老师,还不如用导师来形容她更为贴切,她不仅在工作上给予我们指导,更是我们的人生导师,引领着我们向更好的方向前进。

在这个浩瀚宇宙,花开了,会凋零。四季更迭,万物轮回。人的一生,和整个银河比起来,多么渺小。然而,人们可以选择和决定自己的人生。有些人甘于平凡,在遇到挫折时自甘堕落,但吴老师是那颗顽强地散发着璀璨光芒的星球,永不停止转动。她为科学贡献了自己的一生,但是她自己可能不知道,她所散发的光芒也照亮了像我一样的许许多多后辈,激励、鼓舞着我们,不负所望,不负此生,像她一样勇敢地生活。

我常看到吴老师优秀的学生们,回到学院看望她。我想,有一天我也会离开这个实验室,离开吴老师温暖的关怀,虽然一想到这些,心中就有万分不舍,但她教给我的坚忍不拔的品质,以及对我的关爱和关怀,我会一直深深铭记在心。吴老师曾说:“要怀着好学之心,坚持学下去,永远不要停止。”这是她对我们的建议,也是她作为科研工作者一直以来的追求。“永远不要停止”,我愿带着她教给我的,无论遇到什么困难,都一路勇敢地走下去!在浩瀚宇宙里,勇于散发哪怕最微弱的光芒!

作者简介

孙如月,女,2014 年入读厦门大学生命科学学院,现为厦门大学生命科学学院在读博士研究生。

忆“文武双全”的李福男老师

◎ 梁涵

我和李福男老师相识快四年了，当时踩着九十五周年校庆的尾巴进入校园，如今厦大的校园已经开始洋溢着百年校庆的喜庆氛围，倒计时也早早开始了。生活中总有一些人，会在潜移默化中改变你的一生；总有一些事，会让你在不经意中获得成长，李老师就是那样一个人。

我从他身上发现的第一个特质是自律。自律是他一贯的作风，如果没有出差的话，他一般都是早上八点到学院，晚上十一点回家。就像闹钟一样，每天都是那么准时，只要办公室的灯还亮着，那李老师肯定还在里面工作，要么在研读科研课题的最新进展，要么在为新学期的教学任务充分备课。他这样的自律曾经一度是我和师妹的苦恼，多少次佯装上厕所，是为了一探究竟——灯是亮还是灭，可能出于学生对老师的一种天生敬畏感，自己从不敢率先从那间亮灯的办公室前迈步回寝室。我想那时的李老师应该正沉浸在自己的课题或教学工作中吧，殊不知门外上演着一幕幕丰富的内心戏。日子一天天过去，灯也一直那样亮着，而自己从能够遇到几次灭灯的窃喜中，到慢慢沉迷于自己的课题与学习生活中，原来热爱自己的事业与工作是如此过瘾，那样的自律也在我的身上烙下了印记。

爱工作也要爱运动，“玩好了，有一个好的身心，工作才

能做好”，李老师常这样说，同时也是这么做的。只要你去翻阅药学院“教职工在×××运动会上荣获……”这种标题的新闻报道，插图肯定会出现李老师的身影。来自吉林延边的他有着一颗赤子之心，在日常生活中积极参与教工活动，包括文艺表演、体育运动等；还常约学生一起练球、下棋，和学生打成一片，师生感情深厚。他多次在校、院举办的各类活动中取得优异的成绩，乒乓球、羽毛球、气排球、游泳以及歌唱比赛中总能看到他的身影。这让李老师能从繁重的工作中舒缓紧张的神经，以青春、昂扬的姿态去面对每一个学生，迎接教学科研中的困难与挑战。

平时不苟言笑的他，其实是个平易近人的老师，“立德树人，春风化雨”是他的育人实践准则。他的课堂是充满激情与挑战的，你可以在他的教学课件上找到自己的学号，你可以在他的办公桌上找到一沓沓作业练习纸，你还可以在微信上进行习题巩固，“花式点名法”“圆桌教学法”等新颖的教学方式，是李老师在时代变迁中对教学手段求新与求变、适应学生特点的产物。每一届学生都有关于李老师课堂的独特记忆。这样的课堂充满未知与趣味，更能激起大家的学习兴趣。大家喜欢他的课堂，习惯沉浸在那种未知的世界里汲取营养，且意犹未尽。生活中，他亦师亦友，你可以在心烦意乱的时候和他谈天说地，也可以与他讨论、探索学习上的疑难点。他常常在学生面对毕业求职的迷茫时充当领路人，对学生提出的问题及请求都会一一为大家排忧解难。有同学想出国深造，找他写推荐信，他全程亲力亲为，耐心写好、修改，有时甚至会帮忙打印，如果有需要注意的地方，他还会主动与学生交谈，分享自己当年的留学经验，大家也已经习惯生活中有这样一位老师与自己相处。

木心先生在《从前慢》中写道：从前的日色变得慢，车，马，邮件都慢，一生只够爱一个人。那是一种对喜爱事物的执着。而李老师对教学这份事业的爱也莫过于此吧！他让爱深深地扎根于教育这片沃土，孕育了一片生机勃勃。“松下问童子，言师采药去。只在此山中，云深不知处。”李老师就是这样一位充满智慧的“隐者”，他以自己的一腔热忱，传道授业，在教书育人的道路上不忘初心，乐此不疲。

作者简介

梁涵，男，2016—2019年就读于厦门大学药学院，获硕士学位。现就职于浙江省湖州市市场监督管理局。

我的厦大老师潘维廉(Bill W.Brown)

◎ 黄丽莹

作为一名厦门大学管理学院的学生，印象中学院杰出的教授有很多，我有幸最熟悉和了解的是教授“组织行为学”的潘维廉教授。一是因为潘教授对厦大 OneMBA 项目的宣传与鼓励，我经过四年的努力，终于成为厦大 OneMBA 的一员；二是认识潘老师至今已有十五年，从好友，到采访学者，再到正式成为他的学生，一路见证了他的博学、幽默、严谨，以及对中国深深的热爱。

结识潘维廉教授始于 2005 年，当时我刚从厦门理工学院英语专业毕业，利用每周日下午的时间在中山路新街堂英语角做义工。前后八年多的时间，我与 Susan Marie Brown(潘维廉的太太苏珊，简称 Sue) 搭档。她用英语主持，我同步口译成中文，一起教大家唱英文歌，因而结下了深厚而真挚的友谊。每次英语角举办大型节日活动，我们都会到她家里一起筹备，比如做复活节彩蛋、圣诞节饼干等。有时潘维廉教授在家，也会和我们打招呼，热情邀请我们参观他的家。

潘教授一直以无时无刻的幽默性格和诙谐风格著称，我甚至暗暗估算过，他讲笑话的频率大概是 33%——几乎每三句话里就藏着一句笑话。最令我印象深刻的是他流利的闽南语，以及一语双关的英语笑话，如：I feel like riding a bicycle——Two tires（谐音 Tired）、Bye Bye（谐音 Buy Buy）、Sell Sell，让我觉得这位厦大教授非常有趣，也通过他学会了许多英文笑话，理解了西方文化的幽默感。当时，我也常常用《魅力厦门》作为赠送外国客户来访的礼物，帮助更多的外国朋友了解厦门的过去与现在。

后来我与潘维廉教授有了一次更近距离的直接接触。2013 年 5 月，潘维廉教授应海沧区政府的邀请撰写《魅力海沧》一书，需要深入了解当地的一个主要产业——手绘油画行业。当时我已搬离岛内，与先生定居海沧，且正值创业初期，刚设立自己的油画工厂。作为一位海沧居民及油画行业创业者，我可以为此书提供许多有益的素材。为体验油画定制的过程，潘教授还特地向我们公司定制了一幅画作为那年的生日礼物。他最喜欢的是一幅叫作“书虫”的手绘油画，至今仍挂在潘老师的家中。

2013 年，潘维廉老师定制的画《书虫》(左：潘维廉，右：黄丽莹)

待画作完成之后，潘教授与 Sue 按约前往海沧取画，并采访我和先生。采访过程中的潘教授是严谨的，因为书一旦出版，其文字就会永久面对公

众，须经得起推敲。在写作过程中，若涉及一些不确定的数字与文字材料，他会仔细核实并保守估计；若涉及他调研的行业，他会亲自多方调研，以获得多个角度的参考，不轻易下结论。这时的潘教授，是一位严谨写作的学者与作家，让我看到了他与以往印象完全不同的一面。书出版后，潘教授又回赠我七本《我爱海沧的七大理由》。翻开扉页，有潘维廉教授用心的手绘签名：For James & Popo，2013。

彼时，我在公司的展厅里鼓起勇气对潘教授和Sue说："I wish my 30's birthday's gift, is to sing a song at your class at Xiamen University. "他不解地问："Why? "这时我才解释道："听说，在厦大开设'组织行为学'课程的潘维廉教授制定的上课规则很有创意，迟到的同学需要被罚唱一首歌才能入座。"这时，潘教授开怀大笑："Well, I can even let you dance. "

2014年，潘教授开始在朋友圈分享厦门大学OneMBA项目的一些照片、海外站的视频片段，让我非常好奇。直到2015年，我才看到他转发完整的招生简章和课程介绍链接，阅读后我热血沸腾，发现OneMBA本地核心课程与四个海外站结合的课堂模式，非常适合我这种拖家带口创业、无法出国留学的现状，还可以实现自己"考上厦大"的夙愿。

于是我以"考上OneMBA，成为潘维廉教授的学生"为明确目标开始努力：报考研辅导班、每周末沉浸在辅导班的阅读与题海中，还请潘教授作为我的入学推荐人之一，在线填写推荐信。备考的日子是充满挑战的，在发朋友圈立下目标的时候，潘教授也常常给我评论，为我加油。

2015年联考，我名落孙山。2016年12月，我二战全国联考。次年六月，在二宝熟睡的脸庞旁，我收到了期盼已久的烫金的厦门大学MBA中心录取通知书。

虽然潘老师早已取消迟到罚唱歌的规定，但我依然每一节课都在教室里提前等候、在课堂上被他的"潘式幽默"逗得哈哈大笑。记得开学不久，同学们第一次上潘老师的课时，大多还不知这位闻名已久的教授幽默的教学风格。当时潘老师在课堂中一本正经地穿插了一个冷笑话："知道为什么Van在中文里叫面包车吗？因为长得像面包。"同学们没意识到这是一个笑话，竟有同学认真地做了笔记，而深谙其套路的我则在一边笑到岔气。还有一次，潘教授在临下课时突然严肃宣布：现在，我们要开始考试！同学们都吓坏了,我则淡定地安抚座位周边的同学:放心,他只是开玩笑的。

在 OneMBA 的美国开学典礼站结束时,身在厦门的潘维廉教授与我们进行连线,仍不忘用中文说一句他的经典玩笑:“如果你们没有好好做 Group Presentation,就不能坐飞机回来,要从太平洋游回来。”全场中国同学瞬间笑翻。

与课堂上的幽默风趣不同,潘老师对学生的学习态度与成绩是严格的。有个同学期末考了一百分,潘老师主动添加学生的微信,表扬和感谢他在 LAMGO 学业上的付出;而另一位隔壁班的同学,由于学习态度不端正导致期末挂科,多方打听后得知我与潘老师相熟,想通过我问潘老师的微信号,为此我先征求潘老师的意见,潘老师答复:“如果他上课的时候都没有加我的微信,那么挂科以后也不必了。”

在潘老师执教的这门课程结束后,除偶尔在校园里偶遇外,我并不常见到潘老师。2019 年春节,潘老师的书《我不见外》出版,在习近平总书记给潘维廉老师回信后,“老潘”火了。我们频频看到他在媒体中露面以及 OneMBA 群中热烈分享——作为一个定居中国三十多年的“老内”,潘老师对中国的热爱是显而易见且深沉的。

他撰写了《魅力泉州》《魅力福建》《老外看福建》《我不见外》等一系列书籍。在阅读他的《商业老厦门》时,我不得不惊叹他对中国特别是对厦门的历史、文化和民俗的考究如此细致,远远超过了绝大多数厦门本地人对自己家乡的认知。

他一路见证了中国从 20 世纪 80 年代末到 2020 年发生的巨变。他甚至非常在意学生是否能正确地写出他的中文名——潘维廉。因为“威廉”只是一个老外的普通译名,而维廉二字在中文中的含义,对他而言有更深远的意义。

在潘教授的教学中,由于其中美文化之间的背景更具客观性,因而能帮助我们跳出政治与文化的差异,更加批判性地思考、辩证性地看待西方的新闻。上完他的课以后,同学们深刻认识了中西方存在的文化差异,也更加自信地热爱自己的国家。

在新冠疫情发生的时候,潘维廉老师又勇于为中国发声,肯定和赞赏中国政府一系列迅速有力的决策,拯救了亿万百姓的生命。如此有力地支持

中国，让我因拥有这么一位好友、这么一位良师而深感自豪。潘老师说过：中国及其他贫穷国家的未来发展不在西方，而眼下这片土地才是应该施展自我才华和远大抱负的地方。为了让学生们相信未来就在这里，潘老师不仅申请了永久居留权，且不断延长居住时间。他说："待得越久，越觉得在职业生涯中无法完成比留在中国 MBA 项目更有意义的事情，所以我仍然留在这里。"

作者简介

黄丽莹，女，厦门大学管理学院 2017 级 OneMBA 硕士研究生。厦门七号墙艺工贸有限公司创始人、总经理。